CORRUPÇÃO:
o 5º Poder?
Repensando o Brasil

O livro é a porta que se abre para a realização do homem.

Jair Lot Vieira

CORRUPÇÃO:
o 5º Poder?

Repensando o Brasil

ANTENOR BATISTA

15ª EDIÇÃO
REVISTA E AMPLIADA

Copyright desta edição © 2018 by Edipro Edições Profissionais Ltda.

Todos os direitos reservados. Nenhuma parte deste livro poderá ser reproduzida ou transmitida de qualquer forma ou por quaisquer meios, eletrônicos ou mecânicos, incluindo fotocópia, gravação ou qualquer sistema de armazenamento e recuperação de informações, sem permissão por escrito do editor e do autor.

Grafia conforme o novo Acordo Ortográfico da Língua Portuguesa.

15ª edição revista e ampliada 2018

Editores: Jair Lot Vieira e Maíra Lot Vieira Micales
Coordenação editorial: Fernanda Godoy Tarcinalli
Produção: Alexandre Rudyard Benevides
Revisão: Ângela Moraes e Georgia Evelyn Franco Guzman
Diagramação e Arte: Ana Laura Padovan e Karine Moreto de Almeida

Dados Internacionais de Catalogação na Publicação (CIP)
(Câmara Brasileira do Livro, SP, Brasil)

Batista, Antenor
    Corrupção : o 5º poder? : repensando o Brasil / Antenor Batista. – 15. ed. rev. e ampl. – São Paulo: EDIPRO, 2018.

    Bibliografia.
    ISBN 978-85-521-0022-5

    1. Corrupção 2. Corrupção na política 3. Empresas – Práticas corruptas 4. Ética 5. Suborno I. Título.

10-11624   CDU-364.1

Índices para catálogo sistemático:
1. Corrupção e ética : Problemas sociais : 364.1
2. Práticas corruptas e éticas : Problemas sociais : 364.1

São Paulo: (11) 3107-4788 • Bauru: (14) 3234-4121
www.edipro.com.br • edipro@edipro.com.br
@editoraedipro   @editoraedipro

*À minha querida esposa ANITA,
pelo amor que me dedica ao longo de nossa convivência
e inestimável colaboração.*

Sumário

Apresentação 11
Capítulo 1 – Considerações iniciais e fatores que podem causar a extinção da espécie humana 13
    Sementes que germinam 15
    Fatores que podem extinguir a espécie humana 16
    Fatores que podem impedir ou retardar a extinção da espécie humana 16
Capítulo 2 – Ética 19
    Conclusão 20
Capítulo 3 – Imprensa ou mídias em geral: o 4º poder? 21
Capítulo 4 – Violento, avaro, estúpido, corrupto, ruim, mentiroso, compulsivo sexual, inteligente, bom ou benigno, eis, em tese, a natureza do ser humano 23
    Comentário 24
Capítulo 5 – Bancos que furtam ou enganam 27
    Crise 29
Capítulo 6 – ONGs que furtam ou enganam 31
    Conclusão 32
Capítulo 7 – Crime organizado e seus disfarces 35
    Mercenários em ação pelo mundo 36
Capítulo 8 – Origem da corrupção e seus porquês 39
    O que é corrupção e seus malfeitos? 41
    Eis outras espécies de corrupção 42
Capítulo 9 – Corrupção no Brasil 45
    Lava Jato, Mensalão, Delação, Caixa preta da Medicina, Fifa etc. 45

A caixa preta da Medicina 47
Outras considerações 49
Quanto ao homem, resumidamente, pensamos o seguinte 49
Quanto ao Estado – sobretudo – no Brasil 50
Outras análises 51
Capítulo 10 – LAVA-JATO x ODEBRECHT/JBS 69
Conclusão 70
Capítulo 11 – CORRUPÇÃO EM OUTROS PAÍSES E SEUS EFEITOS
PROGRESSISTAS 71
Jornalistas que foram assassinados 82
Capítulo 12 – CORRUPÇÃO À LUZ DO MITO DE DEUS 83
Ciência e religião 88
Diabo, Satanás ou Demônio existem? 89
Conclusão 91
Capítulo 13 – PROPAGANDA ENGANOSA OU VERDADE NO MUNDO
DE MENTIRAS? 93
Vidas passadas ou regressão 95
Pureza ou simulação? 96
Ser ou parecer 96
Capítulo 14 – SEXO, PODER, ALCOVITAGEM E HOMOSSEXUALISMO 99
Capítulo 15 – GIGANTES DA DESTRUIÇÃO E DA CONSTRUÇÃO 103
Inteligência 104
Religião 104
Ódio 106
Racismo 106
Medo 109
Dinheiro 109
Conclusão 112
Capítulo 16 – O LADO PERVERSO DO SER HUMANO 113
Capítulo 17 – VIOLÊNCIA: UM FATOR DE PROGRESSO? 117
Capítulo 18 – CORRUPÇÃO À LUZ DE GOVERNOS COMUNISTAS
OU MARXISTAS 121
Capítulo 19 – POBREZA E FOME 123

Capítulo 20 – Tráfico de influência 129
Capítulo 21 – Conciliação de interesses 133
Capítulo 22 – Criar dificuldades para vender facilidades 137
Capítulo 23 – Presentes 141
Capítulo 24 – Inflação: fator de progresso e de corrupção? 145
Capítulo 25 – O poder 147
Capítulo 26 – Comer ou ser comido 151
    Conclusão 155
Capítulo 27 – Todo homem tem seu preço? 157
    Crise de caráter 160
    Mutabilidade de caráter 165
    Política das camarilhas 166
Capítulo 28 – Solano Tempo 169
    Poema ao herói 172
    Hino Nacional Brasileiro 173
Capítulo 29 – Filosofia e ciência 175
    Efeitos da ação literária 176
Capítulo 30 – Conflitos mentais 179
    Esperança! 182
Capítulo 31 – Internet 185
Capítulo 32 – A maçonaria é a instituição menos corrupta do mundo 189
Capítulo 33 – Corrupção à luz da justiça 195
    O juiz e a justiça 196
    A justiça e seus limites diante do poder da corrupção e do tráfico de influências 197
Capítulo 34 – Ministério Público 201
Capítulo 35 – O advogado e a ética profissional 205
    O advogado pode ser conivente com o bandido? 206
    O advogado pode ser partícipe de grilagens e de outras falcatruas? 207
    O advogado é parcial? Seria ele, então, antítese do juiz? 208
    Os que são pagos pelo Estado 208

Espírito de corpo, de classe ou corporativo 209
Outras considerações inerentes à Advocacia, à Justiça
   e ao Ministério Público 210
Guia do advogado 211
Os dez mandamentos do advogado 212

APRECIAÇÕES SOBRE AS OBRAS DO AUTOR 213

APRECIAÇÕES DO EXTERIOR 247

SOBRE O AUTOR 261

Livros publicados 263
Para uma vida longa e feliz – 100 anos ou mais –
   recomendamos o seguinte 269
Frases do autor 271

Apresentação

Olá, estimado Brasil! Que orgulho! Que admiração! Tua riqueza e tua beleza são de tal grandeza que jamais se destruirão! Nem pela cultura da desonestidade, nem pelo horror da corrupção. Nem pela injustiça da desigualdade, nem pelo terror da perversão.

A presente obra aborda a corrupção e seus malfeitos em 35 capítulos, subdivididos em 86 assuntos que informam mais de 100 espécies de corrupção no Brasil e no mundo.

Daí ser bem referenciada, inclusive por Ministros do Supremo Tribunal Federal, Câmara Municipal e Assembleia Legislativa de São Paulo e do Paraná, Políticos e Autoridades do Brasil e do exterior e entidades de classe, como a Federação Nacional dos Policiais Federais-FENAPEF; a Ordem dos Advogados do Brasil (OAB/SP) e a Escola Superior de Guerra (ADESG/SP).

A solução para o problema da corrupção no Brasil exige competência e seriedade dos gestores públicos, em todas as esferas do poder, para termos uma sociedade ideal e uma cultura de honestidade, a exemplo do que ocorre na Dinamarca, na Nova Zelândia e na Finlândia, que foram países muito corruptos, mas com uma grande campanha contra a corrupção e a favor de uma educação exemplar e da cultura de honestidade, hoje estão entre as sociedades mais honestas do mundo!

Nosso objetivo é evidenciar o que há de ruim e perigoso no ser humano, sem perder de vista o seu lado bom, com a intenção de alertar o leitor a respeito de possíveis consequências de uma conduta perversa, enganosa e interesseira, considerando que o sistema da humanidade é o monetário, contaminado pela corrupção, pelo crime organizado, bem como por uma ganância infecciosa e pela **embriaguez pelo poder, inclusive.**

Daí intitularmos a presente obra de *Corrupção: o 5º Poder?*, antes denominada "Corrupção: Fator de Progresso?", considerando que a corrupção, o tráfico de influência e seus *lobbies* ou lobistas, em geral acobertados por influentes políticos, são condição de governabilidade e de intermediação de negócios. O caso da Petrobrás, objeto da Operação Lava Jato, e o da Operação Zelotes, são exemplos.

Os temas, apesar de serem diversos, interligam-se, constituindo o todo do livro, resultado de pesquisas realizadas ao longo de 70 anos.

Disponibilizamos ao leitor informações e ensinamentos práticos e éticos, **ainda que simples**, porém abrangentes como lição de vida, de conhecimentos, de autoajuda e cooperatividade, em prol do bem comum, adquiridos ao longo de meus 93 anos de vida. Por essas razões a presente obra vem sendo bem referenciada, pois a sociedade está cansada da corrupção, querendo dar um basta a isso!

Daí a importância de se repensar o Brasil! A exemplo de Stefan Zweig, que escreveu o livro *Brasil, um País do Futuro*, tais são as possibilidades de o Brasil vir a ser a principal atração do mundo, no aprimoramento institucional e no turismo.

Antenor Batista
São Paulo, 2018

Capítulo 1
Considerações iniciais e fatores que podem causar a extinção da espécie humana

Conhecer o homem e ainda assim amá-lo.
Émile Zola

Homem sereno aceita o outro.
Norberto Bobbio

Querer o menos possível e conhecer o mais possível foi a máxima que guiou a minha vida.
Arthur Schopenhauer

Após observarmos acontecimentos mundiais, sobretudo em relação ao comportamento do ser humano, quer seja a respeito das influências que sofre do meio ambiente, quer seja em relação à sua natureza real, chegamos à conclusão de que há espaço para esta obra, particularmente por versar sobre assuntos polêmicos, sociais e éticos, portanto, de interesse geral.

Nosso trabalho é produto de um raciocínio dialético e imparcial, resultado de exaustivas pesquisas.

Por isso, a presente obra, ainda que simples, é um convite à reflexão – propugnando por mudanças em prol de uma sociedade melhor. Talvez, com maior repercussão na juventude, em que as diferenças ou conflitos entre gerações persistem, porque muitos jovens de hoje vivem na sociedade, mas não com a sociedade, afastam-se dela ou se opõem à ela; da família, inclusive, agrupados numa espécie de subcultura irreverente, com seus conceitos e modos de comportamento, avessos às hipocrisias e às mentiras, questionando uma série de valores socioculturais, que se expressam num culto à juventude, numa cruzada revolucionária e progressista, avessa a ranços culturais, em busca de reformas e de um mundo melhor. A polissêmica voz das ruas de junho de 2013, no Brasil, integrada em sua maioria por jovens, é um exemplo.

Outro exemplo marcante foi o encontro da Jornada Mundial da Juventude com o papa Francisco, no Rio de Janeiro, em julho de 2013, procedente de todo Brasil e também do exterior. Assim, a família, a sociedade e o Estado devem estar atentos aos dizeres do art. 227 da Constituição Federal (CF) do Brasil de 1988.

Nessa mesma linha de raciocínio, mencionamos a atitude do jovem Wang Dan, na Praça da Paz Celestial, em Pequim, em 1989, bem como do jovem Joshua Wong, em Hong Kong, em 2014, como exemplos do que um adolescente é capaz – para o bem ou para o mal. Nós que deixamos a casa de nossos pais, aos 9 anos de idade, podemos avaliar que tais atitudes podem ocorrer na tenra idade. A quantidade de crianças e adolescentes que havia na Av. Paulista, em São Paulo, no dia 15 de março e no dia 12 de abril de 2015, evidencia um fato que está se firmando mundialmente, com reflexo na maturidade em busca de uma sociedade melhor. Rogerio Chequer, líder do protesto "Vem pra Rua", é um exemplo ou um alerta dessa cultura jovem que está crescendo – sobretudo – nos grandes países.

O defeito ou diferença em relação ao bem ou ao mal, não é deste ou daquele povo, nem deste ou daquele governo. Seria, então, uma falha da natureza humana acionada pelo mecanismo da ambição e, em última análise, impulsionada por leis naturais? Em tese, sim, já que a carência de ética no exercício do poder: violência, avareza e corrupção existem em todos os povos e em todos os regimes de governo, considerando que a maldita corrupção está no DNA do ser humano, que é, por natureza, predador e corrupto.

Gostaríamos de nos aprofundar mais no esmiuçamento desses temas, mostrando melhor suas conexões políticas, religiosas, culturais e socioeconômicas, na esperança de incentivar o leitor para a globalidade da questão, em que o ângulo progressista da corrupção, da violência e da avareza seria mais bem definido. É lamentável, e até certo ponto frustrante, termos de evidenciar o óbvio, isto é: reiterar que a corrupção, a violência, a avareza etc., em inúmeros casos, são fatores de transformações e geradores de riquezas de pessoas físicas e de pessoas jurídicas. Daí Honoré de Balzac ter dito que por trás de cada fortuna há um crime.

> *Há juízes corruptos, como há advogados corruptos, promotores corruptos e procuradores corruptos. São pessoas – e as pessoas são boas e ruins.*
> Roberto Podval, advogado criminalista

Sementes que germinam

Nós, plagiando Luther King, temos "um sonho", de que um dia haverá uma governabilidade internacional ou uma nova instituição mundial, semelhante à Organização das Nações Unidas (ONU), integrada por notáveis cientistas, juristas, teólogos, filósofos e estadistas, dotada de elevada formação ética e vontade política, prestígio, poder e independência, que será ouvida ou acatada por todos: governos, raças, religiões etc., capaz de programar uma reflexão histórica em prol de um mundo melhor, **menos corrupto e menos violento**.

Alguns países e comunidades diversas já acenam e praticam atos concretos nessa direção, entre outros: Canadá, Nova Zelândia, Finlândia, Dinamarca, província de Hong Kong, Cingapura, Suécia e a Organização das Nações Unidas (ONU). Nessa mesma cruzada, registramos, entre muitos: O papa Francisco, Xi Jinping, Nelson Mandela, Barack Obama, Vladimir Putin, Angela Merkel, Joaquim Barbosa, general de Exército Mauro Cesar Lourena CID, Antonio José Leite de Albuquerque, general de Exército João Camilo Pires de Campos, coronel Marcelo Maia Chiesa, Deputado Campos Machado, Antônio José Ribas Paiva, Ney de Araripe Sucupira, Enio Pimentel da Silveira, Fernando Bacal, Salviano de Campos e Ronaldo Ducceschi Fontes. Portanto, algumas sementes já estão germinando em prol de uma sociedade melhor, menos corrupta e menos violenta.

Parlamentos e partidos políticos também são sementes que germinam na criação de leis em prol do social e do aprimoramento das instituições que integram o Estado, apesar de 81% dos brasileiros tacharem partidos políticos como corruptos, segundo a avaliação de Alejandro Salas, diretor regional da ONG Transparência Internacional.

Como se vê, a cruzada anticorrupção está andando pelo mundo, em busca de uma sociedade da qual todos nos possamos orgulhar. Assim, os corruptos e mentores do crime organizado, que se cuidem.

> *As elites estão de mãos dadas com a corrupção.*
> Eliana Calmon,
> ex-Corregedora Geral
> do Conselho Nacional de Justiça (CNJ)

Fatores que podem extinguir a espécie humana:

- choque de um asteroide grande com a Terra;
- poder e abuso de poder;
- racismo;
- corrupção ou crime organizado;
- conflitos culturais;
- conflitos religiosos;
- ação nociva dos pérfidos;
- arsenais atômicos e nova corrida armamentista;
- guerra mundial;
- pandemias, a exemplo da gripe espanhola de 1918;
- escassez de água potável;
- explosão cósmica ou separação ou contração de átomos cósmicos, se entrarem em colapso.

Fatores que podem impedir ou retardar a extinção da espécie humana:

- Deus ou Supremo Arquiteto do Universo;
- ciência e as imensas possibilidades tecnológicas;
- filosofia;
- meios naturais;
- visão unitária do Universo e da interdependência das partículas que o integram;
- uma nova ordem mundial à luz do humanismo, do iluminismo e da espiritualidade;
- imprensa ou mídias em geral;
- teologia;
- compaixão ou sentimento de humanidade;
- desarme global;
- neurociência.

Exageros à parte, mas efeitos catastróficos de bruscas mudanças climáticas podem causar explosões no planeta Terra; os *tsunamis* ou erupções vulcânicas são exemplos. A propósito, segundo a astrofísica ou a cosmologia, explosões no macrocosmo e no microcosmo são fenômenos que acontecem. Ainda recentemente, astrônomos detectaram uma explosão de raios gama ocorrida, aproximadamente, há 13 bilhões de anos-luz da Terra. Como se pode concluir, seriam piores que as explosões atômicas. Portanto, o risco de o planeta Terra explodir não é exagero. A espécie humana que se cuide e deixe de contribuir, ainda que minimamente, para esse fim. O lixo espacial na órbita da Terra é um exemplo.

Contudo, esses ciclos que causam mudanças climáticas sempre ocorreram ao longo dos tempos! A "Arca de Noé" é um exemplo, segundo a Bíblia ou lenda. Assim, o efeito estufa ou aquecimento global, ainda que prejudicial, não seria a principal causa. A rigor, são movimentos cíclicos naturais, realçados pela velocidade da informação, que em geral se antecipa ao consenso científico, o qual, apesar da linguagem apocalíptica de alguns, degelo do Himalaia, inclusive, ainda não se firmou. Todavia, não esqueçamos que mais de 50% das espécies que já habitaram a Terra foram extintas. Mas, a rigor, são simples considerações tendo em vista que falta explicar 95% do Universo, segundo a física italiana Fabiola Gianotti, indicada para o Prêmio Nobel de Física em 2013.

Capítulo 2
Ética

A verdade e a ética são inegociáveis.
Thomas More

    Ética pública, bioética, de costumes, de conduta, de aparência ou de conscientização? Ou parte da filosofia ou da psicanálise que estuda o comportamento moral? Ou problemas éticos inerentes ao mundo globalizado? Ética vem do grego *ethos*. O tema é de profundas indagações filosóficas, religiosas e científicas, de há muito objeto de ações humanas resumidas num código de conduta ou substrato de um procedimento ético desejado, corporativo, também, sobretudo, nas políticas públicas e nas causas sociais impregnadas por administrações mafiosas ávidas por lucros, onde mais a ética deixa a desejar, nos mercados inclusive, em que empresários corruptos dizem: "freios éticos nos negócios não dão lucros", porque num procedimento aético vendem o simulado como real. Contudo, os caminhos estão se abrindo para que cheguemos lá, uma vez que a humanidade está sendo politizada para que a ética e a verdade sejam uma regra de vida e por por vocação, inspirando-se no cérebro e na alma! Em oposição à engenhosidade torpe.

    Assim, apesar da mediocridade ética ou carência de espírito público e de civismo, uma aragem de sustentabilidade do fenômeno ético está andando pelo mundo apontando para uma depuração da vida política, bem como dos costumes em geral, já que a ética não se resume a comprar, pagar, certo ou errado, cumprir o prometido etc. É algo bem mais abrangente à luz das ciências morais, culturais e efeitos psicossociais, envolvendo também várias questões jurídicas e políticas. O julgamento da Ação Penal 470, conhecida como Mensalão e a Operação Lava Jato, são exemplos de que a lei é igual para todos e resgatam a confiança da sociedade no Judiciário. Ora em debate em virtude da tamanha indulgência aos irmãos Batista ou à JBS...

Ética é o princípio elementar para uma sociedade melhor, menos corrupta e menos violenta, que deveria ser adotada como uma forma de vida e de autorreflexões, sob o crivo do "ninguém deve fazer aos outros aquilo que não quer que seja feito para si". Nesse sentido, dizia Kant: "Seja uma pessoa que trata as demais como pessoas".

Um grande benfeitor, hoje considerado ético, justo, digno e necessário ao bem de todos, discordou dos valores de sua época e decidiu mudar hábitos e costumes e impor o bem comum: a vacina contra a varíola.

Todos voltaram-se contra ele, que foi considerado antiético, injusto, desonesto e malfeitor. Foi execrado publicamente, caluniado, difamado, injuriado, seguido e perseguido por quase toda a sociedade de seu tempo.

Agora Oswaldo Cruz é reconhecido como um dos maiores benfeitores da saúde no Brasil, mas, depois de praticada a injustiça, toda compressão é tardia. No Brasil e no mundo, quantas vítimas como essa? Quantos ideais nobres assassinados? Quantas pessoas, famílias, grupos, comunidades e instituições prejudicadas ou destruídas?

Eis a relatividade da ética de hoje que foi antiética ontem ou da ética daqui que pode ser antiética em outro lugar. Da ética de um grupo que pode ser antiética para outro grupo.

Que a ética evite que os pesquisadores de hoje tenham o destino de Galileu. Que a ética garanta ao Brasil e ao mundo resultados maiores e melhores do que aqueles conseguidos por Oswaldo Cruz, mas sem o sofrimento dele.

Essa visão solar de uma ética pura já está se refletindo em alguns países, províncias e em outras comunidades. Tail civismo também está presente em algumas ONGs. É o alvorecer de uma sociedade melhor que irá limitar o enorme espaço ora ocupado pelo crime organizado. Buscar verdade e exemplar conduta: eis a questão ética.

O maior responsável pelo aumento da corrupção no Brasil e no mundo somos nós mesmos, uma sociedade complacente ou sem compromisso com a ética. Mas está crescendo a aversão à corrupção, desde a formação escolar, o que é promissor, no aperfeiçoamento das instituições políticas, inclusive. Os movimentos anticorrupção: passeatas, minisséries na televisão, Capitão Nascimento, entrevistas e palestras inspiradas em princípios republicanos etc. Mesmo assim, a ética e o recato deixam muito a desejar. Mas, estamos sonhando com uma Nova Sociedade, na qual a cultura da corrupção será substituída pela CULTURA DA HONESTIDADE.

Enfim: a ética deveria estar em tudo o que fazemos.

Conclusão

De tanto ver triunfar as nulidades; de tanto ver prosperar a desonra, de tanto ver crescer a injustiça. De tanto ver agigantarem-se os poderes nas mãos dos maus, o homem chega a desanimar-se da virtude, a rir-se da honra e a ter vergonha de ser honesto.

Rui Barbosa

Capítulo 3
Imprensa ou mídias em geral: o 4º poder?

A imprensa é o quarto poder.
Edmund Burke (1729-1797)

A rigor ou em tese, a corrupção, por ser inerente à natureza humana, seria o primeiro poder. Mas, em respeito à hierarquia dos poderes constituídos: Executivo, Legislativo e Judiciário, o poder da imprensa exibe-se como o 4º poder. E a corrupção exibe-se como o 5º poder.

São poderes distintos, vejamos: enquanto a imprensa, com sua sustentabilidade e coragem informa, alerta e denuncia, a serviço do bem comum, a corrupção ou o 5º poder, se locupleta de dinheiro alheio, particularmente de dinheiro público, de políticas públicas inclusive, por meio de curiosos disfarces. O superfaturamento na compra da refinaria de PASADENA, por exemplo.

O 4º poder não está imune à indústria da corrupção, nem de seus disfarces ou de seus negócios, considerando que o poder de infiltração da corrupção, do tráfico de influência inclusive, contamina as instituições em geral. **Assim, a rigor, nenhuma é 100% limpa.** Mas, o clamor e a corajosa ação da imprensa em lancetar tumores da corrupção, de escândalos inclusive, atemorizam, incomodam e limitam a ganância infecciosa dos corruptos, apesar dos tropeços e entraves que enfrenta na dignificante missão de informar à sociedade. Para tal fim: busca, investiga, peneira ou seleciona informações, até mesmo fofocas ou fontes duvidosas passam pelo crivo jornalístico, à procura da verdade e da qualidade da informação, sobretudo do seu conteúdo.

Apesar de o 4º poder estar presente em todos os poderes, ninguém gosta de ser investigado ou denunciado. E quando alguém o é, publicamente, alega ser vítima da mídia. Daí a ânsia do 5º poder ou da corrupção, em garrotear ou amordaçar a imprensa no Brasil e em outros países ou no mundo globalizado, a exemplo do que fizeram no Reino Unido interrompendo 300 anos de liberdade de imprensa, com violência, inclusive. Só na Rússia, mais de 300 jornalistas teriam sido assassinados por combaterem a máfia da corrupção. A censura, aberta ou disfarçada, é um tiro na imprensa e na democracia.

O 4º poder é tão importante a ponto de 4,2 bilhões de pessoas acessarem a mídia: 2,3 leem jornais e 2,9 ou mais acessam a internet, que se exibe como poder invisível ou mídia ainda privativa, ao alcance das camadas da população economicamente menos favorecidas. É um meio, não um fim. **Mas um meio incrível, considerando que o poder da internet é tal que alguns países, os EUA sobretudo, atuam nela para decifrar dados pessoais, usando supercomputadores.**

Daí, as imposições da Lei do Marco Civil da Internet (Lei nº 12.965, de 23 de abril de 2014) e de outras amarrações, internacionais, inclusive.

Ver outras considerações sobre a internet no **Capítulo 30**.

Não é de hoje que usam a imprensa para disseminar acusações que, veiculadas, ganham ares de condenação.

Capítulo 4
Violento, avaro, estúpido, corrupto, ruim, mentiroso, compulsivo sexual, inteligente, bom ou benigno, eis, em tese, a natureza do ser humano

A felicidade está naqueles que se satisfazem com o que têm.
Aristóteles

Esses ingredientes fazem parte do DNA da natureza humana, uma vez que as pessoas nascem com propensão para a fraude e, raramente, mostram o jeito que são, ainda que passíveis de se manifestar em qualquer um de nós, para o bem ou para o mal, já que o mal e o bem, a exemplo da desgraça e da felicidade andam juntos, ora esbarramos num, ora esbarramos noutro, dependendo das circunstâncias. Mas a maldade ocorre com poucas pessoas, particularmente com bandidos ou psicopatas que são extremamente egoístas e perversos. Em semeaduras sempre há sementes estragadas. O importante é saber discernir o bem e o mal, usando inteligência e *psicologia, psicologia da fraude,* inclusive, para interpretar o mecanismo dos opostos. Daí, ainda que raramente, gênios serem, ao mesmo tempo, abomináveis.

Como se vê, devemos procurar entender que positivo e negativo são energias naturais e sábias que coexistem no eterno dualismo, seja o de Zoroastro, seja o de Maniqueu, bem como no âmbito da ciência e da fé, sem perdermos de vista que o bem e o mal são duas potências que causam transformações para o bem ou para mal.

A instituição da pena de morte pelo Estado contra crimes hediondos, nos casos mais graves, seria justa, por exemplo: no caso do menino Brayan Yanarico

Capcha, de 5 anos de idade, que tomou um tiro na cabeça e morreu, porque chorava durante um assalto à sua família.

O medo de ser condenado à pena de morte seria terrível. O bandido, em geral, está preparado para roubar ou matar, não para morrer. Aliás, é a estratégia do crime organizado ao assassinar policiais e juízes, causar medo ao Estado em busca de regalias em instituições prisionais. Seria uma espécie de cultura do medo para intimidar o poder de polícia do Estado.

Um plebiscito sobre a instituição da pena de morte nos crimes bárbaros ou cruéis e redução da maioridade penal no Brasil, teria 70% de aprovação. O custo mensal de um preso é o triplo do de um aluno na escola pública. Regalias prisionais, auxílio-reclusão inclusive, de certa forma ou em tese, incentivam o crime.

Sem prejuízo da modernidade, algumas lições do passado merecem ser repetidas. No Império Bizantino, no século XI, pedófilos, nos casos mais graves, eram castrados. Na China, a criminalidade reduziu drasticamente mediante a aplicação da pena de morte. É que a torpeza do ser humano, às vezes, passa do limite. Daí, talvez, ter aumentado a condenação a morte em 28%, em 22 países, no ano de 2014, segundo relatório da ONG Anistia Internacional, publicado no jornal *O Estado de S. Paulo* (2.4.2015, p. A10).

No mundo, há nações que cresceram pela guerra, outras, que se desenvolveram graças ao trabalho e ao ensino. Há muito tempo exercitando a autocrítica, caminhamos para o entendimento do mal e do bem existentes no mundo e dentro de nós.

Comentário

O psicopata,[1] ao contrário do histérico masoquista, esquizofrênico ou de outras psicoses, é uma pessoa aparentemente normal, inteligente, astuta, de personalidade perversa e extremamente egoísta. Em geral, ainda que minimamente, existe psicopata em todas as profissões.

Na Índia, condenaram 4 à pena de morte, por estupro e assassinato de uma estudante. Só que lá foi à luz da Justiça! Eis um exemplo ou argumento a mais para o Brasil instituir a pena de morte e reduzir a idade penal para 16 anos. A questão da redução da maioridade penal de 18 para 16 anos, está sendo amplamente debatida no Congresso Nacional. Vide, outras considerações no **Capítulo 7**, sobre o crime organizado.

---

1. Ler a respeito o psiquiatra forense Guido Palomba e o livro *Mentes Perigosas*, de autoria da psiquiatra Ana Beatriz Barbosa Silva.

CAPÍTULO 4 – VIOLENTO, AVARO, ESTÚPIDO (...)

Fonte: Adaptado de *O Estado de S. Paulo* (10.8.2007, p. B2).

Capítulo 5
Bancos que furtam ou enganam

> *Judicialmente, bancos não precisam nem de um bom direito e nem de uma boa argumentação, afinal, um contrato bancário, formalmente ilegal, francamente abusivo e desleal em seus aspectos operacionais, acompanhados de alguns extratos e/ou números ininteligíveis, possui força equivalente e, por vezes, superior a um mandado de segurança prolatado por qualquer desembargador e/ou ministro de nossas superiores instâncias.*
>
> Leônidas Correia das Neves,
> advogado e escritor

A ética do capital ou de bancos e instituições congêneres é o lucro. Assim, ainda que mediante curiosos disfarces contábeis ou contratuais, lançam ou registram valores ou despesas em contas diversas, sob pretexto de operações legais: taxa de administração, taxa de abertura de crédito, de seguro, de serviços não contratados, débitos não autorizados, fundo perdido, contas inexistentes, apropriação indébita, título de capitalização, juros escorchantes, caixa dois eletrônico dificultam restituições de créditos, aplicações etc.. É que muitos clientes ou consumidores são descuidados, daí pequenos lançamentos, furtos ou apropriações indébitas passarem despercebidos, lançados à revelia de correntistas, incluindo cobranças oriundas de contratos dissimulados, empurrados "goela abaixo" a clientes descuidados. Assim, alertamos o leitor a não assinar declaração ou contrato antes de uma meticulosa análise, sobretudo de cláusulas discretamente embutidas, **em geral em letras miúdas, para dificultar a leitura**.

Recentemente, um banco, sem nosso consentimento ou autorização, emitiu um seguro residencial de um imóvel de nossa propriedade. Procuramos o gerente e solicitamos o cancelamento de tal seguro, no que fomos prontamente atendidos, ocasião em que este nos confidenciou que, dos clientes especiais contemplados com tal seguro, apenas um reclamou.

As 22 pessoas indiciadas pela Polícia Federal em face do rombo de R$ 4,3 bilhões do Banco Panamericano é uma prova a mais de bancos que furtam. Idem em relação ao Banco Cruzeiro do Sul, que teria dado um rombo de R$ 1,3 bilhões.

O efeito social nas camadas pobres ou em estado de necessidade deixa a desejar, em virtude de a concessão de crédito por instituição bancária ser repleta de filtros, **apesar de os pobres ou pequenos clientes serem bons pagadores.**

Há bancos que sonegam em ações trabalhistas, valendo-se do tráfico de influência para serem absolvidos ou para que as respectivas ações sejam julgadas improcedentes. O jornal *O Estado de S. Paulo* (5.5.2007), publicou matéria interessante a respeito, sobre relações incestuosas de bancos, com o governo inclusive.

Nada contra os bons e idôneos serviços prestados por bancos e instituições congêneres. Os problemas são os excessos e os pequenos furtos ou apropriações indébitas digitadas ou pulverizadas entre milhares de contas e cartões de crédito, o que bem reflete a natureza predadora do ser humano.[2]

Ante o exposto, esperamos que esses estabelecimentos que abusam, limitem a ganância e reembolsem prontamente os lançamentos ou retiradas indevidas sob pretexto de erro de digitação. A propósito: o lançamento de um bilhão de reais na conta do aposentado João Batista da Silva Filho, de Americana-SP, publicado em *O Estado de S. Paulo* (20.10.2007, p. B1), seria um erro de digitação do Banco do Brasil?

A confiança deve ser vigiada, particularmente em relação à conta corrente ou de poupança de pessoas já falecidas, para que os respectivos saldos não fiquem esquecidos ou eletronicamente desviados ou sumidos no dia do "rapa", dia do mês em que fazem ajustes. Idem em relação a impulsos telefônicos e outras tarifas, de aparelhos celulares inclusive.

Seria interessante que a Federação Brasileira de Bancos (FEBRABAN) punisse os bancos que abusam, a exemplo da criação de departamentos de prevenção à lavagem de dinheiro e adoção de códigos de ética e de comissões disciplinares internas, em relação a contratos espoliativos também.

Em outros países, também há casos notáveis, como as denúncias contra o banco Goldman Sachs de Nova York, que teria favorecido clientes preferenciais em detrimento de pequenos clientes, segundo *O Estado de S. Paulo* (17.4.2010,

---

2. Veja, sobre os escândalos envolvendo bancos que deram vultosos desfalques, o **Capítulo 9**: "Corrupção no Brasil".

p. B17). Idem em relação ao banqueiro da Alstom, Oskar Holenweger, que teria intermediado pagamento de propina, segundo denúncia do Ministério Público da Suíça, publicada em *O Estado de S. Paulo* (7.5.2010, p. A12).

Crise

A crise que se agravou em setembro de 2008, a mais grave nesses 100 anos, mostra que o capitalismo está doente e corrupto, por ter sido tomado de assalto por uma ganância infecciosa. Está, portanto, precisando de um tratamento de choque para mais bem se ajustar ao social. Mas a crise atual não se cinge ao capitalismo, a rigor, a humanidade inteira está em crise: crise moral; crise de lideranças; crise de poder; crise política; crises religiosas; crise de viciados em drogas; crise de pobreza e de fome, que, segundo a ONU, já atinge mais de um bilhão de pessoas no planeta; crise existencial, inclusive; mínima participação política dos cidadãos. É por isso que lideranças e organizações mundiais despertam esperanças, por exemplo: a ONU, o papa Francisco, o papa Bento XVI, Nelson Mandela, presidente Barack Obama e outros.

A título de curiosidade, com 2% dos recursos dados aos bancos na crise de 2008 (mais de US$ 4 trilhões), se resolveria o problema da fome no mundo.

O Banco Central abrirá mão de R$ 18,6 bilhões para que bancos do Proer quitem dívida.

Os bancos, ou alguns bancos, apesar dos bons e valiosos serviços que prestam, estão entre os principais responsáveis pela crise mundial. Assim, é preciso acelerar a reforma do sistema financeiro internacional, excluindo bancos e empresas congêneres que operam com fraudes e sem regulação.

Na arquitetura capitalista global ou dos mercados em geral, ao que tudo indica, deve haver um controlador que influencia o sistema financeiro mundial, provavelmente sediado em Londres ou Paris, integrado pelo banco de investimento NM Rothschild & Sons ou Dinastia Rothschild, utilizado pelos serviços de inteligência de alguns países, inclusive.

No âmbito das religiões também há crise de bancos, o Banco do Vaticano, por exemplo, em que o papa Francisco está às voltas com uma série de denúncias. Não é a primeira vez que o Banco do Vaticano é envolvido em escândalos. Em 1982, o então banqueiro Roberto Calvi, com ampla relação com o Vaticano, foi encontrado enforcado numa ponte de Londres.

Eis, resumidamente, o lado ruim de bancos. Quanto ao lado bom: é positivo, em relação ao social, também.

Finalmente, temos de considerar que bancos são vítimas da ação de vândalos, de assaltos e de outros crimes. Recentemente, a companhia russa de segurança Kaspersky denunciou em seu site que um grupo de hackers roubou cerca de US$ 1 bilhão de cem bancos de todo mundo.

Mesmo assim, é prudente fiscalizá-los. Até a Operação Lava Jato, segundo a Coluna de Celso Ming, de 11.6.2017, p. B2, está de olho em alguns bancos. Idem, de certa forma, a Medida Provisória nº 784, de 8.6.2017.

Os bancos podem até falir que o governo sempre encontra jeito de ajudá-los.
Antônio Ermírio de Moraes

Não se prende banqueiro nem gente rica no Brasil, porque a justiça é falha.
Gustavo Franco

Bancos são lenientes com crime de lavagem de dinheiro.
Joaquim Barbosa

Capítulo 6
ONGs QUE FURTAM OU ENGANAM

*Se desejam que me expresse com mais clareza,
não pretendo fazer convênios com ONGs, mas sim com prefeituras.*
Aldo Rebelo

Algumas ONGs recebem dinheiro público e privado, sob pretexto de prestarem serviços a entidades assistenciais ou de alfabetização, e dividem entre si, num enriquecimento ilícito de alguns de seus membros, a ponto de o Senado ter criado uma Comissão Parlamentar de Inquérito (CPI), integrada por senadores e deputados para apurar esses abusos, bem como repasses de recursos a ONGs pelo Fundo de Amparo ao Trabalhador (FAT) e por outros órgãos do governo federal do Brasil, numa farra de esbanjamento de dinheiro público. Em sua primeira audiência pública, realizada no dia 25 de outubro de 2007, a CPI das ONGs, que estaria sendo boicotada pelo governo, chegou a uma conclusão: não existe controle nem na aplicação nem na prestação de contas do dinheiro federal distribuído a ONGs.

E, ainda, recentemente, a ONG "O Instituto Brasil", conhecida como a ONG do PT da Bahia, segundo a revista *Veja* de 24.9.2014, sob o título "A arte de roubar dos pobres", p. 64-9, milhões de reais destinados à construção de casas populares foram desviados para políticos do PT na Bahia.

Essa "farra de ONGs" com dinheiro público teria consumido R$ 2,2 bilhões do Fundo Nacional de Desenvolvimento da Educação (FNDE) para alfabetização, e estas não teriam ensinado o que prometeram, segundo a mídia. Outras vultosas despesas teriam sido "comprovadas" mediante notas frias e recibos falsos, segundo reportagens do *Jornal da Tarde* e do *O Estado de S. Paulo* (16 e 20.8.2007). Daí, ONGs conceituadas, entre outras: "One Economy"; "Transparência Brasil"; a **"Arte de Viver"**, **ensinada pela guru indiana Rajshree Patel**; "Saúde Criança"; "Viva Rio"; "Centro de Inclusão Digital"; "Ação Comunitária"; "Contas Abertas"; "Observatório Social do Brasil de Ater Cristófoli"; "Voto Consciente"; "WWF-Brasil"; "Expedicionários da Saúde"; "Chaverim"; "Greenpeace"; "Amarribo"; "Gol de Letra ou Atletas pela Ação Educativa"; "Cidadania"; "Movimento de Combate à Corrupção Eleitoral (MCCE)"; "Abracci"; "Alesp"; "Cão sem Dono"; o "Caminho de Abraão"; **"Médicos sem Fronteiras"**; "União dos Escoteiros do Brasil"; "Sobravime"; "AVC ou Associação Viva o Centro de São Paulo"; "Doutores das Aguas"; "ACD de Milú Vilela"; que pensam sobre o que o Brasil precisa para melhorar, estarem pedindo mais rigor no repasse do dinheiro público, bem como no combate à corrupção. As ONGs que combatem a corrupção e se dedicam ao bem comum, servem à Pátria, ao contrário dos que se servem da Pátria.

A estimativa é que dos R$ 32 bilhões repassados a ONGs no período de 2002 a 2014, R$ 12 bilhões teriam sido desviados para outros fins, financiamento de campanhas eleitorais, inclusive.

Apenas uma minoria, das 340.000 mil ONGs existentes no Brasil, recebe dinheiro do governo federal ou recursos federais, entre elas: "Pra Frente Brasil"; programa "Segundo Tempo"; "Pró-Cerrado"; "Oscip ou Oxigênio"; "Instituto Nacional América"; "Petraf-Sul"; "Rede 13"; "Concrab"; "Anca"; "Iterra"; "Unitrabalho"; "Urihi" e a "Ifas-Petrobrás" ou apenas "Ifas", ora investigada pelo procurador Raphael Perissé. As ONGs "Meu Guri"; "Instituto Contato", "Ação Solidária", "Idec" e "Nasce" também teriam sido aquinhoadas com verbas públicas segundo a mídia. Há, ainda, as ONGs que repassam recursos ao Movimento dos Trabalhadores Rurais Sem-Terra (MTST), entre outras, a "Anca"; o "Inocar"; "Itac"; "Cepatec"; e a "AATS ou Associação Amigos de Teodoro Sampaio"; segundo a revista *Veja* (2.9.2009, p. 65-72), que se reporta às invasões do MST e aos seus financiadores; idem em *O Estado de S. Paulo* (23.8.2009, p. A3 e 25.11.2011, p. A8). E ainda, a ONG "Ceat", segundo *O Estado de S. Paulo* (16.9.2013, p. A5).

Conclusão

Como se vê, o "satã" do dinheiro lança seus tentáculos em qualquer área, causando terríveis pandemônios sociais. Mas no seu inferno, muitos capitalistas gananciosos e corruptos estão ardendo. A "Operação Voucher", "Lava Jato", "Zelotes", e outras, da Polícia Federal, que o digam. Isso em termos de Brasil, no mundo, segundo a ONG "Global Financial Integrity", entre 2001 e 2010, o mundo viu "sumir" US$ 5,8 trilhões transacionados ilicitamente (*O Estado de S. Paulo*, 26.2.2013, Caderno 2).

Esperamos que as ONGs internacionais que classificam os países como mais corruptos ou menos corruptos registrem os abusos que estão ocorrendo em ONGs no Brasil.

OS ÓRFÃOS DA IMPUNIDADE

Enquanto o governo e as ONGs se ocupam em amparar assassinos de todas as idades, uma geração de vítimas invisíveis cresce sem pais e sem apoio.

Capa da revista *Veja* (8.5.2013).

Capítulo 7
Crime organizado e seus disfarces

O que mais preocupa não é o grito dos violentos,
nem dos corruptos, nem dos desonestos,
nem dos sem-caráter, nem dos sem-ética.
O que mais preocupa é o silêncio dos bons!
Martin Luther King

Ao contrário do que muitos pensam, o crime organizado não se cinge ao tráfico de drogas, armas, assaltos, motins, invasões, contrabando, sequestros, latrocínios, crimes hediondos, pirataria etc. Ele é bem mais abrangente e opera, dissimuladamente, como uma espécie de governo invisível, sobretudo no âmbito financeiro ou dos mercados em geral, sonegação, descaminhos etc., disseminado em todas instituições que integram o Estado.

O volume de capital reciclado é tão grande que os investidores transnacionais (entre eles, Grupo Rothschild, City de Londres, Federal Reserve (Fed) – Banco Central dos Estados Unidos, Banco Central Europeu, Citigroup, Merrill Lynch e o Banco Central da China) não podem "dar-se ao luxo" de investir ou suprir seus recursos apenas em operações legais. Por isso, o crime organizado está a seu serviço em muitos negócios lucrativos, entre outros, contrabando, sonegação, furto de metais e minerais preciosos ou estratégicos, do Brasil inclusive (nióbio, quartzo, titânio, tântalo, ouro, urânio, diamante, tráfico de drogas e terras-raras).

O crime organizado se mescla, ou se disfarça, imbricado no capital por meio de alguns dos instrumentos do próprio Estado, numa atuação aética em muitos países, refletindo um estágio involutivo da sociedade, ainda que possuidora de bens materiais lucrativos. A propósito, Peter Singer, o maior filósofo da Austrália, afirma em seu livro *Libertação Animal* que, quando a sociedade se acostuma a conviver com a corrupção e com a violência, é sinal de que perdeu o controle de si própria, ao tempo em que a moral da comunidade é afetada em todas as esferas.

O capital procura interessar ou incentivar a tecnologia na criação de bens materiais lucrativos (mercadorias), engessando ou limitando, de certa forma, pesquisas científicas para outras áreas menos lucrativas. A respeito, o cientista britânico Jacek Gondzio pretende usar o supercomputador Hector na estratégia de investimentos mais seguros e mais lucrativos.

Para tal fim, o capital também se vale do crime organizado, já que sua ética é o lucro, a ponto de mandar colocar produto químico no tabaco para viciar fumantes.

Uma ganância infecciosa é uma das principais causas do crime organizado. Esperamos que os povos do mundo deem uma chance para controlar esse terrível mal, **antes que isso ocorra irrigado a sangue**.

Como se vê, são muitos os segmentos em que opera o crime organizado; a pirataria somali no Golfo de Áden, na costa leste da África, cliente do tráfico de armas e da corrupção endêmica, é um deles. O Brasil também foi e continua sendo vítima de pirataria marítima e fluvial. O assassinato de Peter Blake, famoso esportista da Nova Zelândia, no Rio Amazonas, em dezembro de 2001, comprova isso.

O poder do crime organizado no Brasil é tal – a ponto do Projeto de redução da maioridade penal de 18 para 16 anos – ter ficado 22 anos engavetado no Congresso Nacional.

Mercenários em ação pelo mundo

Entre as comunidades que prestam serviços ao crime organizado, as mais bem-estruturadas são empresas que contratam mercenários, denominadas "empresas militares privadas", que atuam em campo de guerra, também conhecidas como "empresas de segurança e serviços secretos". Têm muitos clientes, entre outros, o Departamento de Defesa norte-americano e o Ministério da Defesa britânico.

As mais importantes dessas empresas são: CACI, Control Risk Group, Logicon, Man Tech International, CSC (DynCorp), Diligence LLC, SAIC, AirScan e Kroll Security International.

A máfia, o PCC e o CV também estariam terceirizando suas atividades criminosas, vendendo proteção inclusive, a exemplo de Al Capone. Esse monstro que disfarça suas atividades de acordo com as circunstâncias e interesses precisa ser duramente enfrentado, particularmente no Brasil.

Eis alguns dos produtos que são traficados pelo crime organizado transnacional:
- pedras preciosas;
- armas;
- espécies botânicas;
- seres humanos (crianças e adultos);
- espécies de animais;
- fraudes bancárias;
- ossos de tigre;
- heroína;
- cocaína;
- minerais;
- produtos estupefacientes ou drogas em geral;
- peles de animais selvagens.

No crime organizado nacional ou transnacional, os atos se diversificam, simulando ou dissimulando, particularmente em relação aos crimes financeiros, os denominados "crimes do colarinho branco" inclusive, que procuram envernizar de legalidade suas operações, para cujo fim são bem assessorados.

Esses disfarces também ocorrem em organizações criminosas que praticam crimes violentos, por exemplo, no Primeiro Comando da Capital (PCC), que tem, como um de seus líderes, o "Marcola"; no Comando Vermelho (CV), onde, um de seus líderes é "Fernandinho Beira-mar"; no braço homicida da máfia e de suas ramificações transnacionais; nas gangues de Brasília, especialmente na cidade satélite de São Sebastião; em assalto a bancos; queima de arquivo ou homicídio por encomenda, a exemplo do que teria sido feito a mando do empresário Constantino de Oliveira, segundo a revista *Veja* (22.7.2009, p. 68-71).

O crime organizado, segundo *O Estado de S. Paulo* (19.10.2010, p. C1), e a ONG Viva Rio, possui o dobro das armas da polícia no Brasil.

Em suma: O crime, o organizado, sobretudo, infiltra-se em todas instituições, por mais idôneas que sejam ou que possam ser, apesar da Lei nº 12.850/2013.

Capítulo 8
Origem da corrupção e seus porquês

> *Um terço da dívida externa de diversos países*
> *vai para o bolso de políticos e funcionários públicos corruptos.*
> Peter Eigen, presidente da Transparência Internacional[3]

> *Hoje, se surge uma chance para roubar, para transgredir, por que não fazê-lo?*
> *O único risco que se corre é de ser pego.*[4]
> Denys Arcand, diretor do filme "As Invasões Bárbaras"

> *Corrupção é o maior mal do século.*
> D. Geraldo Majella Agnelo, presidente da CNBB

> *Nunca ninguém perdeu dinheiro investindo na desonestidade.*[5]
> Millôr Fernandes (revista *Veja*, 20.10.2004)

> *Os custos da corrupção podem ser superiores aos seus benefícios.*[6]
> Mailson da Nóbrega

A palavra "corrupção" vem do latim, do verbo *corrumpere*, que significa decompor, estragar, na filosofia aristotélica inclusive. Mas, seu significado é bem mais abrangente, envolvendo todas as espécies de corrupção ou de "malfeitos".

---

3. A Transparência Internacional é uma ONG sediada em Berlim, na Alemanha, reconhecida mundialmente por seu trabalho de levantamento do índice de corrupção no mundo.
4. Essa frase, ainda que verdadeira, é lamentável e incentiva a corrupção, o que também é lamentável.
5. É um humor que não deve ser considerado, em virtude de fazer apologia à corrupção.
6. Benefícios ou eventuais efeitos progressistas causados pela corrupção não a justificam.

A corrupção ou inclinação para ser corrupto ou corruptor – reiteramos – está no DNA humano, acionado pelo egoísmo ou excesso de ambição. Ambos são muito dinâmicos. Logo, a corrupção e seus terríveis efeitos também o são. Aliás, tudo no Universo é dinâmico, nada é estático. O comportamento pode aumentar ou diminuir, segundo as instituições, circunstâncias, regras estatais, costumeiras etc., partindo do princípio de que o Estado representa as instituições de forma globalizada. Daí a importância de o Estado ser forte, haja vista que, nos países em que o Estado é estruturado com elevados conceitos éticos e poder de polícia sempre vigilante, a corrupção é menor e o espírito de cidadania desses povos é mais voltado para o bem comum e para o saber. Portanto, a sociedade ou o Estado, quando bons, não corrompem o homem, ao contrário, o engrandecem.

A origem da violência, da avareza e da corrupção é um tema relevante, com raízes em todos os campos de estudos, particularmente no âmbito da biologia ou fisiologia, da sociologia, da antropologia e da psicologia, **clamando por uma revisão conceitual e repensamento da ética**.

O combate à praga da corrupção, em geral, cinge-se aos seus efeitos periféricos, sem atingir suas causas mais profundas. Ocorre que o ser humano, apesar de ser violento, avaro e corrupto por sua própria natureza, é bastante sensível aos reflexos condicionados, portanto, receptivo aos bons ensinamentos.

O Estado é o principal responsável pela corrupção e pela violência, que são irmãs siamesas, cabendo-lhe punir os corruptos e os violentos, exemplarmente. Está mais do que provado que a impunidade incentiva o crime organizado e a má política, que acolhe alcateia de políticos corruptos à espreita de propina, já que é difícil fazer política limpa sem dinheiro.

Enfim: a corrupção, queiram ou não, é uma referência internacional, idem em relação à violência e avareza. São fenômenos tão antigos quanto a humanidade. Ainda assim, por mais disseminada que esteja a corrupção, sempre há pessoas honestas que podem contribuir para converter países corruptos em nações civilizadas e honestas. A Nova Zelândia, a Dinamarca e a Finlândia são exemplos. Esses países, há três décadas, estavam infestados de corrupção, igual ao Brasil ou pior. Hoje, em face do fator educacional, estão entre os menos corruptos do mundo! Eis a evidência de que o Homem é sensível à educação de qualidade e ao bom condicionamento.

O que é corrupção e seus malfeitos?

Todos somos corruptos.
Mário Amato,
ex-presidente da FIESP

O lado que ganhou comprou.
O lado que perdeu não comprou:
há uma diferença.
Itamar Franco
(Convenção do PMDB de 8.3.1998)

Alguns policiais, políticos e magistrados integram quadrilhas.
Paulo Lacerda,
diretor-geral da Polícia Federal
(*O Estado de S. Paulo*, de 6.9.2004)

Os caras roubam os clubes, acabam com o dinheiro
e vêm botar a culpa na Lei Pelé.
Pelé

Fraude, corrupção e violência fazem parte da condição humana.
Patrus Ananias,
ministro no governo do PT

Quando tiver ladrões e prostitutas
Israel terá alcançado o estágio de um país normal.
David Ben Gurion,
fundador de Israel
(Revista *Época* de 12.7.2004)

  O sentido da pergunta é bem abrangente, respondida, em tese, pelas frases supra, bem como pelo que está relatado na presente obra, considerando que o problema chega a ser social, por estar a corrupção institucionalizada na maioria dos países e povos.
  O tema é complexo e depende da posição de cada observador ou do *standard* jurídico de cada nação. O que é corrupção para um poderá não ser para outro. A matéria é discutível e vista segundo o *status quo* social e religioso de cada povo, que se recicla no espaço e no tempo. Mas, em geral, onde houver excesso de interesse haverá corrupção. Portanto, a frase de Mário Amato, ainda que forte ou antiética, não é um exagero.

Eis outras espécies de corrupção:

Venda ou tráfico de informações, privilegiadas, inclusive; pedicuro ou podóloga podem deixar pedacinho ou pontinha de unha na lateral do dedo principal, denominado hálux; apropriação indébita; grampear ou escutar telefones sem autorização judicial; transformar ou fraudar óleos comuns em azeite de oliva; adicionar água no leite; escrever artigos ou reportagens com propósito de extorquir dinheiro ou outras vantagens; engarrafar ou vender água comum alegando ser água mineral; bancos que cobram tarifas indevidas ou exorbitantes; simular sequestro ou provocar incêndio para calotear dívida ou para receber seguro; vender carnes oriundas de animais que morrem de doenças, inclusive contagiosas; furtar no peso ou na medida, prática bastante comum no baixo comércio; dar ou receber propinas; comprar eleitores ou dar outras vantagens, a fim de conseguir mandato eletivo; formação de cartel; efetuar acordos partidários espúrios, frequentes na baixa política; remessa irregular de dinheiro para o exterior, que deve ser repatriado, a exemplo dos US$ 2,6 milhões relativos ao caso Banestado; exercer medicina sem observar princípios éticos tradicionais; simular-se enfermo com intenção de conseguir auxílio-doença ou aposentadoria; debitar, indevidamente, nas contas de seus pacientes medicamentos que não são fornecidos, prática costumeira em hospitais, casas e postos de saúde; dentista que falseia cárie e outros problemas odontológicos; praticar atos, no exercício de função pública, em proveito próprio, de parentes ou de outros interesses escusos; venda ou tráfico de informações, privilegiadas inclusive; peleguismo sindical, especialmente o que opera em países capitalistas, outro processo corruptor que vem se alastrando com reflexos daninhos à formação de sadias lideranças sindicais. **E mais:** derramamento de diplomas, no ensino, sem observância de princípios morais, intelectuais e legais, inflacionando e rebaixando o aprendizado, na categoria doutoral, inclusive, mediocrizando o nível universitário; cientistas que falsificam resultados de suas pesquisas; grilagem e invasão de terras; autoflagelação; fanatismo; sites que oferecem ou divulgam coisas negativas ou criminosas; tráfico de drogas ou seu uso sem controle médico; praticar o lenocínio; biopirataria; profissionais que exercem a profissão com fins apenas mercantilistas; sonegar contribuições previdenciárias; empregar falsos valores na versão de fatos sociais; proxenetismo; charlatanismo; mordomias; abusiva mercadologia de livros; controle da mente humana para fins maldosos; atentados; tramas; manipulação da opinião pública; terrorismo de esquerda ou de direita; desinformação intencional; sociedades-fantasmas; venda de condecorações; manipulação de menores; furto em bomba de gasolina; engodo publicitário; fraudar transferência de título eleitoral; forjar milagres, descarregos, intitulando-se iluminado ou mensageiro de Deus; adulterar remédios, bebidas e certos alimentos, prática bastante comum no baixo curandeirismo, no baixo comércio e na baixa medicina; depositar dinheiro de outrem ou de repartição pública em conta particular; falsificar obra de arte; anunciar o fim do mundo, marcando data inclusive; rotular enganosamente; intitular-se mediador entre os seres humanos e Deus; esconder preço de concorrência pública para favorecer previamente a determinado licitante; procedimento enganoso e exploratório na venda de carnês; predizer o futuro, explorando incautos; simular possessão demoníaca; excesso de desmatamento, em cerrados inclusive; pedofilia; vender vagas no céu; vender lotes na Lua; despacho e sacrifício de animais em sessão de feitiçaria e exercício enganoso e exploratório de esoterismo; obras ou compras superfaturadas; armações em precatórios "micados" ou nulos para receber vultosas indenizações; lavagem de dinheiro ou de capital; espionagem; adulterar gasolina ou outro produto qualquer; inventar ou propagar boatos; laudo laboratorial com resultados discrepantes; atestar eficácia de medicamentos mediante recebimento de altas quantias de laboratórios; traduzir em desacordo com o original;[7] imbróglio em serviço de medição de audiência na TV ou em outras aferições, eleitorais inclusive; pseudomedicina; venda de lotes dados pelo governo ou pelo Incra; atribuir, irregularmente ou sem licitação, coleta pública de lixo, enriquecendo ilicitamente à custa da sujeira e da corrupção; abuso no repasse, ou no uso de quem recebe, de recursos federais a municípios, denominados "a maldição dos recursos políticos"; mentir; sonegar impostos e criar empresa-laranja para tal fim; óticas que danificam lentes para vender outras; plagiar; falsidade ideológica; agiotagem; apropriação indébita de direitos autorais; comércio de órgãos para transplantes.

Diante desses e de outros fatos que ocorrem em toda a sociedade humana, quem de nós já não fez algo de corrupto? Seríamos, em última análise, todos corruptos? Se pararmos para pensar, concluiremos que sim. Não queremos com isso agredir ninguém. Apenas, já que estamos num jogo da verdade, ver o assunto com toda a frieza e sem embustes. Para todos os efeitos, estamos numa reunião em que os participantes não podem usar máscaras ou mentir.

Nosso principal objetivo consiste em tratar deste tema encarando-o abertamente. A grande maioria daqueles que praticam a corrupção o faz às escondidas ou

---

7. Daí alguns pesquisadores preferirem ler no idioma original.

à sorrelfa. A matéria fica circunscrita às partes envolvidas (corrupto e corruptor), exceto quando brigam.

Como se vê, somos todos partícipes da corrupção; ora somos réus ou corréus; ora somos autores ou coautores; ora somos vítimas; ora somos omissos; ora oponentes ativos de suas práticas. Mas essa pandemia ou peste e os terríveis males e injustiças que causam nas comunidades em geral, estão sendo combatidos com fortes antídotos. Portanto, no futuro, esperamos ter um mundo melhor e mais solidário, que não esconda suas mazelas. **Uma aragem nesse sentido está andando pelo Universo!** Ou pelo Mundo!

O ser humano é, por naturza, predador. Assim, dependendo das circunstâncias, é capaz de nos dar uma flor ou um tiro. Esse comportamento, aparentemente paradoxal, não deve nos espantar, uma vez que tanto o gesto de dar flores como o de dar tiros provêm de princípios naturais. Por isso, não devemos nos empolgar muito quando recebemos flores, para que possamos entender o gesto de quem nos der tiros, de quem nos furtar, de quem nos fizer chantagem, de quem nos enganar etc. Sem que sejamos capazes de indagar ou refletir sobre tais procedimentos, não seremos bons juízes, nem contribuiremos para o aperfeiçoamento do ser humano e da Justiça.

Não devemos ter vergonha de falar sobre nossas nossas fraquezas ou defeitos, bem como contribuir, ainda que modestamente, para que os fins do bem prevaleçam.

Capítulo 9
Corrupção no Brasil

*O maior escândalo de corrupção da História do mundo
foi gestado nos porões da Petrobrás.*
The New York Times

*Se não fosse o dinheiro da contravenção,
hoje não teríamos o maior espetáculo audiovisual do planeta.*
Neguinho da Beija-Flor

Lava Jato, Mensalão, Delação, Caixa preta da Medicina, Fifa etc.

A cada dia, a Operação Lava Jato, que detonou o Petrolão, traz novos fatos à tona: "o que foi apresentado sobre a área de Abastecimento da Petrobras é muito pequeno quando se junta tudo ao superfaturamento da refinaria de Pasadena, que teria causado um prejuízo de quase R$ 1 bilhão à Petrobrás; SBM; Angola; esquema argentino; Transpetro; Petroquímica e outros mais. Ah, e o contrato de meio ambiente na Petrobrás Internacional? Se somarmos tudo, abastecimento é "fichinha", escreveu o empreiteiro Ricardo Pessoa, da UTC Engenharia, na carceragem da Polícia Federal, em Curitiba, onde se encontra preso com outros empresários, **que cobram punição de políticos envolvidos**, representantes das maiores empreiteiras brasileiras, metidos no maior e mais vergonhoso desvio de dinheiro e corrupção já vistos no Brasil, tendo como principal vítima a Petrobrás, que deixa de ser o orgulho do Brasil em face de tanta roubalheira, em que o governo do PT é o principal responsável, segundo *O Estado de S. Paulo* (30.1.2015, p. A3).

O sonho de todos nós é um Brasil economicamente forte, servido por homens que possam ser lembrados por atuações inspiradoras da melhor conduta humana. O homem público precisa, antes de tudo, saber que deve servir à pátria e ao bem comum, sem dela se servir. Sua correta atuação humanizará o povo, dando a ele melhor escolaridade, melhor assistência médica, melhor alimentação, melhor segurança etc. – retirando dele sua agressividade e revolta diante do maior escândalo de corrupção e roubalheira da nossa história. Nenhum outro país viveu tamanha roubalheira, que infelizmente assola o Brasil e estaria fragilizando o potencial da Petrobrás. Daí a própria Petrobrás estar pensando em baixar seus ativos em R$ 88,6 bilhões.

José Dirceu, condenado na Ação conhecida por Mensalão, também está na mira da Lava Jato, segundo informou o "Jornal Nacional" e *O Estado de S. Paulo* (23.1.2015, p. A5). A Operação Lava Jato, a exemplo do Mensalão, segundo o advogado de Alberto Youssef, Antônio Augusto Figueiredo Basto, "é um projeto de poder para sustentação do PT", transcrito de *O Estado de S. Paulo* (24.1.2015, p. A4).

Considerando o rigor e a eficácia da Operação Lava Jato – Deus queira! Que ela se alastre para outras áreas contaminadas pela corrupção endêmica – governos estaduais e municipais inclusive.

Violência, avareza, estupidez, corrupção, maldade, mentira, compulsão, inteligência, bondade. Esses ingredientes fazem parte do DNA da natureza humana. Todas as pessoas nascem com propensão para a fraude, dependendo das circunstâncias. Portanto, o maior responsável pelo aumento de corrupção no Brasil e no mundo somos nós mesmos, uma sociedade complacente ou sem compromisso com a ética. Mas, proporcionalmente, está crescendo a aversão à corrupção, o que é promissor no aperfeiçoamento das instituições.

A rigor, a corrupção, por ser inerente à natureza humana, exibe-se como o 5º poder, já que depois dos três poderes constituídos – Executivo, Legislativo e Judiciário – a imprensa ocupa o 4º poder. Enquanto jornalistas informam, alertam e denunciam e até são mortos a serviço da transparência; corruptos e corruptores se locupletam de dinheiro alheio, particularmente de dinheiro público, por meio de curiosos disfarces. A Operação Lava Jato e a Máfia das Próteses, Órteses e Stents que o digam. E, ainda, a "Operação Terra Prometida", sobre lotes agrários que teria causado um prejuízo de quase R$ 1 bilhão de reais, segundo *O Estado de S. Paulo* (6.1.2014, p. A6). Daí, a ânsia do 5º poder ou da maldita corrupção em garrotear e amordaçar a imprensa, seja no Brasil ou nos demais países.

Como se isso não bastasse, a "Operação Zelotes", da Polícia Federal, juntamente com o Ministério Público Federal e a Receita Federal, estão investigando outro escândalo ou voracidade fiscal, estimada em R$ 19 bilhões, envolvendo pessoas físicas e jurídicas – bancos e grandes empresas inclusive.

A propósito do atentado de Paris, não nos esqueçamos de que o homem, ao criar um Deus, além de refletir o desejo de onipotência, manifestou também a vontade de se aprimorar e de manter sob seu controle as tendências satânicas, cada qual, segundo sua ótica, o que não deixa de ser um dos disfarces da corrupção ou da violência, pois onde há interesse sempre haverá corrupção, considerando que o ser humano é por natureza predador. Daí, estar sempre de olho na presa ou no dinheiro. Não obstante, sempre haverá pessoas honestas em prol do bem comum, tendo em vista que o homem é sensível aos reflexos condicionados e aos bons ensinamentos. Graças a isso avançamos em importantes áreas: ciência, física, tecnologia, filosofia e esperança por dias melhores, ou seja, uma Sociedade menos corrupta e menos violenta!

Haverá um dia uma governabilidade internacional ou uma nova instituição mundial, integrada por notáveis cientistas, juristas, teólogos, filósofos e estadistas, dotada de elevada formação ética e vontade política eficaz, prestígio, poder e independência, que será ouvida ou acatada por todos: governos, raça, religiões, capaz de programar uma reflexão histórica em prol do aprimoramento da humanidade e do bem comum. Portanto, não percamos a esperança!

A caixa preta da Medicina

Na área de saúde, da saúde pública, sobretudo, o comércio e as fraudes são os seus terríveis flagelos. Os lobistas das indústrias farmacêuticas exploram o tráfico de influência para aumentar o volume de suas vendas de remédios, alguns desnecessários. No comércio de sangue, muitas pessoas são contaminadas pela transfusão de sangue impróprio. E mais, o Brasil está em primeiro lugar no mundo em cirurgias desnecessárias, particularmente em cirurgias estéticas, bem como em venda e compra de remédios e produtos falsificados. O escândalo denominado "Vampiros da Saúde", em que funcionários graduados foram presos pela Polícia Federal, é mais um exemplo. E, ainda, o famigerado esquema "Sanguessuga," envolvendo deputados, senadores, empresários e servidores públicos.

Na operação denominada "Vampiros da Saúde", realizada em 2004 pela Polícia Federal e Ministério Público Federal, a Controladoria Geral da União (CGU) estima que a fraude teria causado um prejuízo de mais de R$ 2 bilhões aos cofres públicos.

É comum, particularmente, nos casos de pacientes terminais, segundo a mídia, antecipar a morte para atender pacientes que pagam mais ou têm plano de saúde que cobram mais. Intubar só em **casos especiais. Se está prestes a morrer... que morra logo e dê lugar para outro. Isso é coisa de bandido. E, ainda, teriam desativados 1.315 leitos hospitalares no SUS, segundo o Conselho Federal de Medicina.**

Assim, casos semelhantes aos que teriam ocorrido no Hospital Evangélico de Curitiba-PR e no Hospital de Araucária-PR, estariam ocorrendo em todo Brasil e no mundo, pois, em 2013, mais de 23 milhões de intervenções cirúrgicas foram realizadas no mundo, 13% no Brasil.

A boa Medicina e médicos que honram a profissão, não se prestam a essas baixarias que ceifam muitas vidas. Mas essas minorias não têm poder de polícia para sanear as atividades médicas e hospitalares que estão infiltradas pelo crime organizado e ambição infecciosa. Segundo *O Estado de S. Paulo* (8.9.2013, p. A29), 160 mil indígenas do estado do Amazonas esperam por atendimento médico.

Um estudo elaborado pela Associação de Hospitais Norte-Americanos – examinado por uma subcomissão parlamentar – concluiu que, em 1974, nos EUA, teriam realizado 2.380.000 cirurgias desnecessárias, provocando 11.900 mortes e elevados gastos (também desnecessários). Esse mal, então, seria internacional? Ou apenas em alguns países?

Urge o aumento da rede hospitalar e especialização médica, particularmente no âmbito cirúrgico, cirurgiões cardíacos inclusive, pois, segundo informações, o Brasil possui apenas dois mil e quinhentos cirurgiões cardiovasculares, aproximadamente.

O programa "Mais Médicos", desde que integrado por bons profissionais, clínicos gerais, inclusive, é promissor. Mas, os médicos estrangeiros, os cubanos, também, precisam ser avaliados profissionalmente, revalidar diplomas, inclusive, se houver suspeita de fraude. A Associação Médica Brasileira (AMB), vê manobra político-eleitoral no programa em apreço, segundo *O Estado de S. Paulo* (24.8.2013, p. A22). A Agência Nacional de Saúde (ANS) também está acompanhando o caso. O que é opotuno, considerando que o Brasil possui muitas Faculdades de Medicina e rigor no exame das provas de médicos recém formados. Daí, no fim de 2014, 55% ter sido reprovado pelo Conselho Regional de Medicina (Cremesp/2014), segundo *O Estado de S. Paulo* (30.1.2015, p. A15).

Apesar dessas gravidades, outras estão ocorrendo no tráfico de próteses, de órteses e de stents, envolvendo hospitais e médicos, num mercado sujo e desprezível em que circula muito dinheiro e muitas cirurgias desnecessárias, em um esquema que vem causando mortes e deficientes físicos. [Fonte: *Veja* (24.12.2014, p. 74-5) e o programa "Fantástico", da TV Globo, de 4.1.2015, também divulgado pelo *O Estado de S. Paulo* (6.1.2015, p. A13).]

Nós devemos muito à boa Medicina! Daí escrevermos contra os males que se abrigam nas atividades médicas ou hospitalares: mercado infeccioso, corrupção e incúria.

Em suma: é com muito orgulho que parabenizamos os médicos que exercem a medicina com dignidade e, sobretudo, a Ciência da Medicina! Relembrando, *in memoriam***, Hipócrates!**

> *Quatro problemas com a letra "D" – Para Elias Knobel,*
> *o paciente está despersonalizado, o médico está desprofissionalizado,*
> *a assitência médica está desumanizada e a medicina descaracterizada.*
> Revista *Veja* (28.8.2013, p. 96)

Outras considerações

No ranking mundial da corrupção, o Brasil, uma das principais economias do mundo, foi relacionado pela ONG Transparência Internacional entre os países mais corruptos, fato ora agravado pela ação dos políticos e empresários envolvidos na Operação Lava Jato, mensalões e em outros escândalos, tendo como causas, entre outras, o silêncio dos bons. Segundo Marcos Fernandes, da Fundação Getulio Vargas (FGV), a corrupção no Brasil custa US$ 3,5 bilhões por ano.

Seria um problema do homem ou do Estado? De ambos, uma vez que o Estado é instituído pelo homem. Portanto, a seu exemplo, com qualidades e defeitos. Ver e ler o **Capítulo 10**, tendo em vista a premiação dos Delatores da Odebrecht e dos irmãos Batista.

Quanto ao homem, resumidamente, pensamos o seguinte:

É, por natureza, egoísta, ambicioso e extremamente competitivo, fruto do processo de seleção das espécies. Logo, um predador. Por isso, sujeito à lei do mais forte ou ao princípio de comer ou ser comido, num mecanismo inteligente que alimenta a ambição, sem o qual as coisas não se transformariam dinamicamente, pois na natureza **nada é estático**.

E, ainda, segundo o papa Francisco, o homem é "o ladrão que todos temos em nós".[8] Não obstante, somos beneficiados por muitos de seus feitos.

---

8. Eis a grandeza do papa Francisco.

E, ainda, reiterando o que já dissemos, é um ser criativo e receptivo a reflexos condicionados, coadjuvados pela influência que recebe da instituição familiar, escolaridade educativa, sobretudo. Por conseguinte, o homem é sensível ao meio em que habita, tornando-se bom ou ruim, dependendo das circunstâncias.

Os missionários mórmons, por exemplo, se dizem incorruptíveis, por força de condicionamento religioso a que são submetidos, lhes impondo nova mentalidade. O mesmo pode ocorrer em outras religiões ou em outras culturas. Sem perdermos de vista que o homem ou o ser humano é um dos fenômenos da natureza!

O homem, segundo Maquiavel, "é um ser imperfeito". Ou perfeito demais? A ciência que o diga...

Se o homem pudesse realizar metade de seus desejos, dobraria seus problemas.
Benjamin Franklin

O ladrão que todos temos em nós me veio à mente

PAPA FRANCISCO, ao revelar que, nos anos 1990, furtou do caixão de um padre amigo argentino a cruz do rosário que ele tinha nas mãos

Quanto ao Estado – sobretudo – no Brasil

Um Estado forte, politicamente bem organizado, com leis duras e eficazes, poder de polícia que se imponha perante a nação e as instituições que o integram, particularmente contra abusos de suas elites e do crime organizado, poderia contribuir sobremaneira para reduzir os padrões de desigualdade e de pobreza. Atuaria para erradicar o câncer da corrupção ou, pelo menos, mantê-la sob austero controle, aplicando severas punições, em relação aos "crimes do colarinho branco" inclusive, a exemplo do que está fazendo a Polícia Federal contra a roubalheira na Petrobras, **considerando que o Estado somos todos nós**.

Num Estado "linha-dura", e eficaz, a política, que hoje é a vala comum da corrupção, as políticas públicas, inclusive, passariam a cumprir seus elevados fins, governando com sabedoria, coragem e ética, coadjuvada por organismos internacionais, incluindo a ONU, preservando a autodeterminação de cada país. Em suma: substituir a cultura da corrupção por uma cultura de honestidade.

Tal Estado seria implementado com um eficiente sistema de informações e contrainformações, incluindo investigações sigilosas e públicas que pudessem detectar forças contrárias à boa ordem social: clientelismo, tráfico de influência, máfias, contrabando e outras infiltrações do crime organizado, sobretudo em relação aos "crimes do colarinho branco" (Lei nº 7.492/1986), em que os envolvidos dispõem de sofisticada assessoria econômica e jurídica, em alguns casos financiadas pelo crime organizado. Talvez, agora, com a Lei Anticorrupção nº 12.846/2013, a situação melhore, **apesar de 13 milhões de analfabetos, aproximadamente.**

Enfim, reiteramos a importância de uma reforma política para que tenhamos um Estado menos patrimonialista ou menos atrelado ao interesse privado, que invista mais em prol da ética e do bem comum. Para tão nobre causa, impõem-se a extinção da corrupção e de seus ranços. Daí, estarmos repensando o Brasil...

Outras análises

Portugal, para consolidar e expandir seu domínio colonial no Brasil e conter as investidas das insistentes expedições invasoras, incentivou a colonização, instalando núcleos de defesa e povoamento em regiões estratégicas.

A Igreja Católica, por sua vez, com a participação sábia e corajosa dos padres jesuítas, buscou a conquista espiritual do indígena, integrando as duas culturas, a indígena e a portuguesa, em cuja missão os índios foram tão heróis quanto os jesuítas.

Com tal propósito, Portugal incrementou a imigração e exportou para o Brasil contingentes de escravos da costa africana.

Por outro lado, nessa linha acelerada de colonização e expansionismo, a fim de melhor explorar nossas riquezas, instituiu sistemas experimentais de capitalismo monárquico, sobressaindo o Conselho Administrativo Ultramarino, com poderes sobre os negócios do Brasil e subordinado diretamente ao rei, atraindo o interesse de uma pequena burguesia ascendente e de agiotas e aventureiros, ávidos por riqueza e poder, entre outros, citamos Pero Borges, Duarte da Costa, Antonio Cardoso de Barros, com respingos em Mem de Sá e no Poder Judiciário de então quando Pero Borges foi nomeado ouvidor-geral do Brasil, cargo equivalente ao do Ministro da Justiça da atualidade.

Em geral, as expedições invasoras, particularmente as francesas, holandesas e inglesas, intercalavam a bordo de suas embarcações bandidos, corruptos, degredados, assassinos, mercenários, traficantes, vagabundos, picaretas, piratas, contrabandistas, agiotas, avarentos etc. O mesmo ocorria em expedições luso-hispânicas, principalmente durante o domínio espanhol (1580-1640), quando o rei Felipe II mandou arrebanhar o que havia de pior na Espanha, bem como em suas colônias, e deportou para o Brasil. Isso, ressalvada a parte boa da imigração espanhola e a de outros países, que tanto contribuíram para o nosso progresso, aqui deixando suas marcas e tradições, como o "uai" dos mineiros que corresponde ao *why* dos ingleses, além de outros aspectos.

Muitos desses refugos e muitos valentes expedicionários que integravam essas expedições sobreviveram às guerras e às agruras, aqui fixando residência em busca de fortuna, entre eles alguns se tornaram prósperos fazendeiros por ocupação ou por concessão da Coroa, explorando a mão de obra escrava e indígena e, de certa forma, também contribuíram para a colonização e grandeza do Brasil.

Pode-se concluir que a corrupção daqueles tempos, em alguns de seus aspectos, confunde-se com a corrupção atual, pois quem possuía bens de raiz e tradição em seu país dificilmente se aventuraria a emigrar ou se estabelecer em outro em fase de colonização. **Portanto, muitas famílias tradicionais do Brasil de hoje, numa linhagem remota, descendem de bandidos e piratas saqueadores do passado.**

Assim, apesar da presente obra fundamentar-se na luta anticorrupção e em princípios éticos, por mais paradoxal ou absurdo que seja ou que possa ser, somos beneficiados pela corrupção e por seus malfeitos, uma vez que importantes instituições públicas e privadas, no Brasil e no mundo, que prestam relevantes serviços ao social, foram, e algumas continuam sendo, lubrificadas pela corrupção. Assim, por mais ético que seja um representante ou membro de um dos poderes: Executivo, Legislativo ou Judiciário, **não deixará de receber lasquinhas da corrupção**. É uma fase da sociadade que deixa muito a desejar. Daí, a polissêmica voz das ruas de junho de 2013 ter assustado o capitalismo injusto, bem como aos políticos corruptos. **Eles que se cuidem e deixem de ostentar riqueza.**

Aliás, Padre Antônio Vieira, num de seus sermões, bradava contra colonizadores e governantes que escandalosamente roubavam o Brasil. Isso não foi e não é privilégio somente do Brasil, porque o mesmo já ocorreu e ocorre no mundo inteiro, vejamos:

I – Vasco da Gama, o mais importante navegador português, que expandiu o colonialismo de Portugal até as Índias, ficou rico saqueando navios no Oceano Índico e pilhando mercadores árabes e indianos.

II – Hong Kong, na China, atualmente com uma população superior a seis milhões de residentes, foi fundada em 1832, num terreno baldio, por dois traficantes escoceses, William Jardine e James Matheson, que traficavam ópio através da Companhia das Índias Orientais com destino à China, transformando uma ilhota árida em potência econômica.

III – Las Vegas, nos Estados Unidos, em grande parte foi construída por gângsteres financiados com dinheiro do fundo de pensão dos *teamsters* (Central Sindical dos Trabalhadores do Transporte), que era presidida pelo mafioso Jimmy Hoffa, assassinado pela máfia no governo do Presidente John Kennedy.

IV – Sindicalismo operário ou de trabalhadores, um dos mais sagrados instrumentos de defesa do trabalho e das classes laboriosas, está sendo contaminado por várias espécies de corrupção. A proliferação de sindicatos, sindicatos de fachada ou de negócios, inclusive, também subsidiados pelo Imposto Sindical, é uma das causas. É que a Constituição de 1988, além de tirar do Estado o poder de controlar as entidades sindicais, lhes garantiu financiamento público. Uma amostra desses abusos foi amplamente noticiada pelo *O Estado de S. Paulo* (24 e 27.5.2010, p. A4 e A3), que denunciou e comprovou o pagamento pelo Ministério da Agricultura de R$ 3,3 milhões a um desses sindicatos, sediado na cidade de Montividiu, em Goiás, presidido por Djalma Domingos dos Santos, que, segundo tal reportagem, é o responsável pela montagem de uma rede de sindicatos em outros Estados. Esses excessos geraram um neopeleguismo? Sim, segundo *O Estado de S. Paulo* (2.6.2010, p. A3), considerando que o resultado desses negócios beneficia mais os seus protagonistas do que os filiados. Idem na revista *Veja* (21.12.2011, p. 17 e 20-1). **Como se vê, o sindicalismo em geral está ficando velho, mas a corrupção nele está sempre se renovando.**

> *A criação de sindicato*
> *é um dos negócios mais sedutores e mais rentáveis neste país.*
> João Oreste Dalazen,
> presidente do Tribunal Superior do Trabalho

V – Sydney, na Austrália, foi colônia penal do Império Britânico, e os seus primitivos colonizadores enriqueceram-se explorando a mão de obra dos milhares de condenados e dos indígenas.

VI – Entre os atos de efeito progressista, o que mais gera riquezas ilícitas é o crime financeiro internacional, principalmente o que opera em empresas *off shore*. Daí o crescente intercâmbio de informações por cartas rogatórias entre o Brasil e outros países, baseado em rastreamento de transações de lavagem de dinheiro ou de capital.

VII – E, assim, sucessivamente, em todos os ciclos: pau-brasil, cana-de-açúcar, agropecuário, ouro, minérios, borracha, café, diamante, erva-mate, industrialização etc., diversificando-se em relação às épocas, aos agentes e em relação aos meios, porém os ingredientes da corrupção estão sempre presentes.

VIII – Esquema PC Farias, que sacudiu a República pelo volume dos valores extorquidos e pelo envolvimento de políticos, empresários, ministros, altos funcionários e outras elites, bem como pela abertura de contas-fantasmas que tanto escandalizaram o país, a exemplo do que está ocorrendo com a Operação Lava Jato, desaguando no assassinato ("queima de arquivo") de seu principal personagem. Tomara que não aconteça o mesmo com outros delatores.

IX – Escândalo envolvendo diversos bancos na maior fraude bancária do Brasil, entre os quais: Banco Cruzeiro do Sul que teria dado um rombo de R$ 1,3 bilhões, Banco Nacional, Banco Econômico, Banco do Amapá (Banap), Banpará, Bamerindus, Banespa, Banco Marka, Banco Fonte Cindam, Banorte, Mercantil, Panamericano que teria dado um rombo da ordem de R$ 4,3 bilhões, totalizando mais de R$ 70 bilhões, parte coberto pelo Proer (Banco Central). E, ainda, corrupção e ganância no Banestado-PR, que teria dado um desfalque de R$ 30 bilhões; mais os falidos, entre outros: o Banco Morada. E, ainda, o Banco Rural, o "banco do mensalão", segundo noticiário do jornal *O Estado de S. Paulo* (3.8.2013).

X – Máfia do orçamento, também chamada "anões do orçamento", encabeçada pelo ex-deputado federal João Alves e assessorada por José Carlos Alves dos Santos, responsável por desvios milionários de verbas do Orçamento-Geral da União, que deu origem à CPI do Orçamento, com cassação e renúncia de influentes políticos.

XI – Aprovação da emenda da reeleição mediante a compra de diversos deputados federais, denunciada, inicialmente, pela Confederação Nacional dos Bispos do Brasil (CNBB); situação na qual estaria envolvido o próprio presidente da República, depois comprovada pelo jornal *Folha de S. Paulo* e por rumorosas gravações. O preço de cada voto vendido, segundo a mídia, foi de R$ 400 mil, mais nomeações, para ser pago em duas parcelas: R$ 200 mil antes da votação e R$ 200 mil depois, o que não teria sido cumprido em relação à segunda parcela. Todavia, se os beneficiados reeleitos fizeram um bom governo, seria mais um exemplo de corrupção com efeito progressista, o que ainda estaria ocorrendo uma vez que o instituto da reeleição em apreço está vigente. Mas a compra de votos é comum em um Estado corrupto. Talvez diminua ou mude com a instituição do Parlamentarismo ou com a exclusão do voto obrigatório.

XII – A corrupção ou tráfico de influência no futebol e na maioria das instituições que o integram, bem como nos esportes em geral, é uma das mais desenfreadas. Escândalos a respeito pululam na mídia a ponto de o Congresso Nacional ter instituído uma CPI que apurou fraudes diversas, de natureza eleitoral, inclusive, já que alguns dos envolvidos eram filiados a partido político. Atualmente, os clubes de futebol e suas atividades associativas ou empresariais são regidas pelo Código Civil, o que está restringindo abusos nas posições de mando. Há, ainda, o *doping*, envolvendo médicos e treinadores. A Federação Internacional de Futebol (FIFA) parece manter um esquema de propina e conluio com a Confederação Brasileira de Futebol (CBF) e outras federações, segundo o jornalista britânico Andrew Jennings, que em entrevista ao *O Estado de S. Paulo* (27.6.2010, p. J4), afirmou: "Qualquer brasileiro com mais de dez anos sabe que a corrupção em torno da Copa 2014 já está instalada". Nesse mesmo sentido, *O Estado de S. Paulo* (31.8.2011, p. A4), denuncia a concessão pelo governo de R$ 6,2 milhão a um sindicato de cartolas de futebol (Sindafebol) para cadastrar torcidas. Essas denúncias, particularmente a da revista *Veja* (19.10.2011, p. 70-5), que envolvem o Ministério do Esporte, preocupam a Fifa, segundo *O Estado de S. Paulo* (16.10.2011, p. A8). Mas a parceria Ricardo Teixeira e João Havelange volta à baila pela justiça suíça, denunciando propina ou pagamento de 45 milhões de reais aos dois. É triste saber que um esporte que enseja tanta alegria, seja também fonte de corrupção. Ver a revista *Veja* (18.7.2012, p. 69). A máfia do ingressos de cambistas da última Copa que o diga. Mas a prisão dos sete cartolas na Suíça, inclusive o brasileiro José Maria Marin, é uma revolução que pode fazer o Brasil recuperar seu prestígio no âmbito mundial do futebol.

> **"Dá pena que uma instituição como a CBF passe suas diretorias de um ladrão para outro"**
>
> **ROMÁRIO,** ex-jogador, deputado federal (PSB-RJ) e novo presidente da Comissão de Esporte e Turismo da Câmara, criticando, mais uma vez, José Maria Marin e Ricardo Teixeira

Fonte: J2 – "Aliás" – *O Estado de S. Paulo* (10.3.2013).

XIII – Na Previdência Social, ao longo de sua existência, alguns de seus principais dirigentes teriam se enriquecido recebendo propinas ou comissão de 10% em construções ou aquisição de imóveis (terrenos, prédios, hospitais etc.), incluindo a era dos ex-institutos: IAPM, IAPI, IAPC, IAPB, IAPETEC, IAP-FESP e IPASE, cujos bens tiveram enorme valorização, integrando o colosso do acervo imobiliário do atual INSS.

Seria mais um exemplo de corrupção com efeito socioeconômico e progressista? Em tese, sim. Não podemos deixar de falar das sonegações, das fraudes em parcelamentos irregulares de dívidas, das apropriações indébitas, dos depositários infiéis, de permutas lesivas ao seu patrimônio. Por simples e mínima amostragem, relacionamos:

a) Fraudes em revisão de aposentadorias, pensões e indenizações milionárias e outras concessões fraudulentas que chegaram às raias do absurdo, envolvendo quadrilhas que operam em todo o país, destacando-se quadrilhas integradas por advogados, juízes, procuradores e funcionários que furtaram fortunas dos cofres da Previdência Social, alguns dos quais foram condenados pelo Tribunal de Justiça do Estado do Rio de Janeiro em memorável julgado que muito dignifica o Poder Judiciário, figurando entre os condenados Jorgina Maria de Freitas Fernandes, Nestor José do Nascimento e Ilson Escóssia da Veiga. O INSS já recuperou uma parte desse dinheiro;

b) Permuta de um terreno de 237.000 m^2, no valor de CR$ 500 milhões,[9] situado às margens do Rio Pinheiros em São Paulo, por cinco hospitais, avaliados em CR$ 80 milhões, causando ao ex-INPS, na época, um prejuízo da ordem de CR$ 420 milhões. A transação teria sido intermediada por uma construtora paulista, numa operação triangular. Diante dessa enorme diferença, foi movida uma ação de nulidade na Justiça Federal do Estado do Paraná e constituída uma CPI na Câmara Federal. E, ainda, também em São Paulo, foram criticados a venda à Construtora Encol S.A. de um imóvel situado na Rua Piauí, n° 527, por apenas US$ 935 mil, apesar de valer, segundo denúncias da mídia, US$ 4,5 milhões, e o recebimento, em dação em pagamento, de um andar térreo na Rua Butantã, n° 68, onde funciona, ou funcionava, um posto de benefício do Instituto, transação que teria sido complementada pelo INSS com vários imóveis, localizados em diversas cidades (São Carlos, Marília, São Bernardo do Campo e na própria São Paulo), todos muito valorizados, razão pela qual tal imóvel teria sido supervalorizado, apesar de ser uma construção térrea antiga. Consta que apenas um

---

9. Valores da época do caso.

desses imóveis (terrenos) pagaria o andar térreo da Rua Butantã, do bairro de Pinheiros. Por outro lado, empresas em débito com a Previdência Social estariam comprando florestas nativas na região Amazônica para repassá-las ao INSS, em pagamento de vultosas dívidas, o que seria um risco para os cofres do Instituto. Como se isso não bastasse, estaria sob suspeita a transferência de um terreno em Santos-SP, avaliado em R$ 15,8 milhões, à empresa Miramar Empreendimentos Imobiliários Ltda., em troca da construção de sete postos de atendimento para o INSS, se bem que aumentar postos de atendimento é positivo;

c) Parcelamentos irregulares de dívidas e derrame de guias frias com as quais empresas devedoras saldam débitos para obter Certidão Negativa de Débito (CND) obrigatória para venda de imóveis, habilitação em concorrência, ter acesso a financiamentos e vantagens em órgãos e bancos públicos, bem como para levantamento de bens, dados em garantia ou penhorados etc. Por outro lado, falsários teriam chegado ao absurdo de invadir os computadores da DATAPREV, a empresa de processamento de dados da Previdência, e lá digitado informações frias para comprovar pagamentos não efetuados. E, ainda, um lote de 500 CNDs teria sido extraviado no segundo semestre de 1998, o que teria levado o INSS a publicar uma portaria no Diário Oficial de 23 de novembro de 1998 informando que as certidões da série I, nº 308.401 a 308.900 não poderiam ser consideradas. E ainda, no ano de 1999, a diretoria de arrecadação do INSS teria emitido milhares de CNDs, 578 das quais teriam sido impugnadas;

d) Sonegação e apropriação indébita são as terríveis sangrias contra os cofres do INSS, com índice nacional além de 28%. Muitas empresas, entidades filantrópicas, inclusive, e clubes de futebol sonegam bilhões de reais em contribuições previdenciárias devidas. Inúmeras empresas não repassam o dinheiro que recolhem em folhas de pagamento de seus empregados, o que é crime de apropriação indébita. Todavia, o INSS está no encalço desses trapaceiros, tomara que não seja interceptado pelos *hackers* ou piratas eletrônicos, a exemplo do que ocorreu com a Lei nº 9.639/1998 (*Diário Oficial da União*, de 26.5.1998), que concedeu anistia penal a sonegadores. Por estas e outras, o INSS teria fechado o ano de 2011 com um *déficit* de R$ 37 bilhões ou mais. No entanto, desde 1999, o Ministério da Previdência Social instalou o seu site, que pode ser acessado para aferir a regularidade fiscal das empresas, pesquisando o respectivo CNPJ, como também consultar a situação de aposentados e pensionistas, encurralando os fraudadores. Não obstante, a DATAPREV estaria fraudando o INSS, segundo Amir Lando, ex-ministro da Previdência Social, e o ministro Adylson Motta, presidente do Tribunal de Contas da União (TCU).

É um rombo muito maior do que eu previa.
Amir Lando
(*O Estado de S. Paulo,* de 13.1.2005, p. A6, e de 21.1.2005,
sobre fraudes na DATAPREV)

Em que pesem os desmandos, a corrupção, o crime organizado ou a burocracia, os benefícios prestados pela Previdência Social ao povo brasileiro, especialmente aos aposentados e pensionistas, são extremamente relevantes. Para este fim, o Instituto Nacional de Seguro Social (INSS), o mais sagrado dos patrimônios coletivos, precisa aumentar sua receita, o que vem fazendo graças à dedicação de abnegados e idealistas servidores, particularmente nas áreas de fiscalização, arrecadação e cobrança, coadjuvado por entidades de classe, entre as quais, a Associação Nacional dos Auditores Fiscais da Receita Federal do Brasil (ANFIP) e Sindifisco Nacional. Urge, portanto, criar novas fontes de renda ou receita, entre outras, um banco, que poderia denominar-se **Banco Nacional dos Aposentados e Pensionistas**, que seria implantado, inicialmente, em cinco capitais – São Paulo, Belo Horizonte, Rio de Janeiro, Porto Alegre e Salvador. Seria apenas um banco a mais ou um concorrente a mais. Portanto, não assustaria outros bancos, que continuariam operando livremente no mercado em convênio com o INSS, inclusive. Seria um empreendimento marcante e histórico para o governo que o instituisse. Tal banco, uma vez instituído, zeraria o *déficit* do INSS em pouco tempo, pois já no primeiro ano de atividade teria mais de cinco milhões de correntistas. Atualmente, 21 bancos atendem 26,6 milhões de beneficiários. Tal anteprojeto preocupa alguns bancos que receiam perder espaço, o Banco do Brasil e a Caixa Econômica Federal, inclusive. O déficit do INSS, em 2014 foi de mais de R$ 50 bilhões, que deverá ultrapassar R$ 200 bilhões em 2018, em virtude das isenções e dos grandes devedores, com realce as dívidas municipais que batem nos R$ 70 bilhões. Mas, se as reformas em andamento no Congresso Nacional forem aprovadas, essa sangria, em breve, será estancada.

XIV – As cidades de Manaus e Foz do Iguaçu, mormente a partir da década de 1980, prosperaram muito sob o efeito da corrupção ou do crime organizado: contrabando, sonegação, tráfico de drogas, superfaturamento de obras públicas, tráfico de influência, máfia etc., com ressalva às pessoas de bem (físicas e jurídicas) que exerceram ou exercem atividades naquelas importantes cidades. Recentemente, em Manaus, a Receita Federal apreendeu dois mil contêineres com contrabando. É que em alguns Estados o crime organizado tem mais espaço.

XV – Pistoleiros ou mercenários, agrupados em organizações criminosas para assassinar por encomenda, agem profissionalmente, simulando assalto ou sequestro para despistar. O assassinato do governador Edmundo Pinto, do senador Olavo Pires, do delegado Stênio José Mendonça, da esposa de José Carlos Alves dos Santos, do sindicalista Chico Mendes, do delegado federal Alcione Serafim Santana, do procurador Pedro Jorge Melo e Silva, do promotor Francisco José Lins do Rego Santos, dos empresários PC Farias e Samek Marek Rosenski, e da freira missionária Dorothy Stang evidenciam esse lamentável quadro. Há, ainda, os homicídios encomendados pelo empresário Constantino de Oliveira, o "Nenê Constantino", segundo a revista *Veja* (22.7.2009, p. 68-71).

Para tal fim, os pistoleiros mantêm, ao que consta, até tabela de preços:
a) governador de estado: de R$ 300 a 500 mil;
b) senador: de R$ 200 a 300 mil;
c) deputado federal: de R$ 100 a 200 mil;
d) prefeito de capital de estado: de R$ 100 a 200 mil;
e) deputado estadual: de R$ 50 a 100 mil, dependendo da importância do estado e do prestígio do Deputado;
f) vereador de capital de estado ou de cidades importantes: de R$ 50 mil;
g) prefeito ou vereador de pequenos municípios: de R$ 20 mil;
h) esposa que manda matar o marido (e vice-versa): de R$ 50 a R$ 100 mil.

XVI – Roubo de carretas, caminhões e respectivas cargas, em geral de elevado valor, para cujo fim motoristas e ajudantes são sequestrados e mantidos em cativeiro com a participação de influentes receptadores. Muitas fortunas estão se formando da noite para o dia às custas de preciosas vidas que são brutalmente ceifadas e do roubo do alheio. Os grupos agem de forma compartimentada: uma quadrilha executa o roubo; outra mantém os motoristas em cativeiro; um terceiro grupo esconde as cargas; um último falsifica notas e distribui os produtos no mercado. Se forem presos, advogados de plantão, a soldo de receptadores, são imediatamente convocados ou acionados.

XVII – Pirataria aérea, fluvial e marítima. O crime organizado, a exemplo das operações da máfia, é dividido e estruturado em cada linha de sua ramificação e atividades, sendo os agentes treinados para assaltar avião, navio, embarcações fluviais etc. São ações mais sofisticadas que requerem muita perícia, informação e audácia. Avião e navio que transportam dinheiro e armas são alvos preferidos. O Brasil é o terceiro maior covil de pirataria aérea e marítima no ranking mundial. Somente no ano de 1997 ocorreram vinte assaltos contra aviões e navios. Em dezembro de 2001, piratas brasileiros no Rio Amazonas mataram Peter Blake, famoso esportista da Nova Zelândia, que estava em missão científica patrocinada pela ONU.

XVIII – Indenizações bilionárias, com predomínio em processos ambientais, montadas por máfia de talentosos trapaceiros, estão gerando fortunas. Só no estado de São Paulo, foi noticiada a existência de 600 ações que podem alcançar até bilhões de reais. A Promotoria do Meio Ambiente está investigando os processos que produzem superprecatórios. O mesmo estaria ocorrendo no Instituto Nacional de Colonização e Reforma Agrária (INCRA) em relação às superavaliações de áreas que estão sendo desapropriadas. Por outro lado, na região amazônica, com a participação de cartórios de registro de imóveis, as transações fraudulentas já teriam transferido, a pessoas físicas e a um grupo de 50 empresários, mais de 60 milhões de hectares, abrangendo 40 comarcas, entre as quais: Altamira, Pauini, Lábrea, São Domingos do Capim, Marabá, Santa Isabel, Paragominas, Rondon do Pará, São Felix do Xingu, Acará, Tomé-Açu, Moju e Portel. Os envolvidos, que já eram ricos, teriam aumentado suas fortunas, num lamentável efeito progressista da corrupção. No Estado do Maranhão, danos morais por indenizações também foram superavaliados e julgados procedentes, envolvendo advogados, peritos e juízes. A questão foi de tal gravidade, segundo a mídia, a ponto de uma agência do Banco do Brasil ser arrombada com maçarico. Algumas dessas denúncias ainda estão sendo apuradas, particularmente nas comarcas suprarrelacionadas. O jornal *O Estado de S. Paulo* fez uma série de reportagens a respeito desses abusos ou crimes. A "Operação Terra Prometida", da Polícia Federal está investigando abusos no âmbito da Reforma Agrária.

XIX – O MST, teria sido fundado em Cascavel-PR, em 20 de janeiro de 1984, apesar do elevado sentido social de sua luta, que é a posse e uso social da terra, já tenha sido contaminado pela peste da corrupção e aspiração política radical. Aliás, estão, no bojo de sua causa, alguns dos principais germes da corrupção: a violência e o desrespeito às leis. Se bem que há ricos invadindo terras alheias em perímetro urbano de importantes capitais, em Brasília, inclsive, onde constroem luxuosas mansões, numa grilagem chique, sob os olhares complacentes do poder público. O mesmo vem ocorrendo na região amazônica, em que pessoas físicas e jurídicas estão se apossando de extensas glebas rurais.

O MST vem se expressando como uma espécie de instituição criminosa, num anarquismo que assusta e que vai de encontro aos seus propósitos. Portanto, em vez de procurar desestabilizar o Estado, deveria se reestruturar e excluir, de seus quadros, os corruptos, que estariam vendendo lotes e glebas agrários, bem como fazendo outras negociatas. Idem em convênio com o Incra e a Anara, representada por Bruno Maranhão, impugnado pelo Tribunal de Contas da União que condenou a devolver R$ 3,3 milhões, conforme matéria publicada pelo jornal *O Estado de S. Paulo* (3.6.2013, p. A6). O promotor de justiça Tarcísio Leite de Mattos afirma: "Ou o Brasil acaba com os sem-terra (MST) ou eles acabam com o Brasil.". Em posição semelhante, o promotor de justiça Gilberto Thums, na revista *Veja* (22.4.2009), afirma em relação ao movimento paramilitar do MST: "Se a luta não for de todos, não é de ninguém.". Essas frases, em tese, refletem a essência da causa do MST, do MTST, do MSLT e de outros movimentos paramilitares que não aceitam o Brasil atual. Eles, ao que se depreende de sua revolução, querem um outro Brasil, a exemplo do que ocorreu na Rússia em 1917, em que Lênin acabou com o czarismo; o mesmo ocorreu com a revolução de Mao Tsé-Tung e com a Revolução Francesa.

Sem o terrorismo das invasões de terras haveria mais paz e prosperidade no campo.
Xico Graziano

XX – Nem nossas gloriosas Forças Armadas, que prestam relevantes serviços ao Brasil, sobretudo na defesa de nossa soberania, estão livres dos respingos da corrupção. Diversas denúncias foram veiculadas pela mídia a respeito, incluindo empresas que lhes fornecem materiais e prestam serviços, vejamos:

a) Sob suspeita, o Sistema de Vigilância da Amazônia (SIVAM/SIPAM), a cargo da multinacional Raytheon, repercutindo no Tribunal de Contas da União, no Ministério Público e na mídia, pois teria vencido a licitação que disputou com a empresa francesa Thomson, que teria resultado num supercontrato de US$ 1,5 bilhões em virtude de informações privilegiadas obtidas através de espionagens industrial e comercial fornecidas pelos sistemas da Echelon e da National Security Agency (NSA);

b) *Lobby* ou tráfico de influência no Congresso Nacional, em que assessores parlamentares eram pagos pela Infraero; outros pertenciam à ESCA, empresa que era responsável pela implantação do SIVAM e teria tido problemas com o INSS;

c) Contrabando em navios da Marinha e irregularidade na aquisição de computadores;

d) No escritório de compras que os três ramos das Forças Armadas mantêm na capital americana, agentes do serviço secreto americano, em Washington, alertaram a Comissão Aeronáutica Brasileira (CAB) e a Comissão Naval Brasileira, incumbidas de fazer compras de equipamentos e peças de reposição nos Estados Unidos, acerca de um esquema de superfaturamento de contratos e da existência de empresas-fantasmas, o que teria causado instauração de inquérito policial militar (IPM);

e) Fraudes em aeroportos administrados pela Infraero teriam chegado a R$ 1 bilhão em superfaturamentos em obras, segundo investigações da Polícia Federal, noticiadas pelo *O Estado de S. Paulo* (31.1.2010);

f) Até o general Enzo Martins Peri, uma das reservas morais do Exército, estaria sendo investigado sobre possíveis irregularidades em convênios com IME, Dnit e DEC, segundo a *Folha de S. Paulo* e *O Estado de S. Paulo* (31.7.2011);

g) Segundo a revista *Veja* (13.2.2013, p. 41-3), um oficial do exército teria exgido uma comissão de 5% da empresária Iracelle Mascarello para liberar um contrato referente ao fornecimento de 65 ônibus ao Batalhão da Guarda Presidencial. A denúncia teria sido feita ao Senador Roberto Requião e repassada ao general Enzo Martins Peri.

As Forças Armadas também recebem tentativas da corrupção ou de corruptos. Daí estarem atentas no enfrentamento da praga da corrupção, bem como para apurar denúncias falsas que lhes forem atribuídas pelo crime organizado.

Em suma: As Forças Armadas e a Maçonaria estão entre as instituições mais confiáveis do Brasil.

XXI – O mundo da corrupção também está dentro de partidos políticos. Apesar de alguns possuírem bons programas que engrandecem a nação, todos estão contaminados pela praga da corrupção, uns mais, outros menos. Vejamos alguns exemplos: os famigerados mensalões, particularmente o do PT; a denúncia de Jarbas Vasconcelos, publicada nas páginas amarelas da revista *Veja* (18.2.2009), em que ele, em termos contundentes, traça um quadro de corrupção partidária, montado à custa do mais fisiológico "toma lá, dá cá"; e outros denunciados pela mídia, projetando um estágio das sociedades em geral que deixa muito a desejar. Em julho de 2013, cerca de 81% dos eleitores brasileiros não pertenciam a nenhuma legenda partidária. São 81,7 milhões de eleitores brasileiros sem vínculos partidários. Todavia, os movimentos em prol de uma sociedade séria e limpa crescem em muitas nações. Entre essas: Canadá, Nova Zelândia, Dinamarca, Cingapura, província de Hong Kong, na China, Finlandia e no Brasil. Daí as instituições políticas estarem se aprimorando, empurradas pela anticorrupção.

Não é de hoje que o PMDB tem sido corrupto.
Mas o Lula tem sido conivente com a corrupção.
Lula e o PT não inventaram a corrupção, mas ela tem sido a marca do governo dele.

Jarbas Vasconcelos, senador
(em entrevista à revista *Veja* de 18.2.2009)

XXII – A máfia, em conexão com o tráfico de drogas, sonegações e contrabando, é a principal âncora do crime organizado. Para despistar e fazer lavagem do dinheiro roubado ou ilicitamente acumulado, está investindo em negócios diversos: construções, hotéis, postos de gasolina, turismo, compra de fazendas, seitas religiosas, financiamento de campanhas eleitorais, prostituição, cobrança de taxa de proteção etc. Em suma, a *Cosa Nostra* está se reciclando. Hoje, é uma multinacional que opera em conexão com as principais máfias do mundo, **movimentando US$ 400 bilhões de dólares por ano, segundo estimativa da ONU.**

XXIII – Notas fiscais frias emitidas para lavagem de dinheiro envolvendo pessoas físicas e jurídicas, aparecendo na "cabeça" dessas denúncias, segundo a mídia, o Grupo Monte Cristo. Estaria havendo saque frio de duplicatas contra empresas inativas ou extintas e, ainda, também para lavagem de dinheiro e empréstimos bancários, escrituras e procurações, com plenos poderes sobre venda de fazendas que não existem, foram e continuam sendo outorgadas em diversos estados. No cartório de Anhanduí, distrito de Campo Grande, e no cartório do município de Sidrolândia, Estado de Mato Grosso do Sul, fazendas-fantasmas teriam sido vendidas através de compras frias. Juízes das comarcas envolvidas investigaram essas escrituras e os respectivos cartórios.

O Brasil poderia ser mais rico e poderoso se não fosse a ladroagem.
Peter Eigen,
fundador da Transparência Internacional

XXIV – As hidrelétricas de Itaipu e Xingó, onde muito dinheiro, propinas, tráfico de influência e discórdias teriam ocorrido, trouxeram muito progresso e continuam proporcionando fantásticas prosperidades e muitas riquezas para o Brasil e para o Paraguai. Por outro lado, o projeto de Decreto Legislativo nº 2.600/2010 quer alterar o tratado da Usina de Itaipu, assinado em 1973, retirando dos brasileiros R$ 5,5 bilhões. Nas transações da Ponte Rio-Niterói, também teria havido muitos subornos. Eis a corrupção com notórios efeitos progressistas, em relação ao social, inclusive. Só ingênuos ou hipócritas não veem isso, o que faz jus ao título do presente livro. Todavia, a grandeza da Usina de Itaipu e da Ponte Rio-Niterói está acima de propinas. Mais um exemplo de que a corrupção é um fator de progresso. Seria melhor receber esses benefícios sem corrupção. Talvez, chegaremos lá... Não percamos a esperança!. A polissêmica voz das ruas clama por um mundo melhor e uma sociedade menos corrupta.

XXV – Fogo e motosserra estão devastando a Floresta Amazônica, a maior biodiversidade do mundo, afugentando e destruindo seus moradores naturais.

Em torno de 80% da madeira extraída tem origem predatória e ilegal, envolvendo a maioria de um *pool* de 22 empresas estrangeiras instaladas em diversos países, dentre eles: Alemanha, Estados Unidos, Inglaterra, China, Japão, França, Suíça, Bélgica, Ilhas Cayman e Bahamas. Algumas delas são coadjuvadas por mercenários e atravessadores que compram madeira de terceiros, que têm licença para desmatar, com incursões até em áreas indígenas. Por outro lado, subcontratam e exploram mão de obra ribeirinha, numa corrupção negocial e de contrabando que salta aos olhos, enriquecendo madeireiros ou pecuaristas às custas da destruição em marcha da maior floresta tropical da Terra. Em alguns casos, os biopiratas que lá se infiltram, sob pretexto de fazer pesquisas ou pregação religiosa são autorizados pela própria Fundação Nacional do Índio (FUNAI).

XXVI – Em meios editoriais e no ensino, de modo mais abusivo no âmbito do livro didático, ocorrem grossas falcatruas em busca de polpudos lucros. Lá, pouco se cria e muito se copia, num festival de plágios e mercadologia. É o submundo do livro invadindo uma área notável, porém carente de um bom aprendizado. Mas essa guerra editorial pelo mercado, de algum modo, difunde o saber, constituindo mais um fator de progresso causado pela corrupção e pelo interesse.

Revistas femininas são o paraíso da picaretagem,
a ponto de uma anunciar um batom para emagrecer.
Leila Reis

Toda literatura é sempre suja.[10]
Tzvetan Todorov,
escritor búlgaro

XXVII – Simular sequestro, assalto, provocar incêndio, entre outros, para não pagar dívidas contraídas, para receber seguro ou dar golpe publicitário. As seguradoras estão atentas a tais logros engendrados por talentosos caloteiros que sempre inovam suas trapaças. Em 2007, o Brasil foi o 4º colocado no ranking mundial de sequestros, segundo a seguradora britânica Hiscox.

XXVIII – Filantropia, eis uma vasta área de importante sentido social, com muitas instituições de utilidade pública espalhadas pelo Brasil. Também, em sua maioria, infestadas pela corrupção, a partir de seus bastidores até a respectiva provedoria ou presidência, vêm desviando vultosas doações, inclusive vindas do

---

10. Discordamos do ilustre autor, porque a boa e sábia literatura jamais será suja. Tal frase ou conceito reflete a fase crítica inicial de sua filosofia.

exterior, em proveito próprio, para cujo fim engendram operações triangulares e outras relações negociais lesivas. A mídia, o Ministério da Justiça, a Ordem dos Advogados do Brasil (OAB) e Ministério Público estão de olho nessas entidades, sendo que mais de 5 mil delas gozam de benefícios fiscais. Filantrópicas ou "pilantrópicas"? Por causa desses abusos, a juíza Isa Tânia Cantão, da 13ª Vara Federal em Brasília, cancelou o certificado de filantropia de 7 mil entidades. A Medida Provisória nº 446, que aprovou a renovação desses certificados, teria sido rejeitada pela Câmara em votação simbólica. Como se vê, lamentavelmente a praga da corrupção está contaminando todos os segmentos da sociedade.

XXIX – Leilão da privatização das teles, consórcio Telemar ou grupo La Fonte, Tele Norte Leste e outros em que os seus intermediários teriam recebido polpudas comissões que teriam somado mais de R$ 90 milhões. O mesmo teria ocorrido no processo de privatização da Companhia Vale do Rio Doce, em que noticiaram o pagamento de uma propina de quinze milhões de reais. Na Sudam e na Sudene, o rombo teria superado R$ 5,2 bilhões de reais. Graças ao serviço de escuta telefônica executado pela Polícia Federal, alguns foram desmascarados, a exemplo do que ocorreu com o grampo telefônico do Banco Nacional de Desenvolvimento Econômico e Social (BNDES), que trouxe à tona as relações negociais de leilão das teles. E, ainda, a milionária compra da empresa Gamecorp, de propriedade de Fábio Luís, com processo em trâmite no STJ, distribuído ao ministro Jorge Mussi, segundo a revista *Veja* (2.6.2010, p. 70).

XXX – Na área de ensino, em nível superior, inclusive, a exemplo do que ocorre em muitas áreas, a praga da corrupção também está presente, em relação à venda de diplomas universitários. Daí, muitos serem barrados em avaliações posteriores por não estarem preparados para exercer as funções que correspoondem ao diploma comprado. O exame da Ordem dos Advogados do Brasil (OAB) é um exemplo. A fraude é de tal ordem que chega a ser reconhecido pelo MEC, em alguns casos. Um dos esquemas fraudulentos vinha sendo mantido pela Internet pelo site Sucesso Corp (<www.sucessocorp.com.br>), que anunciava a entrega de certificado de nível superior em 10 dias. Em alguns cursos à distância ou por correspondência também ocorreram fraudes ou ainda ocorre. Diante do exposto, é prudente tomar cuidado ao escolher um profissional, médico ou advogado, inclusive...

XXXI – Mensalão, mensalinho ou mensalidade, com repercussão internacional, na internet, inclusive, não se limitam a deputados federais, uma vez que sempre existiram ao longo da História nos partidos políticos e fora deles. O "novo" desperta curiosidade e esperança, foi o que mascarou a corrupção no PT e no governo Lula, bem como em outros setores. Mas a matéria-prima de todos é o ser humano. Portanto, é a mesma em todos os partidos políticos. É da natureza humana buscar compensação: lobistas, vendedores de proteção ou de outras vantagens, traficantes, comerciantes, exploradores de jogatinas etc. recebem ou pagam mensalão ou mensalidade. Esperamos que no próximo século tenhamos partidos políticos integrados por homens de bem, considerando que os corruptos, em geral, se autocensuram. A partir do momento em que uma pessoa não se sente motivada com o que faz, é sinal que pretende se corrigir. Isso aí estaria confirmando as declarações do filósofo Roberto Mangabeira Unger de que o governo do presidente Lula é o mais corrupto da História do Brasil? Talvez, mas ainda que procedente tal declaração, não podemos esquecer o que Lula fez em prol do social. Roberto Mangabeira Unger teria se inspirado no Mensalão do PT? No "Dossiê Vendoin"? ou na "Lista de Furnas"? No Mensalão, por ser considerado o maior caso de corrupção do período republicano, agora superado pelo Petrolão que teria causado prejuízo de R$ 100 bilhões ou mais à Petrobrás.

XXXII – "Dossiê Vedoin", elaborado criminosamente, no valor de R$ 1,750 milhões, que seria vendido a políticos petistas ou do PT para impedir a vitória eleitoral de adversários. Apesar da gravidade do caso, os responsáveis ainda não foram condenados.

XXXIII – Desenvolvimento sustentável do MUNDO VERDE, mas o poder da "máfia verde" se sobrepõe ao ambientalismo sustentável, daí a importância de a Polícia Federal estar atenta. A "Operação Jurupari" é um exemplo, a Lei de Crimes Ambientais deve ser mais enérgica com os tubarões e quadrilhas rurais, sobretudo com os grileiros e madeireiros. Pequenos produtores rurais ou minifundiários são massacrados pela "caça às bruxas" ou burocracia ambiental ou por setores dessa fiscalização, ao passo que o crime organizado dispõe do tráfico de influência e de proteção política ou de sindicato de fachada para desmatar e fazer grandes queimadas. Os desmates do Vale do Jequitinhonha, em Minas Gerais, do Vale do Ribeira, em São Paulo, e do Pantanal, em Mato Grosso, que o digam. Minirroceiros são autuados sem dó, apesar de plantarem para comer e darem de comer às respectivas famílias. Por fim: parabéns aos ativistas da biodiversidade pelos relevantes serviços que prestam.

XXXIV – Negociatas na MERENDA ESCOLAR de São Paulo e de outras partes do Brasil. Uma das áreas mais carentes, envolvendo a saúde infantil, está infestada pela corrupção, estruturada por cartel, inclusive, com ramificação em outras áreas de produtos alimentares, o que é grave. O jornal *O Estado de S. Paulo* (20.7.2011), noticiou o caso, em que menciona o Grupo Geraldo J. Coan. E o mais grave é que servem alimentos contaminados. Recntemente, em Escola Estadual de Parelheiros-SP e na Escola Estadual Antonio Miguel Pereira Júnior, em Sorocaba-SP, muitas crianças passaram mal e algumas foram internadas por terem consumido merenda escolar contaminada.

XXXV – Fraude no Bolsa/Pescador referente ao Seguro/Defeso no valor de um salário mínimo pago a pescadores artesanais profissionais durante o período de proibição da pesca. Como se vê, a exemplo das fraudes apuradas no Bolsa/Família, a Controladoria Geral da União (CGU) também constatou fraudes anuais de R$ 1,5 bilhão. Eis a corrupção saqueando no âmbito do social. Mais um motivo para repensarmos o Brasil.

Mas o Brasil – um "gigante por sua própria natureza" – que encanta o mundo com suas belezas e riquezas sempre se sobrepôs às forças que lhe foram contrárias, projetando-se no concerto das nações como grande potência emergente.

Eminentes estadistas e mulheres ilustres contribuíram para a grandeza do Brasil, entre os quais relacionamos os seguintes: Pedro Álvares Cabral, Martim Afonso de Souza, padre José de Anchieta, o jesuíta padre Antônio Vieira, Maurício de Nassau, Tiradentes, D. Pedro I, José Bonifácio de Andrada e Silva, Princesa Isabel, Domitila de Castro, Marechal Deodoro da Fonseca, Rui Barbosa, Getulio Vargas, Oswaldo Aranha, Juscelino Kubitschek, Jânio Quadros, Humberto Castelo Branco. E ainda: a Igreja Católica, a Maçonaria, os bandeirantes, os indígenas, os escravos, as Forças Armadas, bem como a Escola Superior de Guerra (ESG), com escolas congêneres em outros países, também contribuíram e contribuem para aprimorar as instituições públicas e privadas.

A rigor, o Brasil continua muito corrupto. Sua posição no ranking mundial melhorou em virtude do ingresso de outros países mais corruptos. Assim, não significa que a corrupção aqui tenha diminuído, pois segundo uma série de denúncias e escândalos, ela continua aumentando. O famigerado mensalão denunciado pelo ex-deputado Roberto Jeferson, pago a políticos corruptos é um lamentável exemplo. Por outro lado, o crime organizado continua aumentando, no mundo financeiro inclusive. Portanto lá e cá ou aqui e lá, a corrupção existe e continuará existindo até que tenhamos uma nova SOCIEDADE.

A palavra furtar se conjuga de todas as formas na Índia portuguesa e no Brasil.
Padre Antônio Vieira

O Brasil avança rápido em alguns setores e pouco em outros: cresce rápido quando o interesse é de grupo e pouco quando o interesse é social.
Celso Furtado,
economista

Nós somos um povo de comportamento desonesto, de maneira geral.
João Ubaldo Ribeiro
(revista *Veja* de 18.5.2005, p. 14)

Capítulo 10
Lava-Jato x Odebrecht/JBS

O presente capítulo reflete um sonho inspirado nas grandezas de nosso País, com realce às grandezas naturais. Daí a importância de repensarmos o Brasil, em prol de uma Sociedade melhor: menos corrupta, menos violenta e de exemplar qualidade educacional, o que seria viável com uma reforma política que excluísse a cultura da corrupção, mediante uma refundação do Estado e das instituições em geral.

A Operação LAVA JATO lancetou tumores da corrupção, principalmente da corrupção pública, que mais saqueia nossas riquezas. Os 77 delatores da ODEBRECHT e outros delatores e corruptos que infestam o Brasil bem refletem esse triste quadro, inclusive da corrupção privada, comum em um Estado corrupto, considerando que estamos diante do corrupto e do corruptor, pois as empresas para sobreviverem têm de comprar os respectivos agentes públicos. Assim, a saída para os problemas causados pela corrupção sistêmica exige competência e seriedade dos gestores públicos, em todas as esferas do poder.

Que moral tem um Estado corrupto para impor honestidade aos seus cidadãos e às respectivas instituições? Daí, a importância do uso da delação premiada. Mas com cautelas necessárias, considerando a fragilidade do tema: **busca da verdade; ódio ou vingança; interesse; traição; mentira e política**. Exemplo: o escandaloso acordo de delação premiada de Joesley Batista, de leniência inclusive, envolvendo R$ 10,3 bilhões, seria o maior acordo de leniência da história mundial? Assim, estamos diante da Lava Jato x JBS ou de um golpe de mestre que teria induzido o próprio Ministério Público Federal? Ou seria para derrubar o presidente Michel Temer? Ou seria contra as reformas Trabalhista e Previdenciária, conforme entrevista do empresário Flávio Rocha ao jornal *O Estado de S. Paulo* (16.6.2017, p. B4)?

Como se vê, a Operação Lava Jato veio em boa hora, com realce ao dinheiro que está sendo recuperado, inclusive de delatores. Mas em um País corrupto não se pode fazer grande coisa. Daí a necessidade de uma reforma política que institua um sistema de governo que limite ou exclua a ganância infecciosa de corruptos. Talvez um Regime Parlamentarista que estimule os eleitores a serem mais seletivos quando forem às urnas.

"Corrupção: Fator de Progresso?", o título original da presente obra, por mais paradoxal que seja ou que possa ser, é uma realidade. Grandes empreendimentos do Brasil e do mundo, que prestam relevantes serviços, foram lubrificados por propinas. Assim, não é novidade o que ocorreu com a Odebrecht, com a JBS e com outras empresas.

O grupo J&F, controlador da JBS, possui o maior mercado do boi ou de produção de carne bovina do mundo, com faturamento de R$ 150 bilhões ou mais, no Brasil e no exterior, computando todas as espécies de atividades da JBS, inclusive o Friboi. Agora, de certa forma, abalado com a prisão de Joesley Batista, vítima de gravações impublicáveis: diálogo com Ricardo Saud ou Francisco sobre sexo inclusive. Se bem que o uso e o abuso do sexo, na política e nos mercados não é novidade. Leia no **Capítulo 14**, sobre o potencial do sexo, a frase do escritor, poeta e dramaturgo italiano Pietro Aretino.

Conclusão

Lutemos contra governos de ladrões para que um dia tenhamos um governo de homens de bem. O Brasil é um dos orgulhos do Mundo pelas riquezas e belezas naturais. Esperamos que também o seja pela cultura de honestidade e de saber!

Antenor, sou um pesquisador de bibliotecas nacionais e internacionais, da biblioteca de Londres, inclusive, o maior acervo literário do Mundo! E vou lhe dizer uma coisa: Até hoje, não havia lido nada que diga que a corrupção é um fator de progresso. E o é!
Jânio da Silva Quadros,
ex-presidente da República do Brasil

Capítulo 11
Corrupção em outros países e seus efeitos progressistas

> *É impossível enfrentar a corrupção no mundo, sem reconhecer que existe uma conspiração entre políticos e companhias transnacionais.*
> Frank Vogl

A corrupção em outros países, e até na ONU, ocorre em níveis alarmantes. Vejamos alguns casos:

I – O *The New York Times* apontou Sidney R. Korshak, advogado trabalhista e proprietário do controle acionário da Associated Booking Corporation, como um dos mais influentes exploradores do tráfico de influência e de operações ilícitas. Em resumo, mostrou-o envolvido em várias tramas, cujo sucesso teria começado quando defendia figuras da gangue de Al Capone. Só nos primeiros anos da década de 1940, seu nome surgiu em pelo menos 20 inquéritos sobre o crime organizado. Ainda assim, ele era chamado às salas de direção das maiores empresas norte-americanas, entre as quais, relacionam-se as seguintes: Gulf and Western, National General, Max Factor, Rapid American, Diners Club, as indústrias Schenley, as cadeias de hotéis Hilton e Hyatt, os times Dodgers de Los Angeles e Chargers de San Diego, além da Madison Square Garden, proprietária dos New York Rangers e dos New York Knicks. Muitos executivos atribuem, ao inteligente assessoramento de Korshak, o êxito de muitas operações dessas e de outras empresas.

II – A pirataria aérea tem produzido alguns efeitos construtivos, particularmente no plano político. Os casos isolados, sem fins políticos ou pecuniários, são executados por psicopatas ou esquizofrênicos suicidas. Entre esses, o resgate de reféns efetuado por Israel, em Entebbe, e o assalto por um comando antiterrorista alemão, no aeroporto da Somália, foram os mais positivos em termos de cooperações transnacionais. Também progridem nessa área, em prejuízo do Estado, contrabandistas e traficantes de drogas.

III – O problema de cientistas ou pseudocientistas, que trapaceiam o resultado de suas pesquisas, remonta há algum tempo, representando um fenômeno com frequência despercebido pelos que os veem como pessoas inabalavelmente objetivas na perseguição da verdade. É um fato, aliás, para o qual a mídia não dá a devida atenção, embora afete a credibilidade dos cientistas idôneos. Mas, sendo o cientista um ser humano, não está livre da praga da corrupção. Eis alguns exemplos:

a) Um cientista do Instituto Sloan-Kettering teria pintado manchas escuras em camundongos brancos para fazer seus colegas acreditarem que tinha aperfeiçoado um modo de fazer enxertos de pele em animais não gêmeos.

b) Cyrill Burt, cientificamente contestado por Leo Kamin, concluiu que a maioria das variações na inteligência humana é devida à hereditariedade e, ainda, que a raça negra é intelectualmente inferior à raça branca.

c) Paul Kammerer pintou a pata de um sapo para fazer acreditar que o animal herdara a coloração de seu genitor, o qual, de igual forma, teve sua pata pintada.

Ernest Borek, conceituado microbiologista da Universidade de Colorado, assim se expressou a respeito das falsificações científicas: "Pela fabricação de fenômenos inexistentes, para vantagem própria, os corruptores estão tentando falsificar uma pequena parte da própria natureza".

d) Uma Eva negra seria a ancestral única da humanidade, incluindo as raças branca e amarela. Houve uma guerra de comunicados nesse sentido, cada um dando a entender que encontrou o verdadeiro ancestral do homem. Chutam-se no escuro teorias vãs em busca de notoriedade e em prejuízo da ciência.

e) Pesquisadores renomados dos Estados Unidos e da Inglaterra foram acusados de receber altas quantias de laboratórios para assinar atestados de eficácia de alguns medicamentos. O mesmo teria ocorrido com psiquiatras para elogiar determinado produto em simpósios.

Combinar ou confundir ciência com ficção ou teorizar sobre temas complexos, ainda não comprovados à luz da ciência, não é recomendável, porque o intelectual, o cientista e o escritor são formadores de opinião. Portanto, suas teorias ou pesquisas precisam ser sérias.

O clone da ovelha Dolly, que teve tanta repercussão, teria sido uma fraude em busca de notoriedade? Não, foi um acerto a serviço da ciência, reiterado com outras clonagens. Tomara que na aplicação desta técnica, a bioética esteja sempre presente, evitando experiências negativas ou indesejáveis, se bem que provas ou pesquisas desta natureza merecem ser incentivadas, para que não pairem dúvidas, a exemplo da morte precoce da ovelha Dolly.

f) A líder indígena guatemalteca Rigoberta Menchú, ganhadora do Nobel da Paz, foi contestada pelo antropólogo americano David Stoll. O mesmo estaria ocorrendo com outros premiados com o Nobel, que na ânsia de ganhar, teriam exagerado na montagem ou elaboração de personagens ou autobiografia.

g) Profeta em causa própria. Por interesse financeiro, o presidente do IPCC, Rajendra Pachauri, prêmio Nobel da Paz, incluiu no relatório um estudo fajuto prevendo o fim das geleiras do Himalaia (revista *Veja*, de 8.8.2013, p. 96-7).

Essas e outras ocorrências levaram autoridades norte-americanas e de outros países a iniciar investigações idôneas a respeito, usando grupos de controle para comparações nas experiências, de avaliadores independentes e de placebos no grupo de controle.

IV – Uma série de falcatruas escabrosas, às vezes, acabam redundando em efeitos progressistas. A repressão alfandegária, de certa forma, alimenta o contrabando. Este, por sua vez, ao introduzir clandestinamente mercadorias modernas e necessárias, contribui para o aperfeiçoamento da indústria e da tecnologia, com repercussão socioeconômica, embora em prejuízo do fisco do respectivo país. O mesmo se pode dizer da espionagem industrial e comercial, que de modo enganoso ou fraudulento exporta seus interesses, forçando ou estabelecendo intercâmbios progressistas. São fatos e efeitos que devem ser analisados, sobretudo para fiscalizá-los.

V – Espionagem e contraespionagem, inspiradas por idealismo ou em interesses venais ou criminosos, constituem importante fator de progresso para os países beneficiados, incluindo-se o roubo de programas de informática e de tecnologia.

VI – Don King, ex-empresário do lutador Mike Tyson, no livro *A vida e os crimes de Don King*, é chamado de o maior "picareta" do mundo. No entanto, ele possui uma imensa fortuna, vive em liberdade e mantém uma legião de pessoas às suas custas. É o efeito progressista da "Corrupção: o quinto poder".

73

VII – Na Rússia, desde o fim da União Soviética e a instituição do regime democrático, a corrupção, a sonegação de tributos, o tráfico de influência e o crime organizado generalizaram-se, constituindo um terrível mal contra o Estado. Dentre outros, a mídia noticiou os seguintes casos:
   a) Elena Baturina, esposa de Iuri Luskov, atual prefeito de Moscou, que era pobre há uma década atrás, hoje possui US$ 1,1 bilhão;
   b) a sonegação fiscal chega a US$ 100 bilhões, exigindo medidas duras;
   c) fiscais do governo descobriram 4 mil empresas-fantasmas, 600 das quais registradas sob o nome de pessoas mortas;
   d) o banditismo é o quinto poder na jovem democracia, antecedido pelo Executivo, Legislativo, Judiciário e os meios de comunicação;
   e) as máfias russas, em conluio com criminosos transnacionais, estão operando com bases em Nova York, Colômbia, Flórida, Porto Rico e abriram bancos e empresas de fachada em ilhas caribenhas;
   f) funcionários do governo foram acusados por corrupção, entre os quais, o general Konstantin Kobets, Alexander Kazakov e Boris Nemtsov. E, ainda, há rumores de que o falecido Boris Yeltsin seria o novo dono do castelo de Garoupe, no Mediterrâneo francês, além de outras vantagens que teria recebido resultantes de privatizações de bens estatais;
   g) US$ 316 bilhões é o que as empresas pagam de propina por ano, segundo a mídia;
   h) Andrei Koslov, vice-presidente do Banco Central da Rússia, que liderava campanha contra lavagem de dinheiro e contra a corrupção no sistema bancário do país, foi assassinado por pistoleiros no dia 13 de setembro de 2006;
   i) o magnata Boris Berezovski, que foi o homem mais rico da Rússia, e apoiou a ascensão de Vladimir Putin, foi encontrado morto em Londres, em março de 2013. Ele teria investido dinheiro no Brasil, no Corinthians, inclusive, segundo *O Estado de S. Paulo* (24.3.2013, p. A13).

Enfim, a corrupção na nova Rússia criou um abismo entre cidadãos comuns e ricos. Mas a heroica Rússia e seu glorioso povo sobrepõem-se a tudo que se opuser à grandeza de sua Pátria e de sua emblemática História.

Atrás de toda nova grande fortuna russa
estão o roubo, a fraude e a violência.
Mark Falzer

CAPÍTULO 11 – CORRUPÇÃO EM OUTROS PAÍSES (...)

Yeltsin é corrupto e venal.
Michael Specter

É um capitalismo de ladrões.
Andrei Piontkovski, comentarista político

VIII – Na Indonésia, país encharcado de corrupção, Mohamed Suharto estava no poder do Estado há 32 anos. Ele e os filhos têm uma imensa fortuna. Os melhores negócios do país, segundo a mídia internacional, pertenciam ao ex-presidente, à sua família e ao sistema político que o apoiava. O calote indonésio a credores internacionais, principalmente bancos japoneses, pode ter chegado a R$ 65 bilhões em 1998. Em 1999, foi considerado o país mais corrupto da Ásia, e o ex-presidente Suharto, o mais corrupto do mundo, segundo relatório da Transparência Internacional. Atualmente, em 2015, em face de mudanças governamentais e rígido sistema educacional, melhorou sua posição no ranking da corrupção, aplicando até a pena de morte em alguns casos, inclusive contra dois traficantes brasileiros.

IX – O Paraguai vem sendo apontado pela mídia internacional como o paraíso dos corruptos e do tráfico de influência em suas diversas formas: contrabando; tráfico de drogas e armas; crime organizado; terrorismo interno e internacional, de esquerda e de direita; escândalo envolvendo o Banco Uenión, que era o mais importante do setor privado paraguaio; lavagem de dinheiro; assassinatos por encomenda; superfaturamento de obras públicas e investimentos do governo em instituições financeiras falidas. Intercâmbio do crime organizado delá com o de cá. No âmbito da hidrelétrica de Itaipu, os melhores negócios estariam sendo explorados por um consórcio composto das seguintes empresas: Ecomipa, Jimenez Gaona Y Lima Ing., Informática S.A., Autorent SRL, Electropar S.A., Eletromon S.A., Empreendimentos S.A. Mesmo assim, o Paraguai continua prosperando, a Ciudad del Este é um exemplo. São efeitos progressistas da corrupção que não podemos ignorar, ainda que deles discordemos.

X – A China, mestra de tantas grandezas, apesar do rigor dos efeitos da campanha anticorrupção do presidente Xi Jinping e de seu primeiro-ministro, Wen Jiabao, continua contaminada pela praga da corrupção, que teria aumentado depois da morte de Mao Tsé-Tung.

Vejamos alguns episódios:

a) Em setembro de 1997, o Partido Comunista Chinês expulsou, por corrupção, o ex-prefeito de Pequim, Chen Xitong, por seu envolvimento num escândalo que causou enorme prejuízo aos cofres do município de

Pequim. Pelas mesmas acusações, seu filho Chen Xiaotong e seu secretário particular Chen Jian foram condenados a 12 e 15 anos de prisão, respectivamente.

b) O empresário Shen Taifu foi executado em abril de 1994 por ordem da Suprema Corte do Povo. Sua mulher e cúmplice Sun Jinhong, também em abril de 1994, foi condenada a 15 anos de prisão. Eles tomaram mais de US$ 100 milhões de investidores inocentes prometendo-lhes juros de 24%.

c) As autoridades chinesas condenaram mais de 6 mil pessoas à morte em 1996 e, em 2003, 1.200 membros do Partido Comunista Chinês suicidaram-se por causa da campanha do governo contra a corrupção.

d) Na Província de Sichuan, um homem foi executado por roubar 14 vacas. Outro, chamado Lu Qigang, foi condenado à morte por espetar espinhos e agulhas nas nádegas de mulheres ciclistas. Num terceiro caso, Chen Guangru foi morto por destruir repetidas vezes fios elétricos e isoladores em postes.

e) A condenação a 16 anos de cadeia do mafioso Cheung Tze-keung, conhecido por "bandido gastador", foi um golpe mortal contra a mais perigosa gangue da China.

f) Huang Guangyu, o homem mais rico da China, foi condenado a 14 anos de prisão e pagamento de multa de US$ 88 milhões sob acusação de corrupção. Tal investigação atingiu vários membros do partido comunista, entre os quais Xu Zhonghen, ex-prefeito de Shenzhen.

g) Funcionários do governo chinês desviaram aproximadamente US$ 35 bilhões em fundos governamentais de janeiro a novembro de 2009. "Corrupção levará à queda do Estado", disse Hu Jintao. E, ainda: a família do primeiro-ministro chinês Wen Jiabao, ou "vovô Wen", como é chamado pela imprensa do país, teria acumulado uma fortuna de US$ 2,7 bilhões durante o mandato em que ascendeu ao poder, revelou o *The New York Times*. A corrupção pode levar a China à ruína, diz o presidente Xi. E, mais: Bo Xilai, ex-dirigente do Partido Comunista chinês, está sendo acusado de receber propina de US$ 4,4 milhões, além de abuso de poder, foi condenado a prisão perpétua.

Mas a corrupção em algumas províncias, sobretudo em Hong Kong, está sendo golpeada mortalmente, por meio de um rígido programa de anticorrupção em todos os graus, pena de morte inclusive, sob o austero Governo do Presidente Xi Jinping.

> *Não podemos permitir que os corruptos se escondam nas fileiras do partido.*
> Jiang Zemin
>
> *Confiamos plenamente no futuro da China e do mundo como um todo.*
> Zhu Rongji

XI – Os Estados Unidos, apesar de ser um dos países mais importantes e mais progressistas do mundo, onde a justiça é aplicada com rigor, independência e saber jurídico, não se curvando às pressões internas ou de fora, haja vista as execuções por pena de morte, também está contaminado pela corrupção, particularmente em relação ao tráfico e ao consumo de drogas. No entanto, a intensificação da luta anticorrupção e antinarcótico, caçando corruptores e corruptos dentro e fora dos EUA, em conexão com outros países, está aniquilando o suborno e o crime organizado, interno e transnacional, prendendo, condenando, matando os seus principais responsáveis. Essa campanha vem desde 1988, com a instituição de uma lei antipropina que criou o cargo de Inspetor do Pentágono, com livre acesso às pessoas, documentos e registros em computadores. Os EUA convenceram os países industrializados a aceitar um tratado que proíba pagamento de suborno a funcionários ou lobistas de governos estrangeiros, aprovado em Paris, no dia 21 de novembro de 1997, por 29 países-membros da Organização para Cooperação e Desenvolvimento Econômico (OCDE), tratado ao qual o Brasil aderiu, por ser um dos países mais corruptos do mundo.

Theodore C. Sorensen, conselheiro especial do ex-presidente John Kennedy, numa série de artigos publicados, fez importante análise sobre subornos e exploração de tráfico de influência, efetuados por multinacionais norte-americanas e, também, por empresas multinacionais de outros países. Concluiu que estes males continuam contaminando todos os regimes de governo e todas as classes sociais, tanto em países ricos e industrializados como em países pobres.

Anos depois que a lei antipropina entrou em vigor nos EUA, uma multinacional teria subornado um deputado egípcio para ganhar um contrato de US$ 80 milhões.

Daniel Moynihan, antigo embaixador dos Estados Unidos na ONU, comentou a prática de subornos e de tráfico de influência naquele organismo mundial. Os recursos da ONU são usados até para a compra de representantes de nações que integram aquele órgão. Ele falava de importâncias pagas em dólares por votos, fazendo referência a um voto que teria sido comprado mediante o дляnecimento de uma partida de trigo.[11] Até o secretário-geral da ONU, Kofi Annan, por meio de seu filho Kojo Annan, teria participado de um esquema corrupto no Iraque, denominado "Programa Petróleo por Alimentos", administrado pela ONU, avaliado em US$ 67 bilhões.

Na Geórgia, o dono de um crematório teria enterrado mais de trezentos corpos em valas improvisadas em vez de cremá-los, apesar de ter cobrado US$ 1.500 por defunto.

A Dona do Google acusa a Uber de roubar tecnologia para carros.

Em suma: apesar da rigidez penal das leis dos EUA, a corrupção lá se mantém, particularmente em Washington, onde ela é quase sistêmica, alimentada pelos seus *lobbies*, que agem sob pretexto de consultores ou conselheiros estratégicos.

> *A corrupção é problema de todo o mundo e combatê-la é fundamental se quisermos consolidar os avanços democráticos e socioeconômicos.*
> Bill Clinton

XII – No Japão, nem a forte convicção de cidadania, civilidade e patriotismo de seu glorioso povo, que sempre primou pela honraria dos samurais, inclusive, impedem os efeitos endêmicos da corrupção. Eis alguns casos:

a) Em janeiro de 1998, a justiça japonesa anunciou a prisão de dois altos funcionários do Ministério das Finanças que teriam recebido suborno de US$ 650 mil para transmitir informações confidenciais. Uma semana antes, foi preso o diretor financeiro da Japan Highway Public. Corp., por aceitar subornos da corretora Nomura Securities. Também foi preso o ex-presidente dessa corretora, Hideo Sakamaki, envolvido num escândalo de pagamento de propinas a extorsionários da máfia.

b) Kuniji Miyazaki, ex-presidente do banco japonês Daí-Ichi Kangyo, envolvido num caso de extorsão, morreu num hospital em Tóquio depois de tentar enforcar-se em sua casa. Mafiosos da Yakuza (a máfia japonesa) teriam extorquido, desse banco, cerca de US$ 100 milhões para que não fizessem revelações embaraçosas nas assembleias de acionistas. Também enforcou-se, por envolvimento em corrupção, o deputado Shokei Arai.

c) Tomoharu Tazawa, do Partido Liberal Democrático (PLD), renunciou ao cargo de ministro da justiça do Japão por haver recebido uma doação política de US$ 2 milhões. O mesmo já havia ocorrido com Shin Kanemaru, prestigioso político desse partido, que foi pressionado a

---

11. Como se vê, até a ONU está corroída pela corrupção e pelo tráfico de influência.

renunciar ao mandato de deputado por haver aceitado um suborno de US$ 4,2 milhões de uma empresa de transporte ligada à Yakuza.

d) Segundo o jornal *Yomiuri* (edição de 9.2.1998), cerca de 600 gerentes do Banco Central do Japão são suspeitos de conexões com a "máfia das propinas". Esse escândalo poderá comprometer a credibilidade do BC nipônico, pois a denúncia ocorreu na semana em que a Câmara Alta do Parlamento japonês examinava projeto governamental de utilizar fundos públicos de US$ 240 bilhões para cobrir créditos bancários de retorno duvidoso. A situação era de tal gravidade, que o sindicante que estava investigando o caso, Takayiiki Kamoshida, enforcou-se.

XIII – A Índia, nascente de muitas sabedorias, contrastes, turbulências, lendas, deuses, culturas, costumes exóticos e terríveis diferenças entre castas, para se modernizar e lutar contra a pior pobreza do mundo, abriu as portas às multinacionais, com crescimento anual de 7% do PIB e perspectivas de ser a 4ª economia do mundo até 2020, apesar de vir sendo roubada por políticos corruptos. Uma corte indiana indiciou um ex-primeiro-ministro e outras 19 pessoas envolvidas num escândalo de compra de votos. Rajiv Gandhi, assassinado em 1991, também foi acusado de ter recebido suborno da multinacional sueca Bofors, pela venda de armas à Índia. No governo de Atal Behari Vajpayee, funcionários e militares teriam sido flagrados ou filmados recebendo dinheiro de subornos. Contudo, indianos ilustres vêm prestando nobres serviços à ciência e à filosofia, com notáveis efeitos para o bem comum e rigidez penal. Recentemente, condenou à morte quatro estupradores. É efeito de uma boa governabilidade do primeiro-ministro Morendra Modi.

XIV – A Coreia do Sul, além de infiltrada por espiões da Coreia do Norte, também está contaminada pelo vírus da corrupção, o que é lamentável considerando que o país vem exportando sua tecnologia e riqueza a diversos países. Por outro lado, sua corrente migratória e de miscigenação é bastante dinâmica, inclusive no Brasil, o que é bom. Kim Dae-Jung, veterano de muitas e gloriosas lutas, é a esperança do povo coreano de ver o país restaurado. A presidente Park Geun-hye foi afastada pelo Parlamento por suborno e abuso de poder.

XV – Israel, apesar da tradição de seu glorioso povo, de geração a geração, vem se defrontando com denúncias de corrupção, o que não é de estranhar, uma vez que essa prática é inerente à espécie humana (vide frase de David Ben Gurion, fundador de Israel, no **Capítulo 8** deste livro, no subitem "O que é corrupção?". Segundo a mídia, Aryh Deri, líder do partido religioso Shas, foi indiciado por suborno. O mesmo teria ocorrido com Avigdor Lieberman, ex-braço direito do primeiro-ministro Netanyahu. O próprio "Bibi" foi processado por ter levado para sua casa os presentes que recebeu quando era primeiro-ministro, em sua primeira gestão. Por outro lado, Ezer Weisman, ex-presidente de Israel, teria recebido uma propina de US$ 800 mil do milionário francês Edouard Sarousi. Ariel Sharon também foi acusado por corrupção e por acobertar Rosenstein, principal mafioso de Israel envolvido em roubo, tráfico de drogas e prostituição (vide matéria a respeito publicada na revista *Época* de 12.7.2004, p. 86-7). E, ainda, o ministro das Relações Exteriores, Avigdor Lieberman, renunciou em dezembro de 2012, por envolvimento em lavagem de dinheiro. Recentemente, foi novamente interrogado por ter recebido presentes ilegais.

XVI – No Estado Palestino, Yasser Arafat, herói da justa causa de seu povo, atendendo a pedido do Conselho Legislativo, dissolveu o seu gabinete acusado de corrupção, demitindo uns e protegendo outros, decepcionando Hanan Ashrawi, ex-ministra do turismo que esperava uma completa devassa. Yasser Arafat também foi acusado de ser tirano e corrupto em manifesto assinado por intelectuais. Mesmo assim, sua história em prol da causa de seu povo é dignificante.

XVII – A África do Sul, apesar dos terríveis problemas raciais, cresceu e se industrializou graças aos seus colonizadores, particularmente holandeses e ingleses, dos quais se libertou, tornando-se independente, para cujo fim muitos lutaram e sofreram, entre outros, Nelson Mandela e Desmond Tutu. No entanto, não se libertou da peste da corrupção, que ao invés de diminuir depois da queda do *apartheid*, está aumentando e, ainda, resquícios de racismo.

A corrupção é o câncer da nossa sociedade.
N. Nubungane,
arcebispo substituto de Desmond Tutu

XVIII – Na França, apesar de sua grandeza universal e emblemática História, muitos casamentos estão sendo fraudados em busca de cidadania. O partido gaullista[12] (RPR) foi acusado por fraude eleitoral que teria resultado no controle político da histórica Paris. E, ainda: superfaturamento no metrô de Nancy; venda bilionária de fragatas para Taiwan pela empresa Petrolífera Elf; lavagem de dinheiro na colheita da flor gipsófila (Fonte: revista francesa *Capital*, de fevereiro de 2004).

---

12. Pertencente ou relativo a Charles André Joseph Marie de Gaulle (1890-1970), general e estadista francês, ou que é partidário dele.

XIX – Em Londres, o Banco da Inglaterra, sob a alegação de fraude generalizada, congelou US$ 3,2 bilhões controlados pelo xeique Zayed Al-Nahayan, por intermédio do Banco de Crédito e Comércio Internacional chamado "banco da cocaína", do qual teria se servido a CIA para operações secretas. Segundo revelações feitas à Comissão de Seguros e Câmbios (SEC), que mais conspicuamente defendeu a divulgação desses subornos, mais de 400 companhias, particularmente as multinacionais de produtos farmacêuticos, já admitiram haver investido mais de US$ 1 bilhão em tais condições, o que comprova que ganham muito ou exploram muito. Tony Blair, segundo o jornal *Daily Mail*, teria negociado com uma petrolífera sul-coreana, que tinha interesse no Iraque, o envio de tropas que lhe teriam rendido uma fortuna.

XX – Na Alemanha, o grupo empresarial Siemens, em suas ramificações mundiais, foi vítima de diversas espécies de corrupção, em que 420 milhões de euros foram desviados para pagamento de propinas em várias partes do mundo. Muitos policiais alemães estão vasculhando escritórios do grupo, incluindo o do Brasil, em que o executivo Adilson Primo é acusado de ter desviado cerca de 7 milhões de euros para uma conta pessoal na Europa. Todavia, ele, recentemente demitido do cargo de presidente da Siemens no Brasil, nega. Por outro lado, segundo a revista *Veja* (14.8.2013, p. 13), há um enrosco internacional envolvendo a Siemens e o Brasil, que está sendo apurado pelo Conselho Administrativo de Defesa Econômica (CADE) pela Polícia Federal e pelo Ministério Público, desde a gestão de Mario Covas.

XXI – Até o Vaticano teria sido vítima da corrupção ou de malfeitos, segundo denúncias envolvendo Ettore Gotti Tedeschi, do Instituto de Obras Religiosas (IOR) ou banco do Vaticano. Por outro lado, teria havido vazamento de arquivos secretos do Vaticano, em face do ex-mordomo do papa Bento XVI, Paolo Gabriel. De pronto, o papa Francisco, exemplo de dignidade, determinou medidas corretivas e saneadoras.

Falar da Lockheed, da British Petroleum, do grupo Royal Dutch Shell, da Petrolífera Elf, da Atomic Energy of Canada, da Dassault, da Boeing, da Thompson-CFS, da Mitsubishi, da R. J. Reynolds, da General Telephone and Electronics, da Burroughs, da Xerox, da British Leyland, da Grumman Corp., da McDonnell-Douglas Corp., da ITT, do Grupo Rothschild, de cartéis que se conluiam para operações mercantis na Wall Street, de gurus charlatães, do escândalo da loja maçônica P-2 (apesar de a maçonaria ser a instituição menos corrupta do mundo), da máfia, da Siemens, do escândalo do Banco Ambrosiano, que teria dado um desfalque de US$ 1,4 bilhões, dos famigerados mensalões do Brasil ou de que a corrupção é inerente ao capitalismo ou à natureza humana não projetam um quadro global do suborno e de práticas correlatas. Limita-se à periferia do problema, sem tocar no seu cerne em profundidade.

No estado em que as coisas se encontram, na base do "salve-se quem puder", sem esses "lubrificantes", por mais honestos e elevados que sejam certos empreendimentos, encontram dificuldades. Eles aceleram a circulação do dinheiro com ressonância socioeconômica, embora por linhas tortas, tornando "Corrupção: o 5º Poder", efetivamente um fator de progresso. "*Corrupção: Fator de Progresso?*", título original da presente obra.

> *Por trás de cada fortuna há um crime.*
> Honoré de Balzac

> *As multinacionais subornam e são subornadas.*
> Theodore C. Sorensen

> *Não há lei nem Constituição que possam pôr fim à corrupção universal.*
> Nicolau Maquiavel

> *Não há país imune à corrupção.*
> Dimitri Vlassis,
> especialista da ONU em crimes internacionais

Jornalistas que foram assassinados

Jornalistas que denunciaram a corrupção e a violência foram vítimas de assassinatos ou morreram em coberturas de guerras nos últimos 15 anos, segundo a ONG "Repórteres Sem Fronteiras" (RSF). Veja a tabela a seguir:

Egito	10	Afeganistão	20
Honduras	9	Índia	22
Líbia	10	Filipinas	29
Ruana	16	Brasil*	30
Sierra Leoa	16	Colômbia	37
Tajiquistão	16	Argélia	60
Paquistão	17	México	68
Turquia	18	Iraque	93
Bósnia	20	Rússia	300

*. Entre os quais, Tim Lopes e o cinegrafista Santiago Elídio Andrade.

Capítulo 12
Corrupção à luz do mito de Deus

A natureza é Deus.
Pascal

Os caloteiros da Fé.
Edna Dantas
(revista *Época*, de 20.5.2002)

Os pedidos que fazemos a Deus e aos céus encontram-se, na maioria das vezes, em nossas próprias mãos.
Shakespeare

Quando faço o bem, me sinto bem.
Quando faço o mal, me sinto mal.
Esta é minha religião.
Abraham Lincoln

Deus está morto.
Friedrich Nietzsche

Quanta sujeira há na Igreja e mesmo entre aqueles que, no sacerdócio, deveriam pertencer completamente a Ele. Quanta soberba, quanta autossuficiência!
Papa Bento XVI

Bandidos que usam a religião como um negócio.
O único caminho é Jesus.
Papa Francisco[13]

---

13. Eis a coragem e a grandeza do papa Francisco.

> *Onde estava Deus naquele dia? Por que ficou em silêncio?*
> *Como pôde permitir esse massacre sem fim, esse triunfo do mal?*
> Papa Bento XVI
> (durante visita ao campo de extermínio de Auschwtz, na Polônia)

> *Quando já ninguém me escuta, Deus ainda me ouve.*
> Papa Bento XVI

Deus é grande! Apesar de ser um mito, seria a expressão máxima do bem? Em tese, sim. No entanto, mata-se mais em seu nome do que em nome do Diabo, o que leva a concluir, por mais absurdo que possa parecer ou ser, que Deus seria um dos piores assassinos da História, isto é, cruéis matanças humanas foram e são executadas em seu nome, invocando-o para eximir-se de culpa. Maomé, ao espalhar a fé pela espada, seria um exemplo disso? Se bem que a Igreja Católica, na Inquisição, também espalhou a fé pela violência. Apesar de ser uma aberração, diariamente mata-se em nome de Deus ou do Diabo. A Humanidade precisa evoluir para por fim a essas e outras barbáries.

O mito de Deus é a seiva e o cerne de todas as religiões e crenças místicas ou esotéricas, as quais, por sua vez, alimentam-se do desconhecido ou do desconhecimento, já que o homem ainda não conseguiu comprovar a existência de Deus, tampouco desvendar os mistérios acerca da origem do Cosmo, apesar de Descartes, em vários de seus escritos, principalmente nas *Meditações*, ter tentado provar a existência de Deus.

É nesse esplendor de incógnitas que as dúvidas e curiosidades pululam, criando condições para as fraudes conscientes ou inconscientes, em que muitos apregoam e deliberam como se fossem o próprio Deus ou encarnação de Jesus Cristo, conforme se intitula o porto-riquenho José Luís de Jesús Miranda, fundador da igreja "Crescendo em Graça".

Será que estamos precisando de outra Sociedade? Ou de outra Humanidade? Talvez, já que são muitos os riscos de nossa extinção...

É na credulidade ou na fé que a corrupção mais se diversifica e mais se prolifera, por interesse ou por fanatismo, num palco de discórdias, de guerras e de outros terríveis conflitos, em vez de ser um fator de concórdia e paz entre os seres humanos. Daí advêm a diversificação de crenças e a proliferação de religiões, seitas etc., que se somam às demais de há muito existentes.

No pé em que as coisas andam, a próxima guerra mundial poderá ser causada por conflitos religiosos, raciais e ganância dos mercados, cada povo ou cada religião procurando impor o deus de sua preferência e ao seu modo, cerceando o livre-arbítrio. Na lendária e exótica Índia, as diferenças entre castas ou religiões podem se transformar em guerras. O mesmo ocorre em outras nações ou comunidades, religiosas inclusive, haja vista o que ocorreu na Argélia e em Uganda, onde seitas apocalípticas assassinaram muitas pessoas invocando Deus. O mesmo ocorreu e está ocorrendo no Iraque, no Afeganistão e em outras partes do mundo!

Posto isto, vamos ao rendoso mercado da fé, onde está presente muito dinheiro e outros bens, como aviões a jato, num imenso império religioso e patrimonial sob os mais curiosos disfarces: venda de vagas no céu (de 1ª, 2ª e 3ª categorias, conforme o valor do pagamento); exorcismo para esconjurar o demônio ou demônios, a preço que depende do estado e posse do endemoniado, com encenações barulhentas, incluindo chicotadas no chão ou no próprio endiabrado; contribuição em dinheiro para comprovar amor a Deus ou a Jesus; doação de bens imóveis ou de qualquer espécie para compensar graças recebidas; reserva de lugar em discos voadores pilotados por extraterrestres quando a Terra for destruída por uma estrela apocalíptica etc.

A Igreja Católica, justiça se faça, apesar de sua página negra na Inquisição, não pratica essas baixarias, nem é racista, embora opere no mercado cobrando os serviços que presta, particularmente no âmbito do ensino, e o que produz em suas casas editoriais, o que é relevante em prol da cultura. Contudo, ainda que abalada por escândalos sexuais, de pedofilia, inclusive, a Igreja Católica presta relevantes serviços ao bem comum, **ora em fase de notório crescimento graças à inteligente ação do papa Francisco, que é um grande comunicador e um grande Carismático.** A encíclica *"Spe Salvi"* (Salvo pela Esperança) é um exemplo. Enfim: é o Papa do mundo pela visão globalizada da humanidade!

Foi noticiado em jornais e revistas que a Igreja Universal do Reino de Deus aplica em operações comerciais lucrativas o produto arrecadado de seus fiéis (ver reportagem da revista *IstoÉ*, de 25.5.2005). Igualmente, a Igreja Apostólica Renascer em Cristo foi denunciada pela revista *Época* (20 e 27.5.2002); o mesmo foi feito pelo jornal *O Estado de S. Paulo* (15.5.2006, p. A14), sobre uma bispa que teria arrecadado R$ 2 milhões de incautos ou pessoas de boa-fé, além de outras graves denúncias publicadas no mesmo jornal (15.10.2006, p. A3). Há outras denúncias envolvendo o casal Hernandes por enriquecimento ilícito e lavagem de dinheiro.

Entre os que foram acusados de explorar a credulidade, alguns nomes merecem ser registrados pela repercussão de suas pregações e de outras atividades: bispo Edir Macedo (Igreja Universal do Reino de Deus); Aílton Albuquerque

(Candomblé e seitas afins); Sun Myung Moon (Seita Moon); rabino Philip Berg (Cabala ou Mística Judaica); Estevam Hernandes Filho (Igreja Renascer em Cristo); David Martins Miranda (Igreja Deus é Amor); José Luís de Jesús Miranda (Igreja Crescendo em Graça) e Valdomiro Santiago (Igreja Mundial do Poder de Deus). Esses mercadores ou pregadores da fé, segundo a mídia, teriam formado multinacionais muito lucrativas e estariam exportando o produto de suas ações ou fraudes em busca de riqueza e poder – embriaguez pelo poder – inclusive...

Apesar de apontados como talentosos trapaceiros, não se pode negar o efeito socioeconômico de algumas de suas atividades, particularmente em relação ao bispo Edir Macedo, que, apesar de ter iniciado suas atividades religiosas em 1977, formou uma notória Potência nos meios de comunicação de massa, social e econômica, concorrendo com a Rede Globo, e possuidor de outros emblemáticos bens: Templo do Rei Salomão, Record TV e poder Político, graças ao prestígio pessoal e à sua invejável inteligência. Esse império seria um fator de progresso da corrupção, a exemplo do título original da presente obra: "Corrupção: Fator de Progresso?"? Talvez, considerando que a boa aceitação no mercado do mito de Jesus Cristo, segundo a mídia, é a principal fonte de renda da Igreja Universal (vide revista *Veja* de 19.8.2009, p. 84-94), particularmente no Brasil, que é o 3º país onde mais se crê em Deus.

Se o País é corrupto, não podemos culpar inteiramente este ou aquele cidadão ou esta ou aquela empresa. Daí a importância de repensar o Brasil para que tenhamos uma cultura de honestidade.

O homem, por temer o desconhecido, criou deuses e religiões para se proteger. Eis, *data venia,* a principal razão da proliferação de tantos deuses e de tantas religiões no mundo. Só na Índia, foram catalogados muitos deuses, como Avatar e suas encarnações. Lá, em geral, cada religião, seita ou adorador invoca um deus. São revelações de sua milenar cultura, que devemos respeitar, ainda que delas discordemos.

Quer nos parecer, com todo o respeito por eventuais divergências, que a expressão "O Supremo Arquiteto do Universo", também adotada pela emblemática maçonaria, é o melhor sinônimo do mito de Deus e o que mais se alinha com o deslumbramento do Universo, partindo do princípio de que Deus ainda é imperscrutável e a origem do Cosmo ainda é um mistério, do qual até agora teriam explicado apenas 5%...

Como se vê, o mito de Deus é uma questão de pura fé, que depende da posição de cada observador. Vixnu ou vixnuísmo, os ETs, os duendes, os orixás Ogum, Oxalá, Xangô, Iansã, Yemanjá, dentre outros que se impõem à adoração de seus adeptos, seriam deuses? Os Exus, as pombagiras, os pretos-velhos e os caboclos seriam os demônios ou entidades endemoniadas? Ou seriam divisores entre o bem e o mal na eterna dualidade maniqueísta?[14] Ou discriminações entre brancos e negros? Ou entre raças? Ou são representações do inteligente mecanismo dos opostos? Ou é tudo imaginação, fantasia, projeções ou busca disfarçada de poder?

É nesse todo que, por vezes, se aninham os exploradores da credulidade, numa revoada de bruxos trapaceiros: magos, feiticeiros, gurus, videntes, pais de santo, cartomantes etc. Portanto, os menos avisados que se cuidem, inclusive com relação às práticas de pajelança cabocla das tribos indígenas e respectivos deuses, que são exercidas com fé por experientes pajés, mas já estão sendo invadidas por charlatães que estão cobrando por sessão, sem possuírem a experiência milenar dos pajés.

Deus é um símbolo, todavia, ter fé e crer é relaxante, com efeitos benéficos até para a saúde. Nós, apesar de pensarmos intelectualmente, também temos fé e cremos em Deus, apesar de não haver, no campo da filosofia e da ciência, consenso a respeito de sua vida ou destino. Não existe o sobrenatural. O que existe é o desconhecido ou o Supremo Arquiteto do Universo. Ainda assim, não há como negar a existência de uma inteligência suprema que governa o Cosmo. Nossa crítica é endereçada contra os abusos e contra os vendilhões da fé. Realmente, plagiando o papa Bento XVI, **"sem Deus as contas não fecham"**.

Jesus teria sido um grande sábio ou um grande profeta. Portanto, não merece estar sendo explorado comercialmente pelos vendedores de ilusão e por cabos eleitorais que manipulam a fé para fins políticos invocando a Deus. As bancadas evangélicas que o digam. Mesmo assim, não devemos excluir a atuação divina. Aliás, graças à invejável formação filosófica e religiosa do papa Bento XVI, e, agora, do papa Francisco, a Igreja Católica está recuperando muitos fiéis, apesar de algumas infâmias assacadas contra Jesus Cristo, a exemplo de um livro escolar publicado na Índia pela editora Styline Publication, que traz a imagem de Jesus Cristo fumando e segurando uma lata de cerveja, numa disfarçada intolerância ao cristianismo. Isso é coisa de bandido ou do diabo?

Por fim, não esqueçamos as obras benéficas que as religiões realizam em nome de Deus e da fé. A ação dos mórmons contra a corrupção e em prol do bem comum é um exemplo.

---

14. Pertencente ou relativo ao maniqueísmo, religião fundada pelo persa Maniqueu (Mani ou Manes) no século III d.C. Baseava-se num gnosticismo dualista, ou seja, na coexistência de dois princípios, o bem e o mal.

Ciência e religião

> *Essas religiões estigmatizadas são máquinas de fazer dinheiro: as religiões judaica, católica, muçulmana e as protestantes são desonestas.*
> Woody Allen, cineasta

> *Não fales de Deus na praça pública, nem em negócios no templo de Deus.*
> Pitágoras

> *Deus é contra a guerra, mas fica do lado de quem atira bem.*
> Voltaire

> *Hoje estamos aprendendo a linguagem na qual Deus criou a vida.*
> Bill Clinton, sobre o Projeto Genoma Humano

> *Algo de podre no Reino de Deus.*
> O Estado de S. Paulo de 12.9.1998

> *Se Deus não existe, tudo é permitido.*[15]
> Dostoievski

> *Contra a estupidez humana, até os Deuses lutam em vão.*
> Friedrich Schiller

Ainda que alguns estudiosos queiram extrair conclusões semelhantes dos caminhos das religiões e da ciência, usando ferramentas ou recursos de ambas na tentativa de confundir ou fundir os respectivos valores, isso até o momento não foi possível, por serem vertentes opostas. Mesmo assim, muitos procuram, na fé, respostas para questões que a ciência ainda não respondeu. As religiões têm como principal base coisas abstratas ou imaginárias, sem suporte ou conteúdo material. Ao passo que a ciência e a tecnologia se fundam em pesquisas ou resultados concretos, investigando a natureza e o início da matéria em busca de seu fim. Não obstante, as religiões estão no âmbito das ciências sociais, onde também são investigadas e estudadas. Portanto, admitir tal conexão ou um quê de ciência nas religiões, no esoterismo inclusive, não é analfabetismo intelectual. Idem em relação à política que também está conectada com a religião.

A ciência, contrariamente ao panteísmo[16], desconfia de qualquer ideia de Deus que esteja relacionada com o mundo material. Portanto, a rigor, ciência e

---

15. Eis uma frase de profunda indagação filosófica, porque não se encerra na ideia de Deus!
16. Doutrina segundo a qual só o mundo é real, sendo Deus a soma de tudo quanto existe.

religião são antagônicas, havendo a opção filosófica, que, em tese, se integra mutuamente com a ciência. Daí ciência e filosofia não estarem sujeitas à cegueira da fé, à ação dos mercadores de Deus e aos excessos das seitas apocalípticas.

A ausência de prova da existência de Deus é uma terrível ameaça às instituições religiosas e seitas afins. Nesse sentido ou busca, a ciência, fortemente subsidiada pelo estudo da razão, da matéria e da filosofia, é mais verdadeira, tendo em vista que as religiões têm como principal fundamento a exploração de mitos, enigmas etc. Daí decorre o principal motivo do desgaste que estão sofrendo mundialmente. Todavia, de concreto no mundo material e espiritual, vêm, ao longo dos tempos, realizando obras em prol do bem comum. Por outro lado, diante de tantos fenômenos e do imenso desconhecido, não há como negar espaço místico ou religioso em tudo. Foi por isso, talvez, que os astrônomos Kepler e Newton atribuíram a revelações divinas suas descobertas científicas, ao contrário de Galileu Galilei, que trombou com a Igreja ao negar a influência de Deus nas suas.

Enfim, o poder da ciência e o poder de Deus não são antagônicos, considerando que tudo no Universo, de algum jeito, está conectado. Em assim sendo, a ciência e a religião ou a ciência e a fé se cruzam.

Diabo, Satanás ou Demônio existem?

Pode parecer inofensivo acreditar em espíritos ou telepatia.
Não é. Quem acredita nisso pode acreditar em qualquer coisa.
Michael Shermer, célebre psicólogo americano

O demônio, o príncipe deste mundo, continua suas ações traiçoeiras.
Todo e qualquer homem está sob a tentação do demônio.
Papa João Paulo II

Homem, não procure mais o autor do mal, esse autor é você mesmo.
Não existe nenhum outro mal a não ser o que você faz ou que você sofre,
e tanto um quanto outro vêm de você.
Rousseau

Tudo que o Diabo precisa para ser bem-sucedido
é que o homem bom não faça nada.
Edmund Burke, estadista e escritor inglês

Fora do mercado não há salvação.
Frei Betto

Não são figuras ou mitos imaginários, apesar da vasta literatura a respeito e crenças generalizadas de povos primitivos, modernos ou contemporâneos. Eles são amplamente propagados e vendidos, num consumismo que salta aos olhos, sobretudo por religiões e seitas. A demonologia ou os demonólogos definem bem tais práticas e embustes, segundo as diferentes crendices e contextos em que se apresentam.

O que efetivamente existe é a impressionante e sábia engenharia da natureza, com seus imensos mistérios.

O ser humano, ao deparar-se com fenômenos naturais, ou supondo que uma força superior atua por nós ou sobre nós, criou deuses e satanases, inspirado na linguagem e formidável obra da natureza. Usa-os como defesa na luta pela vida e por medo do desconhecido, bem como para explorar os incautos ou de boa-fé, cerceando-lhes o livre-arbítrio.

Daí decorre o fato de não haver consenso da ciência sobre a existência dessas terríveis entidades, o que enseja relações negociais e mercadores de deuses e de diabos que vendem fé e esperanças, os famigerados descarregos, por exemplo.

Somente uma nova ordem mundial, fundada em bases científicas e filosóficas poderia abalar ou diminuir o poder e a influência dos demônios, à medida que os mistérios da natureza forem sendo desvendados. Eis uma verdade cruel e chocante, porém surpreendente e instrutiva, podendo incentivar o leitor a repensar uma série de conceitos.

Nossa conclusão é bastante modesta, uma vez que filósofos e cientistas de há muito questionarem a existência de Deus e de Satanás, atribuindo-lhes valores apenas simbólicos, mitológicos ou de projeções de credulidades. É normal que o ser humano se deixe envolver pela crença em Deus ou no Diabo, ou pela ideia de ambos, pois não há como questionar o imperscrutável ou desconhecido.

Não devemos colocar deuses e demônios acima da natureza, como fazem as religiões e seitas, tendo em vista que a natureza, com sua inteligência e descomunal poder, sobrepõe-se a tudo e devolve tudo numa engenharia indecifrável, já que 95% do Universo ainda não foi explicado, segundo a cientista Fabiola Gianotti (revista *Veja* de 10.4.2013, p. 17).

Todavia, em que pese o fato de o Diabo ou espírito obsessor simbolizar o mal, não podemos desprezar o lado construtivo de suas façanhas ou maldades como efeito do mecanismo dos opostos, com alguns reflexos em prol do bem.

Por outro lado, tiranos e simuladores, para eximirem-se de suas culpas ou justificarem seus crimes, invocam a Deus, a exemplo do que fez George W. Bush, antes de iniciar sua matança diabólica no Iraque.

O maior estrago causado pelos vendilhões de Deus ou do Diabo reflete-se na debandada de fiéis das religiões e das seitas místicas. A ciência, ao explicar a fantástica presença enganosa dos ETs e de mistérios sobre os quais as religiões se firmam, está demolindo coisas sobre as quais no passado só elas tinham algo a dizer. Assim, o vasto espaço, ora ocupado por pregações fanáticas e fantasiosas, tende a diminuir à medida que o saber ilumina, pondo por terra o entulho de absurdas crendices.

Alguns ensinamentos religiosos para afastar o Demônio, principalmente os católicos, são benéficos e inibem as tendências satânicas ou perversas do ser humano. Por isso, somos tementes a Deus e temos fé, apesar de a fé, em vez de unir, dividir.

Entre as seitas que cultuam o Demônio,[17] conhecemos uma, talvez inspirada na lenda de Fausto e do seu pacto com o Diabo, que só admite devoto quem assinar uma declaração doando a alma ao Demônio, em ritual macabro presidido por um sacerdote satânico chamado de "Papa Negro". Em tal declaração, o iniciando se compromete a pagar R$ 100,00 mensalmente e mais R$ 500,00 para cobrir despesas da iniciação, que se encerra com o sacrifício de uma galinha preta, de cujo sangue o iniciando toma algumas gotas se chafurdando no charco de grosseiras fraudes.

As religiões, as seitas místicas ou satânicas, o baixo esoterismo, entre outros, estão progredindo com base numa terrível revalorização do Demônio, num desserviço à cultura que pode produzir efeitos idiotizantes em populações pobres, ingênuas ou de boa-fé.

O importante é não fazer aos outros o que não se quer para si e dominar as emoções e os vícios.

Conclusão

Ao contrário dos embates que se travam entre a ciência e a religião ao longo dos tempos, ou da profundidade dos temas, a política e a Igreja sempre se deram bem, num relacionamento, até certo ponto, incestuoso, de cujo convívio participam o capitalismo e os mercados em geral, que se infiltram em todas religiões e crenças. É impressionante como elementos religiosos se misturam a mecanismos mercadológicos e à política. Somente depois que descobrirem a verdadeira origem do universo, as religiões e os embustes deixarão de crescer, considerando

---

17. A lenda de Fausto e do seu pacto com o Diabo foi usada por Goethe, Thomas Mann e outros escritores.

que têm como matérias-primas Deus e o Diabo, que a ciência poderá lhes "roubar", apesar de tudo, em tese, estar conectado.

No jogo da política social e religiosa o importante é que se sobressaia a politização das massas e do social, bem como na compreensão das diversidades religiosas sobre o papel de cada uma, com paz e harmonia.

Capítulo 13
Propaganda enganosa ou verdade no mundo de mentiras?

Você pode enganar todas as pessoas por algum tempo;
você pode até enganar algumas pessoas o tempo todo;
mas você não pode enganar todas as pessoas o tempo todo.
Abraham Lincoln

Esses pastores querem é estação de rádio e dinheiro.
São adoradores dos bezerros de ouro.
Leonel Brizola

Andei pelo mundo e só encontrei gente querendo enganar.
Ninguém querendo ser enganado.
Santo Agostinho

A propaganda enganosa enriquece os seus mentores e explora os que por ela se deixam influenciar, incitando-lhes reflexos persuasivos e subliminares, particularmente nos incautos e de boa-fé, que inconscientemente são arrastados por seus nefastos efeitos como rebanhos empurrados para o abate, sem consciência de que vão morrer.

Os órgãos de defesa do consumidor estão vigilantes em relação a esses sistemas publicitários dirigidos por talentosos comunicadores populares e alimentados ou patrocinados por empresas ávidas de lucros explorativos. Tais sistemas publicitários, buscando induzir à compra, figuram entre as principais formas de corrupção do momento, institucionalizadas em todos os povos, especialmente nos países subdesenvolvidos ou emergentes.

O Código de Proteção e Defesa do Consumidor (Lei nº 8.078, de 11 de setembro de 1990) e legislação complementar vieram em boa hora, mas não estão sendo suficientes para estancar os abusos e o poder da propaganda enganosa e da corrupção, que, a qualquer custo, não importando os meios, incentivam a colocação de produtos no mercado sem se preocupar com a qualidade ou origem destes. Portanto, os seus terríveis tentáculos continuam desafiando o Estado em todos os segmentos sociais, sustentados ou estimulados pela competitividade de emissoras de televisão, por falsos profetas e oportunistas de plantão.

Políticos que são exibidos como mercadorias e vendidos pela aparência, e não pela essência, deveriam ser submetidos ao Código de Defesa do Consumidor como propaganda enganosa, uma vez que mentem inteligentemente ou maliciosamente para obter lucros, eleitorais inclusive.

Eis, no atacado, uma resumida apreciação. No varejo, a venda de produtos enganosos é de um consumismo muito rendoso. Impostores e charlatães vendem fé, Deus, esperança, felicidade, previsões astrológicas e numerológicas, leitura de cartas, cura de doenças, magia negra, esconjuração do Diabo, amarração, benzimento, descarregos, passes mediúnicos ou toques, indicação de números para jogar na Loto, Sena etc. E ainda: talismãs, velas, duendes, livros de feitiçaria. Tudo a bom preço e pagamento à vista ou a prazo, atingindo em cheio assalariados, pessoas que buscam meios para preencher vazios emocionais e imaginários.

Os bruxos ou vendilhões de Deus ou do Diabo mais sofisticados que infestam o lixo ou escória do baixo esoterismo com regressão a vidas passadas, exorcismo de endemoniados, entre outras práticas, também se anunciam através da internet. Outros remetem o resultado de suas previsões por via postal, mediante prévia autorização de débito e fornecimento do número do cartão de crédito do consulente, o que é arriscado. Uns e outros não são recomendáveis. Se pudermos andar sem essas bengalas psicológicas será melhor, menos perigoso e menos oneroso.

A venda de proteção através de padroeiros ou padroeiras é outro comércio enganoso na venda da fé. Muitas seitas e algumas religiões enriquecem explorando esses meios.

Para atrair mais os ingênuos, em geral bem-intencionados, esses sacripantas ou vendedores de ilusão se revestem de um ar de iluminados ou de cura mística, usando indumentárias que reforcem seus chutes ou mentiras diante de seus consulentes. Com argumentos semelhantes, o guru indiano Maharishi Mahesh Yogi controla, segundo a mídia, um império imobiliário de mais de US$ 3 bilhões. E, ainda, teria solicitado ao cineasta David Lynch que arrecadasse mais US$ 1 bilhão para custear propaganda em prol da paz mundial.

No Camboja, em março de 2005, foi anunciado efeito curativo de excremento e urina de uma vaca curandeira procedente da Tailândia que teria sido chipada e abduzida, ou possuída, por um ET ou mago. Apesar do desmentido do ministro Khin, do Ministério da Cultura e Religião, a peregrinação em busca desses dejetos continuava.

A porcentagem de gente séria nessa área é mínima, apenas 3% dos pontos listados em quatro capitais, São Paulo, Rio de Janeiro, Porto Alegre e Salvador, seriam confiáveis. No mais, não passam de rematados "picaretas" ou fraudadores, agora salvos da Lei de Contravenções Penais, porém sujeitos ao Código de Proteção e Defesa do Consumidor, bem como ao Código Penal no que couber à espécie. Eles, para justificarem suas trapaças, invocam a proteção constitucional prevista no inciso VI do art. 5º da Constituição Federal de 1988 ("VI – é inviolável a liberdade de consciência e de crença, sendo assegurado o livre exercício dos cultos religiosos e garantida, na forma da lei, a proteção aos locais de culto e a suas liturgias;").

Por fim, somos contra a qualquer espécie de exclusão por questões preconceituosas, pois, em princípio, tudo o que existe tem sua razão de ser. Todavia, a propaganda, via internet, inclusive, que incentiva e recomenda o uso ou prática de coisas negativas ou antinaturais, é enganosa. Não discriminar, tudo bem; comprovar ou aceitar é diferente. Dizer nem sempre é ser, idem em relação a fazer ou não fazer.

Vidas passadas ou regressão

Preliminarmente, a terapia de vidas passadas, entrevidas, regressão, entre outras, são práticas que requerem cuidados especiais para não causarem sequelas. Portanto, mesmo em casos de pesquisas, o terapeuta deve ser formado e experiente em psicologia ou em medicina, particularmente em medicina, para não ser acusado ou processado por exercício ilegal de medicina ou fraude.

A rigor, trata-se de uma indução hipnótica antecedida de relaxamento profundo, bem ao gosto daqueles que se encantam pelo misterioso mundo do além ou transcendental, que é discutível. Em alguns casos, pode resolver ou melhorar entraves psicológicos ou de saúde, que podem ser refletidos pela cor da aura. Seria um tratamento alternativo? Sim, porém sem base científica. Em geral, são elaborações mentais frequentes em pacientes psicologicamente traumatizados ou visionários.

Em tese, consciente ou inconscientemente, alguns operadores ou "missionários" de vidas passadas, do vodu, do candomblé, da umbanda, de posses mediúnicas, de reencarnação, de artes diabólicas, orixás, bruxaria, baixo esoterismo são falsários ou mercadores de Deus ou do Diabo, ou de credulidades, exceto pesquisas científicas.

Em estado hipnótico ou de relaxamento profundo, podem vir à tona vivências ou coisas esquecidas arquivadas no inconsciente que nada têm a ver com vidas passadas ou com reencarnação. Podem também brotar de pessoas que se situam no fronteiriço entre doença e normalidade mental com diversos sintomas, delírio organizado inclusive.

Pureza ou simulação?

> *Os milagres não acontecem em contradição com a natureza,*
> *mas apenas em contradição com o que conhecemos da natureza.*
> Santo Agostinho

A pureza é tão sublime e tão emblemática a ponto de parecer utópica ou ilusória em alguns de seus interessantes aspectos ou imagens. Daí a importância de separar o puro do impuro ou simulado, em que pese o fato de ser a simulação um dos meios de defesa na luta pela vida.

Os traços de pureza nas coisas ou nos objetos, em geral, nem sempre são transparentes, especialmente no ser humano, exceto na fase infantil, em que os gestos são puros e espontâneos, o sorriso e a graça de uma criança, por exemplo. O mesmo se diz em relação ao todo das belezas e das mutações naturais.

A pureza e o encanto do reino animal, impropriamente chamado de inferior, e do reino vegetal, são mais transparentes e naturais, por ser a natureza a deusa da pureza.

As preces que antecedem as refeições no Lar Lapeano de Saúde e as missas rezadas pelos monges trapistas, na Lapa, no Estado do Paraná, também são exemplos de pureza e produzem aura de efeito energético e salutar.

Emocionar-se ou chorar, em público, inclusive, reflete um traço de reação pura. Mas é comum o choro artístico, novelístico ou político, todos artisticamente simulados. Pesquisamos alguns políticos que fingem ou choram em público e concluímos que a grande maioria é marketing político.

Ser ou parecer

> *Não se pode julgar os homens pelo que eles nos dizem, mas pelo que dizem de nós.*
> Nicolau Maquiavel

CAPÍTULO 13 – PROPAGANDA ENGANOSA OU VERDADE (...)

Ser ou não ser: eis a questão.
Shakespeare

Conhece-te a ti mesmo.
Sócrates

Eis outra forma de corrupção, partindo do princípio de que parecer sem ser é uma forma enganosa de representar o real ou o que não é real. É um tema importante e de complexas indagações. Em geral, a primeira impressão que temos de um objeto, de uma imagem ou coisa qualquer nem sempre corresponde ao seu cerne ou à sua essência, sobretudo em relação ao ser humano, por natureza enganador ou simulador. Assim, é discutível afirmar que "A voz do povo é a voz de Deus", uma vez que a opinião pública tende a julgar pelo jogo das aparências, sob efeito de reflexos subliminares e condicionantes que trazem em seu bojo técnicas enganadoras e fantasiosas.

Como se pode concluir, a verdade real, em princípio, não está na fachada das coisas ou na aparência das pessoas. Seria uma espécie de simulação na luta pela vida tendo por fim um interesse? Em tese, sim.

Nesta linha de raciocínio, para chegarmos à índole boa ou má de uma pessoa, devemos iniciar pelos pormenores da estrutura de seu comportamento, na maioria dos casos imperceptíveis ou aparentemente insignificantes, não permitindo que parentesco, simpatia pessoal, antipatia, afinidade política ou religiosa bloqueiem uma meticulosa análise. Um sorriso macio, uma suave expressão fisionômica, choro, brandura nos gestos, um ar angelical podem ocultar ou disfarçar uma pessoa intrinsecamente má ou um criminoso em potencial. Todo cuidado é pouco quando se tratar de talentosos trapaceiros ou de políticos corruptores. É enorme a distância entre o que eles falam e o que pensam: são artistas em representar o que, via de regra, não são. Todavia, não devem ser confundidos com bons humoristas, nem com a magia e encanto de muitos artistas profissionais.

Para avaliarmos ou separarmos o real da fantasia ou fraude, precisamos estudar também o mecanismo das paixões, das fortes ou violentas emoções, de manifestações mórbidas da vida mental, ainda que perifericamente, considerando serem temas de especialidade médica, do âmbito da psicopatologia ou da psiquiatria, em seus estados mais graves.

A inclinação perversa igualmente pode ser observada ou pesquisada em particularidades ou minúcias, tendo em vista que os maus, comumente, disfarçam sua propensão para o mal ou para o crime. Mas nas entrelinhas da estrutura

do seu comportamento, modo de falar e de expressar o que pensam sobre a natureza das coisas, desejo de ser ou de ter, podem refletir o que são, o que gostariam de ser, o que não são e o que são capazes de fazer se tiverem oportunidade. Por exemplo:
- humor perverso;
- queda para malvadezas;
- ausência de cooperatividade;
- avareza;
- prazer em surrar ou em dar pontapé em semoventes;
- tendência para o ódio e desamor;
- atitudes mórbidas contra a fauna e a flora;
- conduta aventureira e explorativa;
- calotear;
- atitude neurotizante;
- olhar traiçoeiro e superficial.

Precisamos, pelo menos, ter uma simples noção de nossa existência e do espaço que ocupamos, bem como uma ideia de outros ocupantes, por exemplo: das flores, das plantas, das árvores, das chuvas, dos mares, dos rios, dos ventos, do fogo, do sol e de outros reinos etc., considerando que existe gente que passa pela vida sem noção dessas grandezas!...

Finalmente, alertamos para a importância de se fazer uma síntese e associação criteriosa de todos os elementos observados em conjunto e sob todos os ângulos das diversas manifestações, com vistas a um melhor resultado, porque o ser humano pode aparentar ser negativo ou mau, mas ser bom em sua essência, dependendo de sua índole ou circunstância. O homem é um dos fenômenos da natureza, logo, sua análise é complexa, devendo ser feita sempre pela essência, não pela aparência. Por conseguinte, o clamor popular ou o efeito publicitário nem sempre devem embasar o julgamento de uma causa ou de uma pessoa.

Capítulo 14
Sexo, poder, alcovitagem e homossexualismo

Um par de nádegas sedutoras pode fazer mais do que todos os filósofos, astrólogos, alquimistas e necromantes jamais fizeram.
Pietro Aretino, século XV d.C.

No amor, há um pouco de loucura, e nessa loucura, há um pouco de razão.
Friedrich Nietzsche

As freiras são financeiramente dependentes dos padres, que podem pedir em troca favores sexuais.
Maria MacDonald,
Madre Superiora das Freiras Missionárias de Nossa Senhora da África
(revista *Veja* de 28.3.2001)

A homossexualidade é um conflito psíquico não resolvido que a sociedade não pode institucionalizar, uma doença, enfim.
Alfonso Lópes Trujillo,
cardeal colombiano

Em todos os tempos e povos, não importando raça, gênero, cultura ou religião, a influência do sexo, da alcovitagem, dos desvios nos processos corruptores ou do crime organizado é incontestável, constituindo-se em verdadeiros bastidores de inúmeros teatros de corrupção e poder. Não obstante a grandeza do Sexo, com realce em prol da perpetuação de muitas espécies, particularmente, da espécie humana.

As reuniões políticas realizadas na alcova, aliadas a outras coisas, num ambiente de curiosas distorções, têm interferido em decisões governamentais e empresariais intermediadas por talentosos *lobbies*. Tais excessos ensejam comentários curiosos ou jocosos, a exemplo da seguinte frase: "O tecido da História é trançado com pelos pubianos". Exageros à parte, a afirmação tem indício de verdade. A advogada Christiane Araújo de Oliveira, que o diga, conforme entrevista à revista *Veja* (15.2.2012, p. 56-64).

O destino de muitas administrações públicas ou privadas é levianamente decidido em clima de sexualidade banal. Atrações meramente físicas, até mesmo antinaturais, surgidas em encontros comuns: aperitivos em casas de divertimentos, festas, coquetéis, bacanais, passeios de fins de semana, uso de substâncias tóxicas etc., terminam em desregramentos. Daí resulta, em alarmante porcentagem, a corrupção de famílias, com maridos que entregam as respectivas esposas ou até mesmo filhas em troca de polpudos empregos, cargos ou de outras vantagens.

A História nos fornece um rosário de exemplos de governantes célebres que decidiam assuntos de interesse de Estado sob influências de colóquios sexuais com mulheres astutas, voluptuosas e amorais que chafurdavam no gozo de aberrações sexuais. Estas se conluiavam com pessoas sórdidas e políticos matreiros e corruptos para desfrutar das vantagens do poder.

O passar dos tempos não alterou a natureza destes eventos, nem eliminou ou reduziu estas práticas; continuam ocorrendo no presente e ocorrerão no futuro. Mas esperamos que o requinte do proxenetismo de luxo e as ascensões ao poder via cama, traficados por esses *lobbies,* sejam contidos ou, ao menos, reduzidos.

É uma ignomínia valer-se do cargo para sujeitar uma subordinada ou subordinado a colóquios sexuais. Entretanto, infelizmente, são experiências comuns nas administrações pública e privada. Em muitos casos, as pessoas, vítimas dessas infâmias, cedem para não perder o emprego ou para obter uma vantagem qualquer. Eis um dos motivos de muitas jovens sem tendências ao meretrício serem prostituídas.

A alcovitagem é uma técnica bastante usada em empresas públicas e privadas, na baixa política, bem como em empresas administradas pelo CRIME ORGANIZADO. Não devemos subestimar a influência dos alcoviteiros em qualquer administração. Por mais idôneo e independente que seja, um dirigente poderá sofrer, por meios indiretos, interferências desses proxenetas. Muitos homens de bem foram vítimas de alcovitagem. Os processos são diversos e sutis, dependendo da categoria do agente. Em ambientes selecionados, em altas esferas sociais, os alcoviteiros, em geral, são pessoas apresentáveis e aplicam seus golpes de modo disfarçado, evitando dar impressão de que seu prestígio é oriundo dessa prática e do tráfico de mulheres, **ou de homens em alguns casos**. Na maioria das vezes, essas *entourage* ocupam posições importantes nos sistemas em que atuam, lançando mão destes meios, isto é, explorando o instinto sexual. Eles, ou elas, sabem como tocar neste calcanhar de Aquiles e o fazem com astúcia. Tudo regrado pela corrupção e pelo poder. O diálogo de Joesley Batista, da JBS, com Ricardo Saud é um exemplo recente do uso e do abuso do sexo na política e no mercado.

Muitas civilizações, algumas com alto índice de desenvolvimento tecnológico inclusive, vêm sendo infiltradas por proxenetas ou alcoviteiros, particularmente no Ocidente e na Europa. Se bem que isso, ao longo dos tempos, sempre existiu. **São opções que devemos respeitar sem preconceitos, ainda que delas discordemos**, independentemente de raça, cor, credo ou opção sexual.

O homossexualismo proliferou na antiga Grécia, onde não era considerado vício e, por conseguinte, praticado por altos dignitários inclusive.

No mesmo gênero de reuniões de alcova, inclui-se o lesbianismo. Em geral, as lésbicas são assumidas e muito autênticas em suas convicções políticas, religiosas e preferência sexual.

Os casos catalogados de homossexualismo animal são isolados, não havendo consenso científico que os comprove dentro da zooética e da biologia. O bicho mantido em cativeiro pode praticar atos contrários à sua natureza. Os pinguins machos, por exemplo, na falta de fêmeas, praticam sexo entre iguais, comportamento que se estende a outras espécies de animais mantidas em cativeiro, segundo algumas pesquisas em andamento.Algumas pessoas mantêm relações sexuais com animais de estimação (zoofilia), particularmente quando residem a sós. Algumas imagens estão difundidas na internet, viciando-os a lhes lamber as partes genitais, a penetração inclusive. Os animais canídeos e os felinos, por beberem líquido com a língua, têm-nas mais resistentes e mais rugosas, excitando mais as partes que tocam ou lambem. E, ainda, em alguns casos, a língua do cão ou do canídeo é maior que a do homem ou do ser humano.

Em matéria de instinto sexual, em virtude de sua natureza compulsiva, não se pode estabelecer um regramento estanque, já que as aberrações e fantasias se diversificam, incluindo a prática de pedofilia, divulgada também pela internet, mutilação genital, inclusive.

São múltiplos os fatores que causam o homossexualismo, entre outros: disfunção hormonal, falta de fêmeas, genética, variação nos cromossomos individuais, vícios aprendidos e outras circunstâncias diversas. A propaganda do homossexualismo, sobretudo a propaganda que o incentiva, pode causar efeito ou dúvida entre crianças e adolescentes em sua formação heterossexual. O tema é complexo e depende de apurado estudo por especialistas.

Se há orgulho gay, por que não orgulho heterossexual? Com a palavra, os sexólogos ou especialistas em sexualidade, considerando que o impulso sexual, a exemplo de uma panela de pressão, pode explodir. Portanto, precisa ser vigiado ou controlado para evitar excessos, crime passional inclusive.

Em que pese esses e outros excessos ou opção, a natureza, em sua imensa sabedoria, destinou função própria a cada órgão de nosso corpo e adequou a parceria entre machos e fêmeas, para preservar a reprodução das espécies. Daí a Natureza, em sua imensa sabedoria, atribuir ao sexo algo gostoso, considerando que os seres humanos, em geral, agem por interesse ou por prazer. A parada gay é um alerta contra o preconceito.

Como se vê, a questão sexual e suas variantes são por demais abrangentes e complexas, de cujo universo, em tese, ninguém se exclui, padres e outros clérigos inclusive, o que é admitido até pelo Vaticano. O próprio papa João Paulo II usou a internet para pedir desculpas por abusos sexuais de missionários; o mesmo fez o grande Bento XVI, tendo em vista os recentes escândalos envolvendo membros da Igreja Católica em crimes sexuais, de pedofilia inclusive. Uma das causas seria o celibato? Apesar de lamentáveis, são casos isolados que não devem ser invocados para atingir a Igreja Católica em seu todo.

A homossexualidade deve ser estudada à luz da ciência e sem preconceitos.[18] Talvez por isso a ONU aceitou o ingresso da ONG Associação Brasileira de Lésbicas, Gays, Bissexuais, Travestis e Transexuais (ABGLT) em um conselho econômico e social, o ECOSOC; idem em relação a uma ONG da Espanha e outra da Noruega, contrariando todos os países árabes que votaram contra, assim como a China. No mundo, muitos países ainda criminalizam a homossexualidade – em nove deles há pena de morte, o que é um absurdo, apesar das anomalias sexuais deixarem a desejar à luz da natureza ou de leis naturais.

A novela *Passione*, de autoria de Silvio de Abreu, ao mostrar as mazelas de uma sociedade em crise, exibe cenas de uma avó tentando prostituir uma neta adolescente, o que dá uma ideia dos excessos do mercado de sexo. Mas, o lado bom do sexo é imenso, do homossexualismo, inclusive, pela participação de homossexuais em movimentos cívicos, que ajudaram a criar a Lei da Ficha Limpa, por exemplo, o que bem reflete o poder político dos gays.

---

18. "Triste época. É mais fácil desintegrar um átomo que um preconceito." Albert Einstein.

Capítulo 15
Gigantes da destruição e da construção

A vontade de destruir também é uma vontade criadora.
Mikhail Bakunin

*O fracasso é o parceiro do sucesso.
É um processo de aprender a correr mais riscos.*
James Waldroops, professor de Harvard

É na dialética dos opostos que identificamos a natureza das coisas. Para versar sobre qualquer tema, mesmo de maneira elementar e resumida, precisamos ter uma noção da natureza dos opostos, dos avessos, dos contrários, dos reversos, lembrando que estes se atraem reciprocamente por serem opostos. Curiosamente, em alguns seres, há uma certa empatia ou prazer mórbido entre seus agentes. A própria natureza, em sua movimentação enigmática, tanto cria como destrói ou transforma.

Tudo na vida tem seu lado oposto ou frágil, e não há fruto ou ser que não oculte em suas entranhas o verme da destruição ou da transformação, pois tudo no universo é dinâmico; se as partículas que o integram fossem estáticas, não ocorreriam transformações regenerativas. Daí, em tese, tudo o que nasce morre ou se transforma, num mecanismo inteligente de transformação incessante, nem sempre ao alcance de nossos modestos conhecimentos ou respostas definitivas. Seria por isso que as religiões, as raças, os interesses e os povos em geral vivem em permanentes conflitos? Isso poderá causar algo insuportável, criando meios e fins para a extinção da espécie humana ou do gênero animal? Talvez. Mas, não obstante, as faces más da inteligência, do dinheiro, do ódio, do medo, do racismo, das religiões, dos arquivos da história que estão repletos de barbaridades, das terríveis matanças e de outras brutalidades, **não devemos esquecer que essa simbiose do construir e do destruir, por mais paradoxal que seja, promana de fundamentos sábios da NATUREZA!** Assim, o ideal é propugnarmos para que a sociedade se aperfeiçoe de modo a que o bem se sobreponha ao mal – **o que não vem ocorrendo.**

Inteligência

Prefiro uma gota de sabedoria a toneladas de riquezas.
Anaxágoras,
filósofo jônico

A inteligência humana é muito criativa, quer para fazer o bem, quer para praticar o mal, segundo as circunstâncias. Portanto, pode ser desenvolvida e orientada para construir ou destruir, superada apenas pela inteligência da natureza, que não destrói por maldade, interesse ou vingança, porque suas leis e seus fins têm como base o equilíbrio cósmico.

A violência, a avareza, a corrupção, a cupidez e outros terríveis inibidores da criatividade humana para fins nobres propiciam condições para que a inteligência do homem seja aplicada contra a própria humanidade. Daí chegarmos à conclusão de que ela é a mais brutal destruidora de muitas civilizações e da excelência dos seus respectivos bens, sem que com isso estejamos esquecendo seus feitos construtivos. Os instrumentos bélicos, ora disponíveis, incluindo armas biológicas e o imenso arsenal atômico, capazes de destruir a humanidade inteira, são produtos da inteligência e, paradoxalmente, criados sob o pretexto de "preservação dos povos".

Religião

A religião é o ópio do povo.
Karl Marx

A fé religiosa é criativa e destrutiva.
Bernini[19]

---

19. Gian Lorenzo Bernini (1598-1680), célebre escultor e arquiteto italiano.

CAPÍTULO 15 – GIGANTES DA DESTRUIÇÃO E DA CONSTRUÇÃO

A religião é um bem que também abriga suas facetas más. Entretanto, se estabelecermos um divisor entre a construtividade das religiões e os terríveis males que elas já causaram, teremos um apreciável saldo representado pelos seus dignificantes feitos.

As crenças religiosas guerreiam entre si, disputando espaço, em vez de se unirem para atrair os infiéis ou céticos. Tais guerras já mataram mais que as bombas atômicas lançadas sobre Hiroshima e Nagasaki. É espantoso que se destrua tanto invocando a Deus; nem o ecumenismo ou atividades ecumênicas conseguem conciliar as diversas crenças.

As religiões estão em crise, abaladas pelo surgimento de novas concepções no mundo do pensamento, da técnica e da cosmologia. Elas têm, como matéria-prima, o mito de Deus e o seu contrário, o Demônio, em alguns países, com roupagens distintas. Mas, em virtude do desgaste sofrido, em todos os planos, pelos deuses e satãs, as religiões estão buscando novos rumos para manter os seus vastos domínios, inclusive socioculturais e econômicos.

Muitos séculos já se foram, ao longo dos quais estão elencados os conflitos sangrentos originados por motivos religiosos. O pior é que, neste instante em que estamos escrevendo estas considerações, no Oriente Médio e nos Bálcãs, assim como em outras partes do mundo, conflitos brutais e sangrentos estão sendo travados por questões religiosas, racistas, por ódio e dinheiro, como no Iraque.

Apesar de não podermos desprezar essas facetas das religiões, não podemos generalizar, rotulando-as de destrutivas, violentas ou danosas em todos os níveis, perdendo de vista tudo o que elas fazem de melhor em prol da humanidade.

Esses paradoxos e brutais matanças de seres humanos inocentes por questões religiosas e fanatismo saltam aos olhos e podem engendrar a sociedade dessacralizada ou ateísta, sem igrejas, mesquitas, sinagogas, templos, deuses, demônios, terreiros, centros espíritas, infernos, paraísos etc.

Deus é um símbolo do bem, portanto, é um brutal absurdo destruir acervos culturais ou bibliotecas históricas, praticar genocídio ou matanças em seu nome. A destruição da biblioteca de Alexandria é um exemplo dessa barbárie.

O medo do desconhecido alimenta as religiões ao longo de séculos, entre outras:
- cristianismo;
- bramanismo ou hinduísmo;
- taoísmo;
- confucionismo;
- judaísmo ou Torá, a Cabala, inclusive;

- islamismo e seus tabus;
- budismo;
- xintoísmo;
- fetichismo ou feiticismo;
- espiritismo.

Ódio

> *O ódio é um prazer mais longo.*
> *Os homens amam depressa, mas detestam devagar.*
> Lorde Byron

O ódio é um dos componentes de nossa natureza que não deve ser confundido com a coragem. E, a exemplo do amor, se exacerba, daí ser o mais violento e irracional destruidor. Mas, como o seu agente, via de regra, é levado por forte emoção, muitos de seus tiros "saem pela culatra", vitimando o próprio ódio.

Para aferirmos o potencial destruidor do ódio, precisamos decompô-lo, estudando suas peculiaridades e variantes entre o que odeia e o odiado, vinculados por processos inversos. É bom ressaltar, desde logo, quão inferior e nocivo o é, principalmente entre comunidades rivais. À medida que ele se afasta ou se transforma, o bem se sobrepõe ao mal, e o que há de melhor da natureza humana emergirá.

Em geral, o ódio destrói. Disso resulta a dificuldade em identificar efeitos progressistas ou benéficos resultantes do ódio ou vingança. Sua dialética pretende instaurar "justiça", fomentando aversão de raças, luta entre classes, entre categorias sociais, famílias, religiões etc. A somatização de seus efeitos é desastrosa.

Racismo

> *Eu tenho o sonho de que um dia meus quatro filhos vivam em uma nação*
> *onde não sejam julgados pela cor de sua pele, mas pelo seu caráter.*
> Martin Luther King

> *De certa forma, acabamos com os orgulhos de nossa espécie.*
> Francis Collins,
> sobre o Projeto Genoma Humano

CAPÍTULO 15 – GIGANTES DA DESTRUIÇÃO E DA CONSTRUÇÃO

Não existem raças, mas seres humanos.
Norberto Bobbio

O racismo é uma das piores formas de corrupção e beligerância, por conseguinte, de destruição. É ilógico e brutal, responsável por uma série de tragédias humanas. É uma atitude insana dos sistemas dialéticos pretender instaurar o Estado fomentando o racismo, num catastrófico entrechoque de raças, com a exclusão daqueles que são chamados impropriamente de inferiores, pertencentes a outras camadas socioeconômicas ou culturais ou caracterizados por epiderme de outra cor. Nelson Mandela foi vítima disso. E a África do Sul, ainda é, pois, a rigor, o *apartheid* ainda não foi vencido.

É profundamente injusto e angustiante o problema inter e intrarracial. Povos, ditos civilizados, ainda não conseguiram se libertar de seus sentimentos racistas e escravocratas. As profundas feridas da Guerra da Secessão (1861-1865) entre confederados e federados nos Estados Unidos, não obstante decorrido mais de um século, ainda não cicatrizaram, sendo o grande estigma da sociedade racista norte-americana. O mesmo se pode dizer de outras guerras e matanças por tolos motivos racistas e religiosos.

Tais discriminações são estúpidas, pois não se fundamentam em nenhum processo inteligente de seleção, têm como base a mesma matéria-prima, a espécie humana. O aperfeiçoamento genético é válido para todas as raças humanas e poderá ser enriquecido pelo condicionamento sociocultural, alimentação, higiene, clima etc.

Como entender que as raças, diferindo apenas na cor ou em níveis culturais, guerreiem tanto entre si, se na Terra há espaço para todos? Como entender a condenação à morte por apedrejamento do empresário alemão Helmut Hofer, em Teerã, por ter feito sexo com uma iraniana? Nesse caso, as leis do país proíbem relações sexuais de muçulmanos com não muçulmanos, o que é um absurdo.

A miscigenação, de há muito em marcha no mundo, proliferando em todos os povos, é a terrível inimiga do racismo, por vir se infiltrando em todas as raças, nas segregacionistas inclusive. Daí, ao longo dos séculos, virem esses povos se mestiçando.

A futurologia ou prospectiva vem fazendo projeções lógicas, até mesmo matemáticas, que preveem, ao longo de alguns milênios ou menos, o desaparecimento da raça branca pura, bem como das demais raças, ou seja, a miscigenação entre todas as raças, na seguinte ordem: raça branca pura, raça negra pura, raça amarela (esta provavelmente resistirá mais para se mestiçar por inteiro), negroide, negrito etc.

O ex-presidente da França, Charles de Gaulle, profeticamente disse: "A mestiçagem é o futuro do mundo" e "A coexistência entre as diversas populações do mundo é um dos principais fundamentos para a paz entre os homens". Para tal fim, é preciso frear a aversão entre raças, a polarização entre brancos e negros, por exemplo.

Seja como for, resistindo mais ou menos, todas as raças serão encurraladas pela miscigenação, porque o crescimento e pressão da mestiçagem são superiores ao da natalidade das raças segregacionistas, a começar pelos EUA, onde a miscigenação é bastante dinâmica por ser o país que mais acolhe correntes migratórias de raças diferentes, numa inclusão social dignificante. Aliás, Monteiro Lobato, em seu livro *O presidente negro* ou *O choque das raças*, editado em 1945, previu a eleição de um presidente negro nos EUA, o que aconteceu com a eleição de Barack Obama. E, ainda, numa contribuição histórica à miscigenação, Thomas Jefferson teria tido filhos com a escrava Sally Hemings.

A humanidade, decorridos alguns milênios, ou menos, será uma imensa mestiçagem, quando então a paz perpétua sonhada por Immanuel Kant, objeto de seu livro *Projeto de paz perpétua* (1795), inspirada na Revolução Francesa (1789-1799), poderá se tornar uma realidade, pois, com a miscigenação de todas as raças, certas tradições seriam extintas ou proibidas, dentre outras, a circuncisão por questões religiosas ou racistas, a exemplo do que fez o Supremo Tribunal de Justiça do Egito, em histórico julgado proferido em dezembro de 1997, com relação às mulheres muçulmanas. Além disso, o ser híbrido é geneticamente mais resistente.

Segundo a versão bíblica, judeus e árabes descendem de um ancestral comum, o patriarca Abraão, constituindo uma irmandade genética, recentemente confirmada pelo DNA e pelos cromossomos Y (sexo masculino), que seriam idênticos em todos os homens. Logo, em tese, a humanidade seria uma imensa irmandade de sangue, partindo do princípio de que descendemos de um único "Adão" e de uma única "Eva". Se assim for, acabemos com a diáspora, com o racismo etc., retornando ao grande berço-mãe, à natureza, já que a ciência provou que não existem as raças no sentido antropológico. Nesse caso, ou em tese, tudo se resume ao gênero animal? E os dados oficiais que mostram que os negros vivem pior porque são negros, e não porque são pobres?

Acordo toda manhã em uma casa construída por escravos,
e vejo minhas filhas, duas garotas negras, brincarem em seu gramado.
Michelle Obama

Medo

O poder de destruição do medo é igual ou pior que o poder de destruição do ódio ou da vingança. São muitos os acontecimentos catastróficos causados pelo medo, registrados ao longo da História. Este tema é complexo e de profundas indagações, psicológicas, antropológicas e, até mesmo, estratégicas. Portanto, não há como estudá-lo em resumidas palavras. Mas, desde logo, devemos avaliar, também, seu lado bom que impede ou limita muitas coisas ruins. Em suma: é bom que os maus o temam.

Vejamos algumas espécies de medo: medo patológico; medo da morte; medo imaginário, daí os mortos assustarem mais que os vivos; medo de superstições; medo do diabo; medo de enfermidades, do câncer, inclusive; medo da vida; medo de ficar a sós; medo de guerras; medo de assalto; medo do medo; medo do desconhecido; medo de descarga elétrica; medo da desgraça!

Para melhor conhecer esse GIGANTE NEGRO, recomendamos a obra *Quatro gigantes da alma*, de Emilio Mira y Lopez.

Dinheiro

O poder emana do dinheiro e em seu nome será exercido.
Honoré de Balzac

Dinheiro compra tudo. Até amor verdadeiro.
Nelson Rodrigues

O dinheiro permite ao medíocre satisfazer as suas vaidades imediatas.
José Ingenieros

Quando não se tem dinheiro, pensa-se sempre nele.
Quando se tem, pensa-se somente nele.
Jean Paul Getty,
dono de companhias petrolíferas

O dinheiro não aceita desaforo.
Roberto Luís Troster

Tenho enorme apreço por tudo o que eu desconstruo.
Jacques Derrida

> *O primeiro capitalista da História foi Judas,*
> *que vendeu Jesus Cristo por algumas moedas.*
>
> Hugo Chávez

Dinheiro, ódio, racismo, interesse, guerra e religião, de algum modo, alimentam-se do mesmo caldo. O dinheiro, por ser um dos principais nervos da guerra e por ser manipulado por povos que são dominados pela cupidez ou ganância, é também um brutal destruidor de valores dignos de serem preservados. A guerra de George W. Bush contra o Iraque evidencia isso.

O dinheiro, que tanto enfeitiça a natureza humana, surgiu há 2.500 anos, sob o estágio do *moneycentrismo*, no qual o dinheiro tornou-se o centro de todas as coisas, segundo o escritor Ednaldo Michellon. Antes, prevalecia o mercado de troca.

É difícil, sem dinheiro, dedicar-se a qualquer empresa: militar, industrial, comercial ou outra. O tráfico de armas, por exemplo, conhecido por "Mercado da Morte", e os mercenários de guerras são manipulados por hábeis traficantes internacionais nutridos pelo dinheiro. Ele é, pelo seu terrível poder de compra, o principal "lubrificante" da corrupção institucionalizada e do crime organizado.

Se por um lado, o dinheiro é equivalente a muitos bens, pelo seu poder de troca ou de compra, é, por outro lado, o causador de muitos males, infortúnios, massacres e outras brutais destruições, de patrimônios socioculturais inclusive.

Invocando a defesa da pátria, uma apreciável parcela do orçamento de cada país é consumida para fins bélicos, o que daria para elidir a fome no mundo. Tal corrida armamentista, inteiramente alimentada pelo dinheiro, está acelerando os mecanismos que podem nos levar à Terceira Guerra Mundial e, quem sabe, à destruição da humanidade, por ser, também, um "deus" usurpador. Por isso, política e negócio é uma combinação perversa, mascarada com falsa dignidade.

Como se vê, o dinheiro, por mais paradoxal que possa ser, está às voltas com as perspectivas de destruição de uma série de bens que ele ajudou a construir em todas as escalas culturais. O que estaria havendo de anormal entre o instinto de conservação e o instinto de morte? Ou a humanidade teria cumprido o seu ciclo e estaria na hora de morrer?

> *No dinheiro, está o princípio vital do organismo político;*
> *o tesouro é o coração do Estado;*
> *a gerência das finanças envolve a supremacia sobre a ação do governo.*
>
> Rui Barbosa

CAPÍTULO 15 – GIGANTES DA DESTRUIÇÃO E DA CONSTRUÇÃO

Orando por dinheiro.

Tentáculos progressistas e poluidores do dinheiro.

Conclusão

Os gigantes, objeto deste capítulo e dos respectivos subtítulos, ora destroem, ora constroem. A título de ilustração, a revista *Veja* (16.9.2009, p. 129), sob o título "Por que matamos uns aos outros?", publicou pesquisa mundial sobre 345 conflitos, desde levantes civis até guerras totais. Um em cada três desses conflitos foi deflagrado por questões religiosas ou raciais.

Os ciclos se repetem, tanto para o bem como para o mal e em geral, são contundentes. O extermínio de judeus, a "limpeza" étnica na ex-Iugoslávia, os genocídios armênio e cambojano são exemplos.

Urgem rupturas em prol do bem, antes que seja tarde, considerando que a energia do mal é mais poderosa que a energia do bem.

Capítulo 16
O lado perverso do ser humano

O homem é ele mais a sua circunstância.
José Ortega y Gasset

O primeiro passo para o bem é não fazer o mal.
Rousseau

O lado perverso do homem é uma energia inerente à natureza humana, que quando se exacerba torna-o perigoso, mau, violento, avarento, corrupto, revoltado, hostil ao convívio social etc. Todavia, tal energia pode se converter em construtiva e benéfica, se for canalizada para o bem, dependendo das circunstâncias e instituições que formam o Estado e outras comunidades, considerando a influência que recebemos do meio ambiente: família, religião, costumes, escolaridade etc.

Sempre que for possível, o Estado deve procurar recuperar o delinquente. Quando isso não for possível, deve aplicar penas severas, pena de morte, inclusive, para crimes hediondos, e também criar penas alternativas de efeito moral, bem como tratamento específico para os que sofrem de distúrbio mental, considerando que a perversidade é anormal, com sintomas psipáticos, de loucura, inclusive.

O medo de ser condenado à pena de morte seria o principal antídoto contra o crime, ao passo que a impunidade é o seu principal aliado e incentivador. Rigor na adequação de penas e instituição de cultura do medo contribuiriam para o bem se sobrepor ao mal.

Perversidade, maldade, aberração ou compulsão sexual, inveja, estupidez, avareza, violência e inteligência, em geral, andam juntas, ora esbarramos numa, ora esbarramos noutra, porquanto, a rigor, compõem um pacote de corrupção e respectivos efeitos, sobretudo se recheados com mau uso da inteligência.

O lado perverso ou natureza da maldade, objeto deste capítulo, diz respeito a pessoas normais ou consideradas normais, excluindo esquizofrênicos, drogaditos etc., que podem ter o lado perverso exacerbado por outras razões. **Portanto, é importante observarmos o fronteiriço entre doença mental e normalidade mental.**

Em qualquer espécie de relacionamento, amoroso, religioso, comercial, político, esportivo etc., devemos procurar conhecer o lado perverso ou psicopático de nosso interlocutor, em geral escondido ou simulado, observando detalhes de seu comportamento: humor ferino, irônico, rancoroso, invejoso, desamor pela natureza, gestos corporais agitados ou inquietos, tudo isso de modo disfarçado, partindo do princípio de que as pessoas procuram mostrar o que é bom e esconder o que é ruim, num mecanismo de defesa ou de ataque, sendo "o homem o lobo do homem", conforme o pensamento hobbesiano.[20]

Verifica-se que lidar com o mal é complicado, por ser o mal, segundo Freud, uma espécie de pulsão do mal pelo mal, de destruição pela destruição, também por ele denominado de pulsão de morte. No conceito kantiano, o mal pode se agravar em mal radical, com acepções diversas: na política, na religião, no racismo, no poder pelo poder, embriaguez – pelo poder – inclusive etc., todos vinculados à crueldade, à vingança e ao prazer mórbido pelo sofrimento alheio, podendo causar tragédias holocáusticas. Daí a importância de pensar o mal, administrá-lo, domesticá-lo, fiscalizá-lo e, se possível, suprimi-lo, ou transformá-lo no bem, em prol do saber e do social.

Os homens, talvez por mutação no cromossomo Y, são mais perversos e mais propensos do que as mulheres a cometer crimes de extrema crueldade, atuando como *serial killers*, por exemplo. Porém, ao longo da História, mulheres célebres mostraram o seu lado perverso ao cometerem crimes cruéis, como fratricídio, parricídio, infanticídio etc., entre elas: Messalina; Agripina; Lucrecia Bórgia; Maria Tudor; Maria Sanguinária, de Madagascar; Lizzie Borden, dos Estados Unidos – que teria assassinado o pai e a madrasta com quarenta machadadas; Elena Ceausescu, rainha da Romênia, que teria causado a morte de mais de 60 mil pessoas; Catarina, A Grande, da Rússia, que apesar de seu lado perverso, foi uma exemplar estadista. É que, de acordo com a natureza, a mulher também é predadora.

---

20. Pertencente ou relativo ao filósofo inglês Thomas Hobbes (1588-1679), autor de *Leviatã* (1651). [Obra publicada pela Edipro, 2015. (N.E.)]

O perverso, com instinto malvado, é cínico e vibra, com suas intrigas, a ponto de fazer autoavaliação de suas práticas maldosas, o que o torna frio e perigoso. Além disso, é invejoso, apesar de a inveja ser um sentimento típico do ser humano. O general James Mattis, que serviu no Iraque e no Afeganistão, ao se divertir atirando em algumas pessoas, deu um horrível exemplo de perversidade, de gênio do mal e de psicopata, idem em relação ao comportamento desprezível de fuzileiros navais americanos que urinavam sobre corpos de cadáveres de combatentes do Taliban, no Afeganistão, se deleitando com o espetáculo da barbárie.

A violência é uma ferramenta evolucionária.
Talvez os seres humanos não sejam tão bons quanto se pretendem.
Charles Darwin

O lado bom e misericordioso do ser humano é amplo, tal é a grandeza dos benefícios de sua obra, porém o homem é predador do seu ecossistema e seu lado ruim ou gênio do mal, em geral, se sobrepõe ao seu lado generoso. É que a energia do mal é mais poderosa e mais destrutiva. Mas, o bem e o mal, a exemplo da felicidade e da desgraça, andam sempre juntos, considerando que o ser humano, em tese, se sustenta em vertentes opostas. Mesmo assim, sejamos otimistas, uma vez que é bom ser bom.

> **"Combater é um prazer para mim, porque sou uma dessas pessoas que gostam de jogar PlayStation e Xbox."**
>
> **PRÍNCIPE HARRY**, da Inglaterra, copiloto artilheiro da Real Força Aérea, comparando sua ação em combate no Afeganistão com os videogames

"Combater é um prazer", revista *Veja* (30.1.2013, p. 46).

Capítulo 17
Violência:
um fator de progresso?

O homem é mau, violento, sovina ou invejoso, não por sua própria escolha,
e sim levado a esses estados por forças além de seu controle.
Sigmund Freud

Fale macio, mas tenha sempre um bom porrete na mão.
Theodore Roosevelt

Ser bom, porém, ruim ou violento quando necessário.
Theodore Roosevelt

Só uma instituição supranacional efetiva, dotada de poderio militar,
evitaria uma guerra nuclear.
Albert Einstein

A resposta ao título deste capítulo é positiva, por mais paradoxal que possa ser. Violência, avareza, corrupção e guerras se confundem, por terem a mesma natureza e se alimentarem dos mesmos fatores: desajuste socioeconômico, sociocultural, exploração do homem pelo homem, questões religiosas, racismo, extermínio, vingança, estupidez, psicossocial, interesse, roubo etc. Napoleão cobria seus marechais com ouro, livros e obras de arte roubados dos países conquistados. O mesmo ocorreu em outras guerras, assim como durante a Inquisição.

É necessário avaliar, com equanimidade, até que ponto a violência deve ser adotada no combate a certos males, a fim de que a brutalidade de algumas de suas formas não ofusque os efeitos construtivos ou progressistas de seu uso. Os atos de violência podem sufocar temporariamente certos problemas, mas, se estes não forem atingidos em suas raízes mais profundas, ressurgem revigorados após algum tempo. A botânica conhece bem o vigor de certas soqueiras.

É recomendável que se combata a corrupção por todos os meios e, por consequência, num processo indireto, estaríamos desfechando um certeiro golpe às práticas subversivas e terroristas, ou seja, estaríamos mantendo-as sob controle, uma vez que todos nós possuímos o germe dessas práticas, dependendo das circunstâncias, pois o ser humano é, por natureza, revolucionário.

Os efeitos construtivos e reparadores da Revolução Francesa bem caracterizam a violência como um fator de progresso e exemplar demonstração de um Estado forte e temido. O mesmo exemplo se pode aplicar às Revoluções Russa e Chinesa, inspiradas nas ideias centrais de Marx e Engels. Eles ensinavam que a violência é a parteira da História. Aliás, toda transformação social é um ato de violência em que estão presentes muitos fatores, incluindo o egoísmo, o ódio e a corrupção. A rigor, na luta pela vida ou em prol de uma causa, se fazer temer é mais seguro que ser amado, segundo ensinava Nicolau Maquiavel, sobretudo diante do caos.

Chegar à violência em função de paixões, vinganças, roubos, entre outros, seria um desastre. Ela é um recurso válido somente em certas circunstâncias, quando usada com técnica apropriada, em defesa do Estado ou da nação contra outra violência ou injustiça. Mas, também, pode ser acionada por minorias com sólidas lideranças contra nações injustas e opressoras, bem como contra capitalismo selvagem e tirano.

A violência movida pela razão, decorrente de fenômenos sociais, não deveria ser objeto de castigo, nem ser confundida com crimes comuns, sem fundamentos que a justifique. Por isso, é preferível que atos de violência, quando inevitáveis, sejam praticados sob a supervisão do Estado. Este, geralmente, dispõe de meios que reprimem abusos, exceto quando governado ou assessorado por tiranos. A tirania é um dos mais poderosos veículos que levam à corrupção e, por conseguinte, às convulsões e iniquidades sociais. Eis o porquê, desde quando terminou a Segunda Guerra Mundial, em 1945, de terem ocorrido mais de 200 guerras, entre grandes e pequenos conflitos.

Apesar de as infraestruturas econômicas, políticas e jurídicas deixarem muito a desejar, alguns países vêm aumentando combate à corrupção, a ponto de adotarem pena de morte para os casos mais graves.

A rigor, a História, ao longo dos milênios, traz um elenco de violências e de corrupção: injustiças, tiranias, tragédias, violência contra Jesus Cristo, piratarias, guerras. Não podemos ignorar tais crueldades, nem tampouco os seus efeitos progressistas, inclusive no âmbito da ciência.

Nem a ONU, apesar de bem-estruturada, consegue impedir violências e morticínios que continuam sendo executados mundialmente, ora pelo Estado, ora por grupos de extermínio, ora por fanáticos religiosos ou racistas, comprovando que o atual ciclo da inteligência humana deixa a desejar à luz da filosofia, das ciências sociais e da teologia.

Em suma: violência e corrupção são irmãs siamesas.

Capítulo 18
Corrupção à luz
de governos comunistas ou marxistas

Não sei se Marx aprova tudo o que estamos fazendo aqui na China.
Mas vou encontrar-me com ele no céu e conversaremos a respeito.

Deng Xiaoping,
ex-presidente da China

Os governos marxistas ou o capitalismo de Estado, em alguns países, são menos corruptos; é que o poder e o interesse se concentram em pequenos grupos de pessoas ou políticos que os exercem, o poder de polícia inclusive, ao passo que, nos regimes democráticos, há proliferação de interesses e de poder, bem como de mais liberdade. Mesmo assim, a democracia, desde que perfeita e limpa, é preferível. Mas todas as ideologias, por melhor que sejam suas bases filosóficas, éticas e sociais, não estão vacinadas contra a peste da corrupção e das sujeiras da baixa política. O mesmo ocorre em governos monárquicos, fascistas e em ditaduras em geral. São ciclos em que a politização deixa a desejar, contaminada por resquícios feudais e ganância infecciosa e corrupta.

Apesar de o marxismo ser uma doutrina com fortes raízes filosóficas e sociológicas, cujos efeitos vêm resistindo a reações diversas, na China, por exemplo, não significa que as transformações históricas, vistas à luz dessa doutrina, tenham respondido a todas as perguntas e preenchido todos os requisitos para a formação de um perfeito equilíbrio socioeconômico e ético. **É que tirar dos ricos para dar aos pobres não é tarefa fácil. Daí a dificuldade de sobrevivência do comunismo de Estado ou capitalismo de Estado.**

Não obstante, o pensamento de esquerda não morreu e está arraigado nas sociedades de todos os países, no Brasil, inclusive, onde o MST, inspirado no marxismo, opera contra o Estado, instituindo grupos e forma de produção agrária com características anarquistas, despertando a ira dos que receiam perder suas propriedades e suas fortunas.

Como se vê, é necessário prudência no estudo da natureza das coisas, em que as incertezas são muitas. Por isso, à medida que o capitalismo privado se conscientiza de seus excessos e procura reduzir a repercussão negativa dos ricochetes destes, o socialismo vai se tornando mais difícil de ser administrado. A queda do comunismo na Rússia é uma prova disso. Daí já se pensar na escolha de diferentes caminhos para o desenvolvimento do socialismo, haja vista as rupturas e transformações econômicas na China, mercê da política posta em prática por Deng Xiaoping e seguida e ampliada pelo grande Estadista Xi Jinping, idem na Rússia sob o profícuo governo de Vladimir Putin.

No plano dos efeitos, o marxismo, ao disciplinar as relações de produção ou socialização dos meios de produção, fundamentalmente materiais, fez prevalecer o interesse coletivo sobre a opulência de lucros, diluindo as bases da corrupção. Mas, como a corrupção e a violência são inerentes à natureza humana, as suas garras continuam deixando terríveis marcas em todos os governos ou em todos regimes.

François Furet, renomado marxista que reescreveu a Revolução Francesa, entende que alguns países precisam passar pelo marxismo para chegar a uma democracia menos corrupta.

Por fim, mãos a uma democracia capitalista limpa e guerra à corrupção, apesar do achaque de mafiosos e burocratas russos, de membros da ex-URSS ou da KGB, inclusive, que estariam exigindo pagamento de 15% de propina ou mais, segundo declarou um empresário moscovita à revista *Veja* (9.11.2011, p. 134), o que poderá, lá na frente, despertar saudosismo pelo retorno do comunismo na Rússia e em outros países, uma vez que os 10% mais ricos do país, entre os quais o maior número de bilionários do mundo, ganham quase 20 vezes mais do que os 10% mais pobres, o que agride o social e os princípios marxistas que continuam andando pelo mundo. Mas se o povo russo e o povo chinês estiverem com boa alimentação e boa escolaridade, tudo bem.

Capítulo 19
Pobreza e fome

*O Universo criou todos os produtos
para que cada um possa ter o seu alimento
e para que a terra seja o patrimônio de todos.*
Santo Ambrósio

*O que o dinheiro pode e não pode comprar:
Uma cama, mas não o sono;
Livros, mas não a cultura;
Comidas, mas não a digestão;
Luxo, mas não a tranquilidade;
Comendas, mas não o respeito;
Remédios, mas não a saúde;
Divertimentos, mas não a felicidade;
Um mausoléu, mas não um lugar no céu.
Se nem a tua vida te pertence,
como queres tu que o dinheiro te pertença?*
S. João Crisóstomo

*A corrupção aumenta o fosso das desigualdades sociais,
como também a miséria, a fome e a pobreza.*
CNBB

*Os pobres são o tesouro da Igreja e temos de cuidar deles.
E, se não tivermos essa visão,
nós construiremos uma Igreja medíocre, morna, sem força.*
Papa Francisco

O poder corrompe alguns, a pobreza corrompe muitos. Ela é a desgraça da submissão. Dificilmente uma pessoa pobre e esfomeada poderá ser independente, dizer e fazer o que pensa. A fome e outras necessidades vitais corrompem a virtude e os sentimentos patrióticos de um povo, impedindo o desenvolvimento de sua politização e consciência de cidadania. As exceções são muito raras.

Os exploradores de comunidades assoladas pela miséria, com o propósito de manter tal estado a fim de governarem sem maiores problemas, alimentam e exploram o sentimento de esperança desses povos sofredores e oprimidos. A esperança sempre foi e continua sendo um poderoso instrumento, sobretudo quando manipulado por estrategistas maliciosos que atormentam massas famintas, acenando-lhes com a promessa de dias melhores. Quem de nós não tem esperanças?! "A esperança é a última que morre!" Quem souber manejar essa arma obterá bons resultados, mesmo por meios enganosos, a exemplo do que fazem os *vendilhões de Deus ou do Diabo*, que exploram a boa-fé do povo em seus cultos, invocando proteção divina e esconjurando o demônio.

O mesmo ardil ocorre na política.

Jogos de azar camuflados por uma esperança vã constituem um fator a mais de deterioração salarial. São aspectos sutis, aparentemente irrelevantes, por isso, muitas vezes passam despercebidos. Essa atmosfera psicológica preenche o vazio causado por desajustes psicossociais e outros. É um ópio que sufoca o discernimento de criticar construtivamente esta ou aquela administração, visando a derrubar sistemas antissociais. O fato de uma parcela do dinheiro, oriundo dessas apostas, ser aplicada para fins sociais não justifica o vício de jogar, que tem efeito empobrecedor.

Em que pesem essas considerações, a pobreza, desde que orientada em favor do bem comum, pode constituir-se num fator de abertura para movimentos revolucionários reformistas. As massas, acossadas pela fome, são levadas a integrar esses movimentos quando conduzidas por lideranças autênticas. A casta dos párias, ou dos pobres, na Índia, é um exemplo.

Não obstante alguém haver dito que ser pobre é um estado de espírito e que não ter dinheiro é uma coisa passageira, ratificamos o que dissemos no início deste capítulo. Já vivemos esse problema e não cedemos às suas agruras. Portanto, estamos em condições de avaliar quão difícil é resistir a estes açoites. Contudo, é uma experiência árdua que nos retempera para enfrentarmos os reveses da vida.

Assim, a pobreza tem seus aspectos positivos. É uma forma de sofrimento que destrava e tonifica nosso espírito de luta em defesa do social.

A riqueza é mais um fator de conforto do que de felicidade. Conhecemos muitos ricos infelizes. A satisfação interior, em geral, provém de riquezas espirituais ou do saber.

Nossa intenção é comentar efeitos de uma pobreza causada por falta de condições essenciais de sobrevivência: alimentação, saúde, higiene, educação etc. Segundo a Organização Mundial de Saúde, milhões de mortes por ano são causadas por fome. E, de acordo com a ONU, mais de um bilhão de pessoas se alimentam mal ou passam fome. Tal situação vem se agravando nas últimas décadas a ponto de o economista James Tobin propor a criação de um tributo sobre operações financeiras para atenuar a fome no mundo, o que não seria muito se compararmos com os mais de US$ 4 trilhões aplicados pelos governos dos países industrializados para socorrer bancos e empresas, apesar de 1,1 bilhão viver em extrema pobreza e 4,1 bilhões de pessoas vivem sem saneamento básico.

Apesar de proeminentes filósofos, teólogos e sociólogos mostrarem a frequência com que a riqueza provém de fonte impura e os perigos que o seu manejo acarreta, os excessos do capitalismo selvagem ou antissocial constituem-se em terrível força contrária ao direito natural. Os seus "podres" estão se alastrando a ponto de seu futuro estar sendo posto energicamente em dúvida.

> Um homem, que ia à presença de um juiz, solicitou ao seu primeiro e maior amigo que o acompanhasse e permanecesse consigo, mas este se recusou a fazê-lo; em seguida reiterou o pedido ao seu segundo amigo, que não vacilou em afirmar que o acompanharia até o interior do "palácio da justiça", sem, contudo, lá permanecer ao seu lado; recorreu, então, ao seu terceiro e importante amigo, a quem fez o mesmo pedido; este, incontinenti, aquiesceu o seu apelo e, incondicionalmente, permaneceu com ele. Vejamos, agora, o que simboliza esta lenda de autor desconhecido: o juiz é a morte; o primeiro amigo é o dinheiro, a primeira coisa que perdemos quando morremos; o segundo amigo é a família, que em geral nos acompanha até o cemitério, retornando imediatamente; o terceiro amigo é o bem que fazemos indistintamente – permanece conosco.

Não esquecemos comentários desse tipo e exemplos aparentemente a esmo, objetivando, ainda que indiretamente, mas com maior abrangência, tocar no âmago da questão, sensibilizando o leitor para a essência da filosofia e da ciência. Do conhecimento delas dependemos para chegar ao cerne das coisas, adquirindo uma orientação dialética para a totalidade dos objetos. Nesse posicionamento, entenderemos melhor as raízes da violência, da avareza e da corrupção, bem como suportaremos mais resignados os açoites da pobreza e da injustiça.

A vida e a morte andam sempre de mãos dadas; a felicidade e a desgraça também andam sempre juntas, a tais rigores estão sujeitos os pobres e os ricos.

Quando se procura atenuar a miséria de alguém, convém não perder de vista o aspecto da inércia. Muitos confundem pobreza com mendicância. Pobre é o que precisa do necessário, mendigo é o que pede esmola. Em muitos países, a mendicância é proibida. Os infratores, quando apanhados em flagrante, são recolhidos e internados em local apropriado, isto é, construído especialmente para esse fim, onde recebem toda a assistência e, em sua maioria, são recuperados. Nos casos em que a mendicância é praticada por ócio ou avareza, os responsáveis são igualmente recolhidos, examinados e, conforme o caso, punidos. O pobre supõe um estado sempre involuntário e forçoso; o mendigo supõe uma ocupação que pode ser forçosa ou voluntária. Pobreza não implica mendicância ou subserviência.

Entre os grandes pobres da História sobressaem homens extraordinários, ricos de ideias e de conhecimentos que chegaram a revolucionar estruturas socioeconômicas, científicas e culturais, por exemplo: Diógenes (o Cínico), Jesus Cristo, Camões, Sêneca, Dante, Cervantes, Maquiavel, Lênin, Karl Marx, Immanuel Kant e muitos outros

Jamais, como na época atual, os problemas oriundos da riqueza foram tão grandes e tão modestas suas compensações. Outrora, os ricos viviam à parte, em um mundo particular, inacessível. Hoje, tudo mudou: a única diferença entre o homem de grandes posses financeiras e o que ganha importância razoável por mês é que o primeiro trabalha mais, descansa menos, tem responsabilidades muito maiores e vive sob o olhar feroz da inveja dos que não têm ou dos que têm menos. Na verdade, fazendo uma comparação entre ambos, a distância não é muita. Usam os mesmos modelos de roupas, dirigem veículos, comem, dormem, criam filhos, gozam o sexo etc. Em suma: têm mais ou menos os mesmos prazeres.

Na maioria dos casos, as desvantagens da riqueza são maiores que os gozos que ela proporciona. Pesquisando o modo de vida de alguns ricos, penetrando até mesmo na intimidade de seus lares, ficamos impressionados com o volume de problemas que enfrentam, na maioria dos casos provocados pela opulência da riqueza. Entre outros pontos curiosos, verificamos que aqueles indivíduos que são pessoalmente ricos e aplicam suas posses em transações de reduzidas implicações sociais, sem mão de obra e de mínimos riscos, evitando participar de empresas de maior abrangência em áreas coletivas, as quais, embora impulsionadas pela filosofia de lucros, são mais úteis à coletividade, não auferem disso nenhuma satisfação. Pelo contrário: tais plutocratas são infelizes, mais vulneráveis a vícios e doenças. Muitos deles, ainda que vivendo como reis, morrem como "cães abandonados" e, geralmente, só se conscientizam de que o dinheiro não é tão importante como pensavam nos últimos estertores da vida.

Ser útil à sociedade é o impulso que deveria predominar no homem de empresa, não importando a sua categoria, deixando para segundo plano (ou pelo menos no mesmo plano) a preocupação com o lucro, por mais importante que seja esse aspecto, já que, via de regra, o espírito empresarial tem, como principal objetivo, a acumulação de riquezas.

Quanto aos pobres, ou seja, os que possuem o essencial, desde que sejam ricos de espírito, de saber, de saúde psicofísica, de compreensão e de tolerância, são mais felizes e mais úteis ao bem-estar geral. Por outro lado, estão menos sujeitos a riscos de vida e a certas ameaças (assaltos, sequestros, extorsões, negócios ilícitos e outros de natureza comercial). Enfim, pagam menos para continuarem vivos e são menos mercenários, imbuídos de uma filosofia cabocla que lhes enseja certa paz.

Essas usanças, a saber, o poder discricionário e os crimes da plutocracia causam tumores que, ainda que demore algum tempo, ou mesmo séculos, são lancetados por movimentos revolucionários, a exemplo da Revolução Francesa de 1789, da Revolução Russa de 1917 e da Revolução Chinesa de Mao Tsé-Tung de 1949. Portanto, a participação nos lucros de qualquer atividade rentável é o caminho a seguir contra as desigualdades sociais, pois a atual arquitetura econômica é controlada por minorias. Com 2% dos recursos dados aos bancos na atual crise mais de US$ 3 trilhões se resolveria o problema da fome no planeta, ora com um bilhão de famintos. A produção precisará crescer 70% até o ano de 2050, para alimentar 9,2 bilhões de pessoas que estarão no mundo nessa época.

Se, Eike Batista, um dos homens mais ricos do mundo, não tem vergonha de ser rico, o pobre, também, não deve ter vergonha de ser pobre.

Capítulo 20
Tráfico de influência

O tráfico de influência e suas simulações são o caldo forte da corrupção, sobretudo em setores públicos.

Weudes Sizervincio

A utopia foi a força de muitas realizações.

Platão

O famigerado tráfico de influência é uma indústria que opera em todos os segmentos sociais, principalmente na política e seus disfarces nas instituições em geral. Trata-se de poderoso veículo de comunicação que interpenetra os mais variados interesses. Assim, é por demais importante conhecer esses mecanismos e as formas que podem assumir. Os dirigentes hábeis têm consciência desse poder e valem-se deste recurso com maestria e muita malícia, acionando traficantes e lobistas de influências para diversos fins. É imprescindível para o sucesso de uma empresa pública, privada ou de capital misto saber andar pelos caminhos do tráfico de influências e conhecer suas encruzilhadas nos mínimos detalhes, sobretudo nas políticas públicas.

O setor privado, mais bem informado a esse respeito, a serviço do capital, lança mão de altos funcionários do poder público da ativa, aposentados, militares reformados, desde que influentes, com vista ao tráfico de influências, procedimento comum em todos os países, variando apenas o disfarce dos meios adotados. Esse ambiente propicia a formação de grupos ou *lobbies* especializados que se instalam em luxuosos escritórios para agir como agenciadores de negócios e receptadores de subornos. Entre outros, algumas situações em que é comum o tráfico de influência: empréstimos conseguidos em órgãos oficiais;

privatização de empresas estatais; compra e venda de mercadorias; influência, ainda que discreta, em concorrência pública; agenciamento de nomes que postulam cargos públicos ou privados. Tudo isso na base de cobrança de polpudas comissões em pecúnia ou outras vantagens.

Sócios desses escritórios, para camuflar suas verdadeiras intenções e se credenciarem diante de pessoas bem situadas em governos, de preferência em áreas de segurança e informações, denunciam corruptores de escritórios rivais, fazendo alarde de tal procedimento perante órgãos de segurança nacional, procurando dar a impressão de estarem combatendo operações ilícitas e outras espécies de corrupção. Mas, na realidade, estão ajustando contas, ou se digladiando entre si. O embate entre Roberto Jefferson e José Dirceu é um exemplo. **O confronto entre a empresa JBS-Friboi e a Associação Brasileira de Frigoríficos (Abrafrigo), em disputa por mercado de carne, é outro exemplo.**

Os especialistas em informações e contrainformações conhecem bem esses lances, daí o cuidado que têm ao se relacionarem com esses indivíduos, evitando infiltrações que possam bloquear diligências em áreas importantes, particularmente no que diz respeito às Forças Armadas, mais vigilantes em relação a esses abusos. Os negocistas, especialmente os de alto bordo, usam esses relacionamentos bem como o nome de pessoas de prestígio – para seus negócios e furtos. A este respeito, chegam até a constituir firmas, inclusive "empresas-fantasmas" com participação direta ou indireta dessas pessoas ou de seus parentes, com o propósito de ter melhor acesso a órgãos oficiais e dar seus golpes.

Entre essas organizações, existem algumas que são verdadeiras arapucas. Muitos escroques, individualmente ou em quadrilhas, fazem tremendas trampolinagens e, por incrível que pareça, conseguem se infiltrar em qualquer sistema, por mais fechado e idôneo que seja. Até no Poder Judiciário esses pilantras exploram o tráfico de influência em busca de julgamento que favoreça seus negócios, venda de sentença, sumiço de processo etc.

Nos últimos estertores de um governo, esses trapaceiros começam a estabelecer contato com o governo sucessor, ou melhor, com elementos apontados ou já escolhidos para integrar o novo sistema prestes a serem empossados. É uma verdadeira industrialização do tráfico de influências. Chegam até a organizar fichários de funcionários corruptíveis, ou intervêm, por meios indiretos, na designação de elementos dessa classe para cargos importantes. Estes, depois de nomeados e empossados, pagam àqueles, facilitando o andamento de seus negócios e subornos. Trata-se de uma espécie de investimento a longo ou curto prazo, e ai daquele que não cumprir: passa a ser "fritado".

Não se sentem tranquilos com a designação de dirigentes probos, porém simulam respeitar essas decisões, com o escopo de não serem prejudicados em suas tramas. Geralmente, quando se deparam com servidores dessa categoria, mudam de tática. Procuram, além de outros recursos, indagar sobre as preferências de tais servidores ou então se aproximar de seus amigos e parentes, estabelecendo pontes entre essas pessoas e seus respectivos interesses. Em suma: não se cansam, ou melhor, não desistem. Se semelhantes processos falharem, buscam outros, formando *lobby* de lindas mulheres, por exemplo.

Muitas organizações, estatais inclusive, valem-se do tráfico de influências para seus serviços de informações e contrainformações, pois, na maioria dos casos, os trampolineiros são bem-informados e se prestam a tarefas que jamais poderiam ser executadas por homens de bem, como delatar, recorrendo aos benefícios da delação premiada.

No entanto, as áreas de segurança e informações de um sistema, público ou privado, às vezes não podem prescindir dos mercadores de prestígio, ainda que tenham de compensá-los com alguma vantagem. Mas, se por um lado são úteis ao venderem informações, por outro lado são responsáveis pelo vazamento de muitas informações, até segredo de Estado.

Não nos esqueçamos também de que em toda sociedade, na qual a corrupção for um fato indiscutível, esses recursos poderão proporcionar grandes proveitos. Um servidor probo e inteligente poderá usá-los por uma questão de tática, sem se deixar envolver, pois, por serem mercenários, não são confiáveis.

A partir do instante em que o homem passa a não se sentir motivado para praticar determinado ato, e só o faz por interesse, necessidade ou deformação de caráter, ou melhor, se sente censurado pela própria consciência, devemos ver nessa reação um meio ou uma semente para combater a corrupção. No Japão, é comum corruptor ou corrupto se suicidarem como forma de fugir da vergonha. Estamos iludidos ou tratando ingenuamente da matéria? Quer nos parecer que não. Ao contrário, o homem estaria atingindo sua evolução social e moral. Sabemos que muitos autores sonham com isso. Quando se fala e se pensa muito em algo, é sintoma de que um dia poderá vir a ser uma realidade, dependendo do poder de polícia do Estado e rigor das instituições que o integram, considerando que o ser humano é sensível aos bons ensinamentos e ao condicionamento.

O tráfico de influências é, indiscutivelmente, o mais poderoso instrumento da corrupção. **Onde abrigam-se os mestres da corrupção e de seus malfeitos.** Os grupos que o exploram continuamente estão aperfeiçoando suas técnicas e meios. Periódicas reciclagens dos métodos usados para conter ou, pelo menos, reduzir as andanças desse gigante são de grande valia. Embora suas pegadas sejam observáveis desde as mais longínquas civilizações, foi a partir do século que suas forças se agigantaram, sacudindo todas nações.

Os mercadores de prestígio, além de lançarem ao descrédito muitas instituições, marginalizam homens respeitáveis que, por intermédio de um mecanismo ágil, poderiam impedir sangrias tão prejudiciais ao Estado.

Nos EUA, diante do gigantismo dos *lobbies,* onde a prática é legal e protegida por associações e um código de ética, um grupo de jornalistas criou um centro de patrulhamento para vigiá-los. Ao passo que, na Rússia, está ocorrendo o contrário: os *lobbies* ou clãs estão encurralando os jornalistas pela intensa pressão de financistas, o que está sendo contido no governo de Vladimir Putin, que mais mandou prender banqueiros e empresários corruptos.

O excesso de burocracia e suas formalidades obsoletas são formas institucionalizadas de corrupção. Delas emergem o emperramento das decisões e influências indébitas de funcionários e agenciadores de suborno, que passam a vender facilidades e acesso a figuras-chave no Estado.

Como se vê, é uma utopia[21] querer vencer o tráfico de influência, uma vez que está relacionado com a ambição, um dos componentes da natureza humana. Assim, limitar seus passos por meio de medidas *antilobby* já seria alguma coisa. Mesmo assim, é difícil.

No passado, temos ainda o exemplo das capitanias hereditárias e das sesmarias, que a coroa portuguesa distribuía à corte de seus protegidos. Entretanto, há uma aragem andando pelo mundo em busca de uma sociedade melhor e menos corrupta, no Brasil, inclusive.

---

21. Ver *A Utopia*, obra de Thomas More (1478-1535). [Obra publicada pela Edipro, 2014. (N.E.)]

Capítulo 21
Conciliação de interesses

Os que conhecem a si mesmos sabem o que lhes é útil e distinguem o que podem do que não podem fazer.
Sócrates

O governante que pretender consolidar-se no poder precisa conciliar os interesses do Estado com os de seus governados, particularmente no Estado patrimonialista que precisa conciliar o interesse público com o interesse privado. O mesmo pode ocorrer em relação à área empresarial e a líderes de entidades de classes, associações, sindicatos, federações, confederações, partidos políticos, congregações religiosas, instituições familiares etc. O "mensalão" é um exemplo de conciliação de interesses, **porém desonesto**.

Por mais forte que seja um governo, ainda que oriundo de eleições diretas, legítimas e livres de facções embusteiras e gulosas, não se consolidará se não for sensível a esses requisitos. É uma face da sociedade que deixa a desejar. O desejo de poder e de auferir vantagens é o principal fator que impulsiona o homem a lutar.

O dirigente hábil, não importando a função na qual esteja investido saberá conciliar as pretensões dos cidadãos, sem prejuízo dos interesses do Estado. O que não é fácil.

Não obstante o poder e o capital serem controlados por minorias, não podem existir por muito tempo sem a participação de sua base, qual seja, o povo. Dizem que o fuzil faz a história, mas é a exploração de massas espoliadas, famintas e oprimidas que aciona o fuzil. Maquiavel e Marx, profundos estudiosos das estruturas sociais e sensíveis conhecedores da natureza humana, mostraram os riscos que correm os governantes controlados pelo capital. Se estudarmos, com atenção, a obra desses pensadores, encontraremos pontos em comum, particularmente na área da psicologia ou psicossociologia. Não devemos aumentar muito a distância entre os que querem conseguir poder e riqueza e os que já os possuem e desejam conservá-los. O estouro de descontentamentos daqueles poderá abalar, ou mesmo romper, a estrutura destes.

A soma das necessidades individuais gera as necessidades coletivas, que pertencem à nação. O Estado deve absorvê-las, reparando distorções e conciliando interesses. Os distúrbios sociais, na maioria dos casos, são causados pelos detentores do poder político-econômico. Como disse Maquiavel: "O medo de perder acende no homem as mesmas paixões que o desejo de ganhar". De fato, os que têm, em mãos, o poder político ou a riqueza preocupam-se mais em conservar o que têm do que em fazer concessões aos menos favorecidos, agravando o desajuste social que, por sua vez, cria condições propícias para as revoluções. Estas, em geral, ameaçam mais as minorias capitalistas e as oligarquias que se incrustam no poder do que as camadas pobres. A arrogância e a insolência de minorias privilegiadas alicerçam o moral dos que não têm, gerando, com isso, a ânsia de vingança. A história registra muitos desses exemplos.

Governar é uma arte que poucos dominam. É um jogo de inteligência em que a conciliação de interesses é relevante em qualquer setor no qual estejamos exercendo atividades. Toda vez que esse critério for violado surgirá uma reação. O sucesso de um administrador depende de uma visão conjugada em que cada fator seja avaliado à luz da razão e de circunstâncias peculiares.

A conciliação de interesses entre indivíduos corruptores gera a corrupção entre grupos interessados em espoliar as instituições do Estado. O caso da Petrobrás é um exemplo.

O administrador deve estar atento a fim de não ser envolvido por tramas dessa espécie. Geralmente, o dirigente corruptor procura manter-se no cargo em conluio com tais grupos, ao passo que o servidor público ou privado, idôneo e inteligente, usa de astúcia, não apenas para combatê-los, mas também para dividi-los e enfraquecê-los. Até o poder de polícia, em certas circunstâncias, poderá aliar-se, simultaneamente, com uma dessas quadrilhas, para poder prender outras mais perigosas. Em tal hipótese, os fins estariam justificando os meios? Sim, seria uma delação premiada.

Conciliar interesses internos de um país, públicos ou privados, já é um problema de difícil solução, imagine-se no que diz respeito a interesses internacionais! Na diplomacia, são poucos os estadistas que sobressaem. O abrandamento de tensões mundiais e redução de conflitos, inclusive bélicos, depende em grande parte da habilidade de certos diplomatas. A ação do secretário-geral da ONU, Kofi Annan, evitando novo ataque militar ao Iraque em fevereiro de 1998, foi um exemplo. O mesmo se pode registrar em relação à habilidade diplomática de Henry Kissinger em diversos episódios internacionais.

Na área afetiva, a conciliação de interesses também deve ser observada. A título de exemplo, cônjuges inseguros e psicologicamente despreparados ficam enciumados quando se imaginam situados em segundo plano na parte afetiva. Também a preferência comumente demonstrada por pais desatualizados em relação a determinado filho pode despertar ciúme e, em muitos casos, complexos de inferioridade ou outro trauma qualquer no menos querido.

A afeição em qualquer setor, no lar, no trabalho, nas escolas, é algo importante, contribuindo sobremaneira para o êxito de nossas atividades, com reflexos positivos até na formação e aprimoramento de elites.

Conclui-se, portanto, que havendo interesses contrariados surgem os respectivos conflitos e, igualmente, sempre que houver interesse, poderá haver corrupção. Assim, esse fator se inclui entre os mais fortes geradores de malversações, nepotismo etc. Convém ressaltar que o interesse do animal homem é bem mais acentuado, até mesmo mais malicioso, do que o de outras espécies, consoante vários casos que catalogamos a respeito, o que nos leva a concluir que o homem talvez seja o ser mais daninho do planeta Terra, sem esquecermos, contudo, de seus relevantes feitos. Daí a importância de uma sociedade bem-estruturada, no sentido de que o nosso comportamento seja ajustado entre prós e contras, de modo a sintetizar o que houver de melhor em termos de conciliação de interesses e de bem-estar comum.

Só uma reduzidíssima parcela viveria sem praticar excessos e sem depender da vigilância do Estado, que apesar de ser, via de regra, um instrumento de opressão de classes dominantes, é indispensável. Logo, é uma utopia admitir um governo anárquico como consequência de uma evolução filosófica. Desaparecendo o Estado emerge o caos. Todas as espécies de comunas, por mais arcaicas que sejam, dispõem de uma estrutura de ordem. O curioso, e que até certo ponto nos serve de lição, é o fato de civilizações primitivas possuírem mais acentuado sentimento de solidariedade grupal.

A divisão do trabalho e a consequente especialização nas respectivas áreas, com aberturas para o avanço da tecnologia, observáveis nos grupos sociais secundários e em sociedades desenvolvidas, são progressistas, porém, rebaixam a interação espontânea e afetiva da vida comunitária, gerando uma série de conflitos.

O interesse, por mais comedido e justo que possa ser, promana do instinto de conservação, ao qual está intimamente ligado. Em assim sendo, a conciliação de interesses é de grande abrangência e, quando disciplinadamente aplicada, contribui sobremaneira em prol do social.

Ilimitados são os interesses, enquanto os bens são limitados. Entendê-los, sob todos os aspectos, é relevante. Só um administrador inteligente ou uma justiça culturalista sabe conciliá-los, compondo as lides, segundo a ordem jurídica, sem se distanciar de elevados princípios de justiça. Estes, conscientes da dinâmica do direito, reparam distorções oriundas dessa diferença entre o sujeito e o objeto, inspirados na sabedoria filosófica, seiva da justiça que deve se expressar no espírito das leis.

A Lei nº 12.813/2013, de conflito de interesses, diz respeito a servidores públicos que estejam em situação de confronto entre interesse público e interesse privado, bem como a nepotismo – Decreto nº 7.203/2010.

Capítulo 22
Criar dificuldades
para vender facilidades

É mais fácil ver a Justiça no Estado que no indivíduo.
Platão

Eis um dos exercícios mais comuns em qualquer sistema, público, privado ou misto. Estamos diante de outro gigante difícil de ser vencido. Em todo caso, vamos estudá-lo para ver se conseguimos descobrir o seu "calcanhar de Aquiles". Temos a impressão de que deve ser mais frágil que o tráfico de influência, ou menos nocivo ou com menos poder.

Dissemos em nosso livro *De onde viemos? O que somos? Aonde vamos?* que assim que se descobre ou se tem conhecimento de uma matéria-prima, é normal surgirem indústrias para explorá-la. Desse modo, uma vez que há mercado para se vender facilidades, os mercadores, como é natural, buscam consolidar o seu "produto" na praça. Para esse fim, com habilidade ou não, procuram criar dificuldades para vender favores ou extorquir vantagens. **As vítimas, em muitos casos, são conduzidas como reses ao matadouro, ignorando que estão a caminho da morte.** Aqueles que entendem as manobras desses operadores e não têm outra alternativa aceitam as condições que lhes são impostas para evitar maiores prejuízos e aborrecimentos. São imperfeições que existem em qualquer comunidade.

Nos setores da administração pública, mais atingidos por esses males, os servidores corruptos chegam a selecionar os casos mais indicados para essas extorsões e ainda comentam: "Este é um bom prato". No Poder Judiciário, quando os autos estão rigorosamente em ordem, criam-se outras dificuldades, por exemplo: demoram no exame dos documentos, escondem o processo, arrancam folhas e chegam a cancelar ou rever despachos, além de outras dificuldades que inventam com vistas ao recebimento de propinas ou algo semelhante. De outro lado, se o processo contrariou ou poderá vir a contrariar interesses ilícitos, esses pilantras chegam a arrombar gavetas, dando sumiço nos autos.

Em alguns países, os corruptos apresentam tantos obstáculos a ponto de muitos interessados terem receio de comparecer a certas repartições públicas, só o fazendo em último caso, mesmo para reivindicações justas. E o pior é que essas coisas acontecem em todos os escalões e regimes de governo. Em certos países e em determinadas circunstâncias, chegam a fazer parte de estratégias de Estado: "avançam tropas", saqueiam centros comerciais e mais uma série de violências ou astúcias para forçar o inimigo a negociar. Em alguns casos, tais atos absurdos se justificam, conhecemos inúmeros exemplos em que os fins justificam os meios. Seria mais um ato de corrupção como fator de progresso? Sim, ou melhor, um fator de corrupção em favor de entendimentos de paz e conciliação de interesses.

Reafirmamos que apesar de serem reprováveis essas condutas sujas não deixam de refletir traços da natureza humana, considerando ser o homem, por índole, violento, avaro e corrupto, cabendo ao Estado contê-lo. Conhecer o homem e ainda assim aceitá-lo; viver ou estudar um problema para melhor combatê-lo.

Haveria alguma semelhança entre tudo o que dissemos e o caso da mulher sedutora que usa a sua sensualidade para conquistar um homem e, dessa maneira, ser bem-sucedida? Numa análise ampla, sim. Ambos, o servidor corrupto e a mulher dissimulada estariam sendo impulsionados por interesses. A distância ou diferença existente entre um e outro não impede de chegarmos a esta conclusão, pois também não há grande diferença entre o procedimento daquele que rouba por meio de um assalto à mão armada e o comerciante que furta no peso, no valor e na medida. Ambos possuem índole semelhante e assim agem pelas mesmas razões. Apenas se apropriam do alheio por meios diferentes.

Em face do exposto, podemos imaginar quão complexa é a análise do problema da corrupção. Aqueles que procuram combatê-la nem sempre conseguem. É evidente que não podemos lançar mão das mesmas armas para reprimir corruptos e corruptores de categorias distintas. Todavia, embora o agente que furta no peso, no preço ou na medida seja menos perigoso, nem por isso deve deixar de ser objeto de nossa vigilância e repressão, a fim de que o medo faça com que ele se contenha.

Quando falamos daquele que exerce fraude no peso ou na medida, estamos simplesmente dando um exemplo, uma vez que há práticas semelhantes em outros ramos de negócios que devem merecer o mesmo cuidado, a fim de coibir excessos que empobreçam ainda mais as camadas depauperadas por ganâncias de lucros e subornos, os chamados "crimes do colarinho branco", por exemplo.

Que barbaridade! Como sair desse emaranhado? Mesmo compreendendo o seu mecanismo, não é fácil. A corrupção está de tal maneira alastrada no mundo, que só os audaciosos e dotados de muita fibra se atrevem a opor-se a ela.

Bem, já que a audácia caracteriza liderança, esperamos que a sociedade do futuro seja dirigida por audaciosos e sábios. Talvez eles façam reformas em nossas estruturas socioeconômicas e culturais, capazes de contribuir para a formação de uma nova mentalidade ou de uma nova ordem social. Embora isso seja um tanto utópico, não devemos perder a esperança. É bom sonhar. O sonho, segundo Freud, não deixa de ser satisfação de um desejo.

O Estado civilista e democrático é o melhor. Mas, sempre que o civilismo estiver sendo deteriorado, as Forças Armadas devem expandir as suas áreas de influência política, com vistas ao restabelecimento da ordem, do zelo pelos bens do Estado e do prestígio interno e internacional. Nos meios militares, apesar de infiltrações diversas, a disciplina e o respeito pela coisa pública são mais concretos e de maior rigidez. No entanto, a harmonia social só pode ser conseguida pela leal colaboração de todas as classes.

Nações sensíveis a esses elevados princípios de coesão impõem-se mais diante de blocos internacionais dominantes, conseguindo bons acordos mercantis e intercâmbio político-cultural, sem que isso possa ser rotulado como criação de dificuldades para venda de facilidades, ou seja, chantagem. Se bem que, em alguns aspectos, isso se justificaria, já que em tal hipótese não se trataria de defesa de interesses individuais ou de grupos econômicos, todas as vantagens porventura conquistadas pertenceriam, simplesmente, ao Estado.

Capítulo 23
Presentes

Os servidores da nação devem prestar serviços sem aceitar presentes.
Platão

Receber e dar presente é uma convenção social, sobretudo em certas ocasiões, porém tal hábito pode ter outras conotações e interesses, dependendo das circunstâncias. Assim, não devemos nos empolgar muito quando recebermos flores ou agrados, para melhor entender quem nos ofende. Parta de onde partir, de uma pessoa, de uma família ou de uma empresa, o impulso da oferenda, seja qual for a sua natureza ou intenção, não deixa de ser um meio de comunicação afetiva ou social.

Qualquer sistema, não importando sua dimensão, por mais fechado que seja, deve possuir um serviço de relações públicas e, entre os recursos usados para funcionar eficientemente, convém não desprezar o recurso do brinde; é um lubrificante que aumenta o rendimento da máquina. Logo, é uma boa ferramenta de trabalho em qualquer tipo de atividade. Em tais condições, proibi-lo é demagogia ou falsa moral, exceto se houver implicações que possam comprometer quem recebe ou quem dá. Dependendo também do costume ou da cultura.

Feitas essas considerações, podemos entrar no assunto propriamente dito e avaliar até que ponto a intenção de dar ou receber presentes poderá influir como fator de corrupção ou tráfico de influência.

O dirigente que possui boa formação de caráter dificilmente se deixará corromper por meio de recebimento de presentes ou generosidade.

Muitos agenciadores de negócios e receptadores de subornos que exploram o tráfico de influências tratam desta matéria com tato psicológico, disfarçando inteligentemente suas verdadeiras intenções para atingirem o ponto fraco com precisão. Eles são envolventes e talentosos trapaceiros; é difícil escapar de suas armadilhas, particularmente em países em que as gorjetas e a corrupção sejam comuns.

O mimo poderá consistir numa simples gravata até num luxuoso apartamento ou joia de apreciável valor, ou num *Jeep Land Rover*, o que teria ocorrido com um dos próceres envolvidos no famigerado mensalão. Estamos exagerando? Não, apenas tratando do tema dentro de sua dimensão exata, ou seja, não escolhendo palavras para tecer comentários sobre coisas nem sempre percebidas.

O gesto de oferecer sem nenhum interesse, o que é bastante raro, tem algo de sublime. A pessoa que atingir esse desprendimento pode considerar-se boa e feliz, capaz de contagiar qualquer ambiente. Como é agradável conviver com esses espíritos superiores! Naturalmente, sem prejuízo de compreender os menos evoluídos para não contrariar as leis do equilíbrio ou dos contrastes.

Convém lembrar que nem todos aqueles que gostariam de oferecer têm condições econômicas para fazê-lo. Nesse caso, bastaria a intenção ou lembrar datas: dia dos namorados, do aniversário, dia dos pais etc.

Por mais selvagem, inculta ou insensível que seja, uma pessoa poderá ser abrandada com oferendas. Conhecemos diversos resultados obtidos por esses meios, até para atrair silvícola. Esse procedimento, de natureza psicológica, não constitui nenhuma novidade, pois a troca de gentilezas, na maioria das vezes, reflete interesse, isto é, recebemos o que podemos dar ou damos na esperança de recebermos o que pretendemos. Até a filantropia, muitas vezes, é praticada por interesse, nem sempre identificável. Portanto, não nos devemos impressionar, apenas procurar ver a coisa como ela é, não como gostaríamos que fosse ou como muitos imaginam ser.

Há ainda a troca convencional de presentes entre chefes de governo de países, como já foi citado que é convencional, ou protocolar.

No passado, no Reino de Portugal, a Casa da Suplicação (o mais alto tribunal de justiça de Portugal e do Brasil colônia) instituía o presente ou propina por decreto do seu regedor. Tal propina não tinha sentido pejorativo e se destinava aos desembargadores, sendo que o regedor e o chanceler do tribunal percebiam o dobro da propina destinada a eles. Mais recentemente, o milionário francês Edouard Sarousi teria presenteado com milhares de dólares Ezer Weizman, ex-presidente de Israel. Conduta semelhante teria adotado o magnata Beghyet Pacolli, presenteando o ex-presidente Boris Yeltsin e sua família com cartões de crédito do Banco de Gotardo.

Seja como for, na maioria dos casos, é um disfarce para obter vantagem, particularmente na política ou em negócios, daí ocorrer por vias transversais, mascarando a verdadeira intenção. A propósito, segundo *O Estado de S. Paulo* (1º.2.2010, p. A4), sob pretexto de permuta, a empresa Queiroz Galvão transferiu a um agenciador de negócios em Recife-PE um apartamento de quatro quartos no valor de R$ 281 mil, recebendo em troca um outro de R$ 110 mil, a diferença a título de presente ou prêmio. Tal transação teria sido investigada pela Polícia Federal.

Capítulo 24
Inflação:
fator de progresso e de corrupção?

Quando os milhões aumentam no dinheiro, mas não no produto, um povo de milhões converte-se em nada. Chama-se a isso de inflação.
Elias Canetti, escritor búlgaro

Uma ganância infecciosa parece ter tomado de assalto boa parte de nossa comunidade de negócios.
Alan Greenspan,
presidente do Banco Central americano,
sobre as fraudes aos balanços de empresas

Pode-se apostar: de 5% a 10% do Orçamento da União entra no PIB da corrupção.
Gaudêncio Torquato

O lado podre da inflação.
Charles Ferguson

Em princípio, sim. Entre seus principais efeitos, sobressai o rebaixamento do nível de vida, a degradação de padrões morais e cívicos, diminuindo o valor real dos ativos públicos em virtude da queda do poder aquisitivo do papel-moeda, desconceituando o comportamento sociopolítico da comunidade.

As elites especuladoras e corruptas procuram tirar o maior proveito dessa situação e, consequentemente, são as principais responsáveis pelo agravamento dos problemas psicossociais, inclusive, oriundos de implicações inflacionárias.

Este fator de corrupção e progresso pouco cuidado tem merecido. Só alguns sociólogos, economistas e estadistas mais atualizados estudam e denunciam este ponto, pois, por ser um fato social, deve ser testemunhado perante a sociedade. É no social, também, que devemos procurar identificar a maioria das causas da corrupção.

O que é Produto Interno Bruto (PIB)? É a soma de toda riqueza produzida num país durante um ano. O seu crescimento de bens e serviços indica progresso econômico do respectivo país. Deter a escalada inflacionária, incrementando sob todos os aspectos os fatores de produção, bem como controlar os custos e incentivar a luta contra a corrupção, é importante. De outro lado, na medida do possível, impedir operações mercantis exploradoras, de cartéis internacionais e nacionais, também é importante. Ricos e especuladores são os que mais ganham com a inflação, portanto, são suas principais "ovelhas negras".

Em termos gerais, a inflação é um mal que atinge a todos. Portanto, o eventual progresso oriundo da corrida inflacionária é absorvido pelos seus efeitos negativos, entre os quais: depreciação do dinheiro, incerteza quanto ao futuro e crescimento da corrupção. Logo após a Revolução Francesa, Mirabeau, Talleyrand, Marat e outros adotaram um elenco de medidas que se adequassem ao ataque deste problema, como a "Lei do Máximo", [com] repetidas emissõesde *assignats* e venda das terras confiscadas, **fase da história em que alguns especuladores foram guilhotinados. Assim, no Brasil: os corruptos e especuladores que se cuidem.**

Alguns governos, com vistas à manipulação fraudulenta das massas para se manterem no poder, falsificam estatísticas. O custo de vida é pelo menos o dobro do que é divulgado pelos Ministérios das Finanças, nem a expectativa da inflação revelam, manipulando seus índices, se forem ruins. A propósito, foi isso que teria causado a demissão do ex-ministro da Fazenda Rubens Ricupero. Em sua emblemática entrevista ao jornalista Carlos Monforte, teria declarado que só divulgava o que era bom e escondia o que era ruim. É que o ser humano, em geral, não gosta da verdade nua e crua, prefere vê-la ou ouvi-la de modo disfarçado. Aliás, é um dos meios do qual se valem os "raposas" da política e os vendilhões de Deus ou do Diabo para projetar efeito psicossocial, considerando que a opinião pública tende a julgar pelas aparências.

No Brasil, os menores índices de inflação foram registrados nos governos de Getulio Vargas, Juscelino Kubitschek, Itamar Franco, Fernando Henrique Cardoso e Luiz Inácio Lula da Silva.

Capítulo 25
O PODER

Todo aquele que detém poder tende a abusar dele.
Montesquieu

O poder corrompe,
e o poder absoluto corrompe absolutamente.
Lorde Acton

Onde tem poder, existe potencial de corrupção,
inclusive no setor privado,
já que a corrupção não é monopólio do Governo.
Armindo Fraga

  A corrupção e a violência são terríveis parasitas que contaminam muitas espécies de poder. Embriaguez pelo poder, inclusive. Ambas se entrelaçam, crescem e se agigantam nutridas pelo egoísmo ou ambição infecciosa. O desejo de poder é inato ao ser humano. Grosso modo, o poder está em tudo, relacionando-se com as coisas em geral. A lei do mais forte ou do "comer ou ser comido" é um simples exemplo disso, salvo melhor saber.
  Nosso objeto de estudo é o poder como ciência social, jurídica e ética, manifestando-se como coação sobre os modos de pensar, com o uso de violência e meios mortíferos para conquistá-lo ou para nele se manter. Poderíamos conceituá-lo de modo bem mais amplo, tal é sua abrangência. Mas nossos conhecimentos e pretensões são modestos para defini-lo em suas raízes mais profundas. Estamos satisfeitos com nossa posição em seus arrabaldes, porém convencidos de que o uso do poder deixa a desejar no âmbito da ética e do civismo.

O homem, em princípio, é o mesmo em todos os governos, não importando a forma de governo, variando sua conduta segundo as normas instituídas pelo Estado, cultura, regras costumeiras etc.

Segundo o grande estadista Montesquieu, em sua obra *Do Espírito das Leis*[*]: "Todo homem que detém poder tende a abusar dele". Decorridos quase três séculos, a situação não melhorou. Exceto em países em que os cidadãos são honestos e patriotas, exemplos: Dinamarca, Nova Zelândia e Finlândia.

O povo é a principal fonte do poder político. Desse modo, os efeitos benéficos produzidos pelo poder devem reverter em prol de sua base: o povo, sob pena de este se revoltar contra o próprio poder ou contra o Estado. A polissêmica voz das ruas de junho de 2013, é um exemplo.

Invoquemos, em resumidas palavras, o pai dos poderes, ou seja, o poder do universo ou da natureza, em cujo seio, a corrupção também estaria causando desequilíbrios, particularmente na área da ecologia, com as mudanças climáticas. O homem, animal "superior", subestima o valor de muitos objetos. Somos realmente superiores em algumas coisas, porém inferiores em outras ou em muitas.

Para contrabalançar a ditadura da força material e do poder, arrisquemos algumas considerações sobre o poder de Deus ou do Supremo Arquiteto do Universo, adentrando, agora, num campo escorregadio, porém divino, ao que tudo indica. Ele vê fora do tempo as coisas do tempo, acontecimentos extra-históricos inclusive. Por ser inexplicável ou, em tese, imperscrutável à inteligência humana, sobrepondo-se a todas as formas de poder, até ao poder religioso e do Estado, continuamente alimenta e gera o conjunto de mitos que invade a humanidade em geral. Mas, Ele, em si, ao que se depreende de sua imensa grandeza, possui o segredo do passado, do presente e do futuro, portanto, é infinito! O ser humano, na ânsia de desvendá-lo e por temê-lo, engendrou deuses e satãs.

E, ainda: o poder do crime organizado; o poder da máfia e de suas ramificações transnacionais; o poder do interesse; o poder do saber ou do conhecimento; o poder empresarial; o poder sindical; o poder da mídia; o poder da propaganda; o poder do proletariado; o poder de construir; o poder da Igreja Católica ou das religiões em geral; o poder da guerra; o poder da coragem; o poder do dinheiro; o poder da fé; o poder do instinto; o poder da denúncia; o poder da paciência; o poder da empatia; o poder do sexo; o poder dos testes de DNA; o poder do amor; o poder da inteligência; o poder do ódio ou da

---

[*]. Obra publicada pela Edipro, 2004. (N.E.)

vingança; o poder dos cartéis; o poder da palavra; o poder de Deus; o poder do mito do Diabo; o poder do racismo; o poder da tecnologia; o poder da ciência; o poder da filosofia; a diplomacia do poder; o poder das empreiteiras; o poder da bomba atômica; o poder militar ou das Forças Armadas; o poder da medicina; o poder de greve; **o poder da corrupção**; o poder do bem; o poder do mal; o poder do medo; o poder do terrorismo; o poder de destruir; o poder da paz; o poder da guerra; o poder das disputas; o poder da inveja; o poder da intriga; o poder da mentira; o poder da verdade; o poder dos países industrializados; o poder da internet; o poder da imprensa; o poder da concorrência; o poder da violência; o poder dos bancos; o poder da política; o poder da avareza; o poder da cobiça; o poder do tempo; o poder do fogo; o poder da água; o poder de eletrizar as massas; o poder do tráfico de influência; o poder da opinião pública; o poder da humildade; o poder carismático; o poder monárquico; o poder da maçonaria; o poder da ambição; o poder do Brasil; o poder da bomba atômica.

Capítulo 26
Comer ou ser comido

O que se deve fazer quando um concorrente está se afogando?
Pegar uma mangueira e jogar água em sua boca.
Ray Hroc, fundador da McDonald's

Quem poupa o lobo condena as ovelhas.
São Tomás de Aquino

Sangue por sangue, alma por alma, criança por criança.
David Levy,
ministro das relações exteriores de Israel,
transcrito da revista *Time*, de março de 2000

"Comer ou ser comido" é o que mais ocorre na luta pela vida. Até o canibalismo – uma das piores práticas da história – ainda acontece, por vingança, fanatismo ou ódio. Também, em casos extremos, por sobrevivência, estado de necessidade ou loucura.

Suas formas de manifestação são diversas: predomínio físico, bélico, tecnológico, socioeconômico etc., sempre se impondo a lei do mais forte, tendo o medo como força moderadora.

Nessa guerra, se sobrepõe o meio que leva, ao fim, a morte inclusive, que não se limita a exterminar animais ou vegetais, partindo do princípio de que ela é inerente a tudo que existe, por conseguinte: aos planetas, aos sistemas planetários, às galáxias e, talvez, ao Universo.

Na seleção natural, em relação aos animais irracionais, as lutas em geral ocorrem por razões de sobrevivência, alimento, sexo, ao passo que, entre os humanos, o choque de interesses é terrível. "Comer ou ser comido" é o comum, não importando os meios para chegar aos fins: engolir o adversário e ter uma boa digestão ocorre em todos os povos.

No âmbito empresarial, também se trava uma verdadeira guerra entre os concorrentes, incluindo a prática de banditismo, ainda que de modo disfarçado. O problema é tão grave, que às vezes explode com repercussão na mídia, atirando estilhaços em pessoas e setores inocentes, o arremesso de um engenheiro de um avião da TAM seria um exemplo. A questão das grandes fabricantes de refrigerantes, envolvendo a Coca-Cola, com respingos na Pepsi, é outra briga de gente grande ou de "comer ou ser comido" que poderá causar vítimas. Mas é no mundo virtual que está ocorrendo a maior batalha da tecnologia e da informação: lá as multinacionais americanas, europeias e asiáticas estão em guerra.

Todavia, a proliferação da concorrência, em vez do cartel ou monopólio, beneficia mais o consumidor. A revista *Veja* (de 25.3.1998), fez uma reportagem sobre a disputa entre as companhias aéreas com o título "Guerra no Céu: Briga de Morte", mostrando a queda nos preços das passagens aéreas, o mesmo ocorrendo em relação às empresas de ônibus, supermercados, cervejarias etc.

Na China, aconteceram cenas horripilantes, principalmente durante a "Revolução Cultural". Em Guangxi e em Wuxuan, os guardas vermelhos ou canibais, na hora de descarnar os corpos das pessoas executadas, davam preferência ao coração, fígado e órgãos genitais, que eram preparados com vinagre de arroz e alho, segundo a mídia.

O partido comunista chinês nunca sancionou a prática da antropofagia, mas tampouco se empenhou em coibir o que ocorria com frequência naqueles tempos atrozes. Nem por isso devemos crucificar Mao Tsé-Tung, que sacrificou uma minoria para matar a fome de uma imensa maioria.

O ex-primeiro-ministro japonês, Ryutaro Hashimoto, numa atitude de estadista emérito, pediu desculpas aos países asiáticos por atrocidades cometidas pelo antigo Exército Imperial, incluindo a prática de canibalismo, sobretudo na província de Shandong, na China, onde, no ano de 1945, segundo confissão pública de veteranos, chineses e chinesas foram cruelmente assassinados e seus corpos cortados em pedaços e servidos como refeição às tropas.

Norte-coreanos famintos teriam praticado o canibalismo para sobreviver durante a grande fome que assolou o país em 1996.

Na Rússia, foram registrados 12 casos de canibalismo. Só em Novokuznetsk, cidade siderúrgica da Sibéria, Sasha Spesivtsev, de 28 anos, teria assassinado e comido 19 pessoas. Em Berlim, Armin Meiwes, em salas de bate-papo na internet procurando homens para abater, matou e comeu Bernd Brandes.

Foi a despreocupação com o social que gerou as massas famintas e a multidão dos explorados, as quais embasaram a Revolução Francesa, a de Lênin e a de Mao Tsé-Tung. Nos países em que o social é parte integrante da pauta do dia a dia, os regimes se consolidam.

No Brasil, durante o domínio colonial, os indígenas sofreram terríveis matanças. Mas, em geral, comiam os colonizadores que conseguiam matar, servidos como refeição, em ritual de pajelança inclusive.

Na política e nas religiões, o princípio de "comer ou ser comido" também é comum. Ainda que em sentido um tanto jocoso ou engraçado, registramos, a título de exemplo, os seguintes episódios:

1. O presidente Fernando Henrique Cardoso, na convenção do PMDB de 8 de março de 1998, derrotou o ex-presidente Itamar Franco.
2. Luiz Inácio Lula da Silva, na luta interna do PT, derrotou Ayrton Soares, Heloísa Helena, o economista Paulo de Tarso Venceslau, Vladimir Palmeira e outros que se opuseram à sua orientação partidária, e fez boa digestão destes. Mas, Lula, não teve a mesma sorte com o ministro Gilmar Mendes.
3. Fernando Henrique Cardoso, impregnado pelos encantos do poder e astúcia política, reelegeu-se presidente da República, derrotando seus adversários.
4. Anthony Garotinho, que ainda anseia a presidência da República, teria acusado o PT de fisiologismo, chamando-o de "Partido da Boquinha", procurando atingir o próprio Lula. O mesmo ocorre em outros partidos, cada um procurando arrebanhar redutos eleitorais dos outros ou dos adversários, em que o princípio de "comer ou ser comido" está sempre presente. Se bem que, curiosamente, tais escaramuças ou busca por novos espaços deixam um saldo positivo, com efeito, em prol do social ou do bem comum, num efeito progressista da corrupção.
5. O terrível e odioso duelo político ocorrido entre os deputados Roberto Jefferson e José Dirceu, na CPI dos Correios, com reflexo no famigerado "mensalão".
6. O "tiroteio" entre a Igreja Católica e a Igreja Universal do Reino de Deus, do bispo Edir Macedo, bem reflete a disputa nos meios de comunicação de massa e tem como atiradores de elite o padre Marcelo Rossi e o bispo Marcelo Crivella, um procurando ocupar o espaço do outro. Algo semelhante foi noticiado no Estado da Bahia, onde um

bispo da Igreja Universal do Reino de Deus teria criticado o candomblé, ligando-o à feitiçaria e ao demônio.
7. O pugilato jurídico ou disputa eleitoral entre Al Gore e George W. Bush, e também a guerra de Bush contra Saddam e o Iraque evidencia o princípio de "comer ou ser comido". No entanto, em relação a Saddam Hussein, Bush o comeu, mas não fez boa digestão, uma vez que a situação do Iraque, originada por Bush, continua caótica.
8. No mercado siderúrgico e no de minério, a Companhia Vale do Rio Doce, a Companhia Siderúrgica Nacional (CSN) e o Grupo Gerdau estão se confrontando, numa briga de "cachorro grande", disputando o mercado nacional e mundial. Daí Jorge Gerdau dizer que fazer negócios no Brasil é uma guerrilha.
9. Na eleição presidencial de outubro de 2006, Luiz Inácio Lula da Silva engoliu Geraldo Alckmin, mas a digestão foi difícil por causa de escândalos e corrupção: mensalão, valerioduto, sanguessuga, cartilhas, dossiê Vedoin etc.
10. No Instituto de Neurociências de Natal (RN), ocorreu disputa ou porfia, entre o cientista Miguel Nicolelis e outros neurocientistas.

O princípio de "comer ou ser comido" entre os humanos é constituído, dentre outros, pelos seguintes componentes:
- disputas heterossexuais, homossexuais, compulsão sexual, crimes passionais etc.;
- jogatinas financeiras transnacionais;
- beligerância;
- revolução ou contrarrevolução;
- política;
- absolutismo;
- choque de raças;
- genocídio;
- conflitos religiosos;
- egoísmo e ambição;
- transformações, por meios diplomáticos ou belicosos, que podem beneficiar minorias oligárquicas ou maiorias sociais carentes, se as rupturas ocorrerem em prol do social.

Ainda que paradoxal, o efeito progressista da crueldade do princípio de "comer ou ser comido" é uma das suas vertentes que beneficia o social, contribuindo em proveito e progresso das nações. O Brasil, os EUA e a Austrália são modelos disso, pois foi massacrando os povos indígenas e tomando posse de suas terras, que alcançaram estrutura, expansão e grandeza, num exemplo vivo de quem comeu sem ser comido. Na América do Norte, tais genocídios foram cruéis em gênero, número e grau.

Apesar de as observações do presente capítulo serem um tanto cruéis e, às vezes, chocantes, os seus fundamentos as justificam.

Entre os corpos ou objetos cósmicos também há canibalismo? Em tese, sim. Recentemente, o telescópio Hubble registrou um fenômeno em que uma galáxia grande teria engolido uma galáxia pequena.

Conclusão

A rigor, na seleção das espécies, prevalece o processo de "comer ou ser comido", porque na natureza, segundo Lavoisier, "nada se perde, nada se cria, tudo se transforma".

Seria isso, considerando que falta explicar 95% do universo? Diante de tal colosso, é prudente não abusar do poder de comer, e tomar cuidado para não ser comido...

Capítulo 27
Todo homem tem seu preço?

Ora, o homem é e vale, e só é enquanto vale.
Miguel Reale

Ninguém jamais conseguiu me comprar.
Helmut Kohl,
ex-chanceler da Alemanha

O homem, desde que nasce, começa a morrer.
Bichat

Todos têm um preço, e o meu é de 10 milhões de dólares.
Teri Hatcher,
atriz americana
(revista *Veja*, de 1º.6.2005)

Em princípio, sim. As exceções são raras, considerando que o ser humano, em certas circunstâncias, é vendível. É que **as pessoas nascem com propensão para a fraude**.

O dito popular "cada homem tem seu preço" é, também, produto de uma descrença generalizada, oriunda do baixo conceito de nossas elites socioculturais, econômicas, lideranças políticas, de partidos políticos inclusive. Por outro lado, sendo o homem ganancioso e interesseiro, geralmente se deixa atrair por interesses escusos, às vezes, aparentemente lícitos ou admissíveis segundo costumes ou cultura.

Observando atentamente tudo o que dissemos sobre a corrupção e seus malfeitos, o leitor concluirá que o espaço para situar um homem de bem e incorruptível é mínimo. Daí a dificuldade que há para encontrar pessoas que não se vendam por dinheiro, presente, emprego, reunião de alcovitagem ou outro meio qualquer de compensação, ainda que num processo sutil e disfarçado.

Assim, a rigor, para acabar com a corrupção ou com o homem que se vende, teríamos de extinguir toda a humanidade, o que seria um absurdo, mas não impossível de acontecer no caso de uma guerra nuclear entre países possuidores de arsenais atômicos ou de um cataclismo.

O instinto de conservação, a ciência, a filosofia, a ONU e o medo preservarão o homem, e o Estado o aperfeiçoará. Não há como admitir a extinção ou autodestruição de uma espécie tão fenomenal e tão criativa. Ao longo da história, dinastias, impérios, civilizações, tribos, foram extintos, tendo como causa principal a violência, a avareza e a corrupção. No entanto, a espécie humana sobreviveu e está em expansão.

Em outros planetas, desta ou de outras galáxias, que categoria de desenvolvimento cívico, intelectual, filosófico, científico, moral e espiritual teria o ser humano? Ou algo semelhante a nós? Ou lá não existem seres racionais? A existência de seres inteligentes em outros sistemas planetários reveste-se de uma clareza meridiana. Apenas não dispomos de elementos que nos permitam ter, pelo menos, uma ideia de seus aspectos físicos. Quanto ao nível cívico, intelectual, moral e espiritual, acreditamos que essas civilizações extraterrenas, talvez por serem bem mais antigas, sejam mais evoluídas. Não nos parece utópico pensar que lá o homem ou algo semelhante a ele, disponha de uma elevada estrutura sociopolíticoeconômica, integrada por seres insubornáveis, ainda que esta questão, em muitos de seus aspectos e em certas circunstâncias, dependa do posicionamento do observador. Se o leitor parar para pensar, concordará conosco. A esta conclusão chegamos, partindo de princípios lógicos. Não se trata de ficção, mas o leitor poderá indagar sobre a objetividade de se ir tão longe, ainda que em pensamento, em busca de respostas que podem ser encontradas entre nós, pois, ao que tudo indica, os princípios cósmicos são os mesmos em todas as galáxias.

Voltemos, então, à Terra, e empreguemos o melhor de nossos esforços augurando melhores dias. Afinal, a Terra é tão fértil! Portanto, desde que bem explorada, poderá nos proporcionar excelentes colheitas; continuemos, contudo, em sintonia com o posto emissor ou essência, se bem que, reiterando o que dissemos antes, de alguma maneira, somos reflexos dessa essência. Seríamos, então, eternos? A essência sim. Nós, não. A verdade, então, estaria com o já lembrado Lavoisier? Em tese, sim.

O retorno de alguém que já morreu, nos termos em que o assunto vem sendo observado, não convence e não condiz com o dinamismo da natureza. Desse modo, em se tratando de avaliações que não correspondam à realidade, constituem uma forma de corrupção ou de propaganda enganosa. Devem, portanto, ser revisadas, inclusive em relação à ressurreição de quem morreu, exceto se por meio de clonagem. Não somos céticos, apenas temos dúvidas e curiosidade.

A origem da vida e dos seus mistérios está continuamente se distanciando de nossos minguados conhecimentos, bloqueada por charlatães que se dizem mensageiros de Deus! Mas, o seu inimigo mortal, a ciência, vem avançando extraordinariamente, demolindo falsos conceitos.

A abrangência do significado que podemos atribuir à palavra *essência* satisfaz mais a nossa imaginação na observação das origens e fins. As características atribuídas ao espírito que reencarna num sentido evolutivo ou não, à alma ou algo semelhante, amparam-se em hipóteses que não satisfazem às indagações sobre este vastíssimo campo de estudos, ora bloqueando, ora limitando nossa sintonia com a essência e unidade dos objetos. Precisamos deixar de andar na contramão, abastecendo-nos em sacolões de crendices exploradas pelos vendilhões de Deus ou do Diabo.

Quanto à origem dessa essência, ainda que queiramos considerar o que houver de melhor a respeito, nada sabemos seguramente. Ao que parece, é pacífica a sua eternidade, uma vez que não poderia ter vertido do nada. São leis cósmicas inteligentes que não conhecemos bem; somos partículas, ainda que insignificantes, delas.

Nosso pensamento acerca dessa essência fundante não é pretensioso. Nem poderia sê-lo com referência a matéria tão imensurável e discutível, cuja valoração depende do resultado de futuras pesquisas que poderão até concluir que essa essência também é mortal. Os homens sempre foram mortais, porém a humanidade e outros objetos, em razão de tal essência, seriam imortais. No momento, estamos jogando no escuro, a exemplo do que fazem os astrônomos que ora pesquisam os chamados buracos negros e estrelas de nêutrons (que seriam constituídas das matérias mais densas do universo), de onde estariam captando ondas de rádio que estariam sendo emitidas de uma distância de 13 bilhões de anos-luz ou mais. Mas os voos espaciais e a astrofísica poderão nos levar a novas concepções do universo e da origem da vida. Até lá, é mais inteligente duvidar em vez de afirmar, a dúvida é mais dinâmica do que a afirmação, foi duvidando que Descartes chegou ao *"Cogito, ergo sum"*, ou seja, ao "Penso, logo existo".

Como se vê, nesta análise superficial, o estudo da relação homem-natureza deveria fazer parte da bagagem de qualquer leitor. Ela abrange a nossa visão do universo e evidencia as nossas limitações a respeito da duração, do começo e do fim.

Como é óbvio, a vida e a morte andam sempre de mãos dadas. Portanto, nascer e morrer, comer ou ser comido, também são manifestações sábias dessa essência.

A questão é ampla e complexa, devendo ser observada em seus diversos aspectos e significados que atribuímos à palavra preço. **O preço da glória! O preço da virtude! O preço da coragem! O preço do sacrifício de Jesus! O preço do caráter! O preço da honra! O preço de um homem de bem! O preço da vida! O preço da filosofia! O preço da ciência! O preço e a importância de se investir em educação etc.**

Em suma: tudo tem seu preço, o preço da vida, inclusive!

Crise de caráter

Caráter testa-se em coisas pequenas.
Quando queremos saber de que lado sopra o vento,
atiramos ao ar não uma pedra, mas uma pluma.
Alexander Hamilton

Desde logo, é bom assinalar que o nó desta questão está umbilicalmente ligado ao social, e as causas do social devem ser pesquisadas no seu âmbito.

Ao que poderíamos atribuir a crise de caráter pela qual estão passando as elites mundiais? É difícil responder. Em todo caso, quer nos parecer que o contexto deste trabalho responde a essa pergunta.

Proeminentes mestres da psicologia chegaram à conclusão de que o modo de pensar, sentir e agir de uma pessoa são determinados, em grande parte, pela formação e natureza de seu caráter e não resulta apenas de reações racionais e situações reais, portanto, que o destino do homem é o seu caráter. Assim, podemos avaliar a fase difícil em que se encontra a sociedade pela forte crise de retidão que atravessa o ser humano, agravada pelos conflitos culturais, religiosos, raciais e bélicos, bem como pela fome que assola o mundo.

Entre os fatores que podem contribuir para o rebaixamento da personalidade, sobressai o econômico e o psicológico. Daí acharmos de bom alvitre recorrer a mestres da psicologia. Entre estes, Abraham Maslow inclui-se entre os mais atualizados, para que possamos ter pelo menos uma ideia do mecanismo da formação do caráter e de como ocorrem desvios e deformações.

Maslow critica o que considera uma visão pessimista e limitada da natureza humana. Essa visão está implícita nas teorias freudianas e em outras que, ao tentarem analisar o mecanismo do caráter, ocupam-se mais de pessoas anormais, sem dar a devida atenção ao indivíduo normal, isto é, menos corrompido em sua estrutura psicofisicossocial. Dá-se demasiada atenção a medo, conflito, angústia, agressividade, privação, e pouca à satisfação, alegria, curiosidade, imaginação etc.

Sendo o ser humano um todo, não há como vê-lo, mesmo de maneira elementar, senão num sentido global. Embora óbvio, muitos autores não se atêm a este importante aspecto. Devemos estudar o que ocorre com o caráter quando algo não dá certo no processo do desenvolvimento psicofisicossocial e, também, ou simultaneamente, o que acontece quando tudo vai bem.

O curso natural do desenvolvimento envolve uma expansão gradual das necessidades e dos atributos essenciais da natureza humana, uma série contínua de estágios através dos quais a pessoa possa avançar para níveis cada vez mais altos de motivos, estruturas psicológicas e organizações. Os possíveis bloqueios a que estão sujeitos estes processos redundam em consequências imprevisíveis, daí a importância da visão de conjunto. Desse modo, podemos admitir que os ensinamentos de Freud, Jung, Pavlov, Skinner, Maslow, Marx, Maquiavel, Durkheim, Rousseau, Margaret Mead e outros completam-se.

Especificamente, Maslow concebe os seguintes níveis de necessidades organizados numa escala que vai das "necessidades inferiores" às "necessidades mais elevadas":
– necessidades fisiológicas: satisfação da fome, sede etc.;
– necessidades de segurança: estabilidade, ordem, confiança;
– necessidades de participação e amor: afeição, identificação;
– necessidades de consideração: prestígio, êxito, autorrespeito;
– necessidade de autorrealização.

Os termos "inferiores" e "superiores" indicam, apenas, que algumas necessidades se manifestam mais cedo, no processo de desenvolvimento, estão mais estreitamente ligadas às necessidades biológicas, são mais limitadas em seu alcance. Mais importante ainda: uma necessidade "inferior" precisa ser adequadamente satisfeita, antes que a necessidade subsequente "mais elevada" possa emergir completamente no desenvolvimento da pessoa. Então, uma pessoa não pode se sentir inteiramente satisfeita antes de satisfazer às suas constantes exigências fisiológicas.

Assim, também as relações de amor e participação só alcançam sua plenitude quando atingido o sentido fundamental de segurança. Esforços maduros de realização requerem que a pessoa alcance um grau adequado de satisfação de suas exigências de amor. Finalmente, para que a autorrealização possa chegar a um nível elevado, todos os estágios anteriores devem ter sido preenchidos.

Evidentemente, não existem, no desenvolvimento psicológico e social, passos nítidos e descontínuos – cada uma das necessidades "inferiores" não precisa ter sido inteiramente satisfeita para que surja a necessidade "superior" seguinte. Assemelha-se mais a uma sequência de ondas das diferentes necessidades. O ambiente físico e social ótimo é aquele que torna possível a satisfação dos diversos níveis de necessidades, desde que devidamente definidos em cada indivíduo.

Ainda em relação ao comportamento do ser humano, mencionamos as teorias X e Y, engendradas por McGregor, distinguindo-as em dois grupos:

Teoria X: as pessoas são indolentes, necessitando ser cobradas e precisando de supervisão;

Teoria Y: as pessoas são interessadas, não necessitando ser cobradas e não precisando de supervisão.

Desse modo, considerando que a busca da motivação está dentro de cada um, quanto mais o perfil do indivíduo se aproximar da teoria X ou da teoria Y, a independência na geração de motivação será menor ou maior, respectivamente.

O curso natural do desenvolvimento da personalidade pode ser perturbado quando existe uma satisfação incompleta das necessidades em qualquer fase. As necessidades superiores imediatas podem, neste caso, ser impedidas de aparecer inteiramente, e as elevadas podem jamais aparecer. O homem, privado durante toda a sua vida das condições essenciais para a sobrevivência, não desenvolverá, por certo, necessidades prementes de realização, prestígio e beleza. Ao homem cronicamente faminto, é praticamente impossível procurar construir um "Admirável Mundo Novo"[22]. Ele está demasiadamente interessado na satisfação de suas necessidades imediatas e prementes. Provavelmente, é, em parte por esse motivo, que os movimentos revolucionários são iniciados não pelas classes socialmente inferiores, mas por pessoas cujas necessidades mais primitivas foram satisfeitas e agora estão preparadas para buscar a realização de objetivos mais complexos e de maior abrangência.

Uma vez que a pessoa se tenha "diplomado" no nível inferior de necessidades, através de sua adequada satisfação, tais necessidades não desaparecem, mas apenas vêm ocupar um lugar menos importante na estrutura motivacional total. Por determinado tempo, podem tornar-se de novo salientes, mas nunca obsessivas a ponto de dominar inteiramente o indivíduo como antes. Em resumo, depois de haver passado pelos diferentes estágios de desenvolvimento, a pessoa

---

22. Título da obra escrita em 1932 pelo inglês Aldous Huxley (1894-1963).

adquire uma estrutura de caráter na qual os muitos tipos de necessidades estão organizados em padrões hierárquicos bem-dirigidos, e se liberta do domínio das necessidades inferiores. Torna-se capaz de permitir o florescimento de suas inúmeras potencialidades, livre, portanto, para tornar-se autorrealizada. Em suma, está menos sujeita a **bloqueios psicológicos**, entre outras limitações.

O número de pessoas que se aproxima de uma completa autorrealização é muito pequeno. Através do estudo de certos personagens históricos (a exemplo de Aristóteles, Beethoven, Goethe, Shakespeare, Lincoln) e de alguns vultos mais recentes (Einstein, Gandhi, Pavlov, Kennedy, Mao Tsé-Tung, Lênin, Schweitzer), que se distinguiram marcantemente pela autorrealização, verificamos quais as características comuns e essenciais do caráter autorrealizado:

- percepção realista do mundo;
- civismo;
- autossatisfação e convivência social espontânea caracterizada por ações revisionistas, buscando corrigir desencontros entre ação e conhecimento;
- espontaneidade no comportamento e na vida interior;
- **humildade;**
- maior concentração nos problemas sociais do que no eu, prevalecendo o interesse coletivo sobre o individual;
- capacidade de ser imparcial, agindo de maneira equânime;
- independência e autocontrole;
- originalidade na apreciação de coisas e pessoas;
- capacidade de profundas experiências místicas, sem se refugiar no mundo das crendices;
- identificação com a espécie humana;
- profundas relações emocionais com pequeno grupo de amigos e com a família;
- atitudes e valores democráticos;
- capacidade de distinguir entre origens, meios e fins;
- humor mais filosófico do que de agressividade;
- criação e dialética;
- resistência ao conformismo cultural, com vistas a periódicas reciclagens de métodos de ensino e de conhecimento;
- espírito comunitário;
- carisma ou carismático!

Agora que temos uma ideia do mecanismo dos fatores que entram em ação para a constituição da estrutura do caráter, podemos mais bem ajuizar a importância da boa formação de um dirigente, de um líder, particularmente quando orientada à luz da psicologia e do aspecto técnico-cultural.

Verifica-se quão grande é a responsabilidade de nossas elites dirigentes na estruturação do caráter dos membros de uma comunidade, considerando que os seus elementos são passíveis de variação, evoluindo.

No tocante a pesquisas efetuadas no complexo campo socioeconômico e psicocultural, o leitor poderá concluir que a renovação de valores e a anulação de hábitos superados e prejudiciais dependem da estrutura social, **pois o homem, a despeito da sua natureza egoísta e ambiciosa, é muito sensível aos reflexos condicionados. Portanto, poderá ser moldado de conformidade com elevados princípios éticos.**

Assim, a crise de caráter que estamos atravessando, causada por estruturas sociopolíticoeconômicas decadentes, pode ser reparada por meio da reestruturação dessas bases, com vistas à formação de uma nova ordem socioeconômica e cultural.

A despeito de ser preferível que a estruturação de caráter se processe na fase em que o indivíduo esteja em formação psicofísica, a fim de que a sua ação, após a plenitude de seu desenvolvimento, possa ser mais útil à comunidade, experiências mais recentes mostram-nos ser possível reestruturar a conduta de pessoas buscando estabelecer novos condicionamentos, isto é, os condicionamentos prejudiciais cederiam lugar a condicionamentos sadios. A aplicação de técnicas pavlovianas[23] e skinnerianas[24] oferece-nos um saldo positivo a respeito, apesar de algumas coisas do caráter e do comportamento serem herdadas. Por outro lado, futuramente, tal aprimoramento poderá ser atingido pela biotecnologia.

---

23. Pertencentes ou relativas ao fisiologista russo Ivan Petrovitch Pavlov (1849-1936), que ganhou o Prêmio Nobel, em 1904, pelos seus trabalhos sobre as glândulas digestivas. É autor de estudos sobre os reflexos condicionados a atividade nervosa superior e a atividade dos hemisférios cerebrais.
24. Pertencentes ou relativas ao psicólogo norte-americano Burrhus Frederic Skinner (1904-1990), autor de importantes trabalhos sobre a aprendizagem e o ensino programado.

Mutabilidade de caráter

> *O caráter do homem é seu destino.*
> Heráclito

Entre outros, sobressai o exemplo que nos oferece a conversão de Gautama (Buda), São Francisco de Assis, Santo Agostinho e Santo Inácio de Loyola, expressões de transformação de caráter na idade adulta. Mudaram de dimensão, de profanos passaram a santos. No entanto, apesar dessas transformações radicais, mantiveram imutáveis certos traços e determinadas peculiaridades da personalidade anterior.

Um caráter bem-estruturado, em consequência de várias circunstâncias, poderá corromper-se. Teríamos, em tal hipótese, um outro homem? Sim, ou seja, um mau caráter. Tais avaliações não devem desprezar os padrões morais costumeiros e, sobretudo, o regramento sócio-jurídico instituído pelo Estado.

Algumas enfermidades, particularmente de ordem psicossomática, podem causar transformações no caráter de uma pessoa e, entre essas, a medicina aponta as seguintes:

a) arteriosclerose cerebral;
b) idiotismo senil;
c) epilepsia;
d) esquizofrenia;
e) demência precoce.

Nesse sentido, Rudolf Allers, após várias experiências, catalogou diversos casos a respeito.

A cirurgia plástica também pode ser incluída entre os fatores que agem no sentido de ajustar o caráter de certos indivíduos. Estudos feitos em presídios demonstraram que certas deformidades físicas e cicatrizes aparentes aumentam o índice de criminalidade e estimulam o mau comportamento de delinquentes. Seria mais um recurso que poderia se incorporar a uma série de fatores que combateria a deformação e multiplicidade de caráter, realçando-se a importância da "cirurgia" de tumores sociais a cargo do Estado.

> *Chamo de "moral" um sistema de juízos de valor*
> *que está em relação com as condições de existência de um ser.*
> Nietzsche

Política das camarilhas

> *Política é um charco.*
> *As pessoas de bem têm de andar com lenço no nariz.*
> Jefferson Péres

> *Política não existe sem mãos sujas.*
> *Não dá para fazer sem botar a mão na merda.*
> Paulo Betti

A política das camarilhas, camorras, quadrilhas ou piaras, como dizia José Ingenieros, reflete, em última análise, uma tendência natural observável nos homens em geral, que procuram organizar-se para sobreviver, em partidos políticos inclusive.

Impulsionado por este mecanismo, o quadrilheiro sente necessidade de se agrupar em camorras, ou algo semelhante, para resistir à ação daqueles que defendem o bem comum, emergindo, daí, a indústria do ilícito e do crime organizado. **A decisão do ex-ministro do Supremo Tribunal Federal, Joaquim Barbosa, ao receber a denúncia do Procurador-Geral da República, referente aos 40 próceres envolvidos no famigerado mensalão, foi um terrível golpe contra a corrupção organizada.**

O bem e o mal, em alguns aspectos, são uma questão de conceituação ou de cultura. A rigor, eles se complementam. O mais importante é conter, estudar e administrar os excessos, segundo os princípios do maniqueísmo.

Seguindo estas pegadas, não teremos como negar mérito àqueles que se constituem em comunas revolucionárias ou em partidos políticos para lutar contra oligarquias, que abocanham orçamentos e geram hordas de agentes impudicos que dilapidam patrimônios públicos e privados e causam o rebaixamento dos valores cívicos e morais.

As forças da corrupção, especialmente as oriundas do capitalismo predatório e selvagem, buscam aperfeiçoar seus métodos com o propósito também de opor-se à ação da anticorrupção, pois esta, não obstante constituir-se de minguadas, porém dignificantes minorias, vem abalando a estrutura dessas camarilhas em quase todos os sistemas públicos e privados.

O cuidado com que agem os corruptos mais hábeis, sobretudo os que operam isoladamente, traduz receio de serem apanhados. Por isso, estão optando pela ação coletiva, isto é, formar grupos ou quadrilhas, a exemplo da que foi recentemente denunciada pelo procurador-geral da República, estruturados para tal fim. Deste modo, no caso de caírem numa emboscada armada por funcionários probos, poderão ser mais eficientemente defendidos, daí os piores políticos contratarem as melhores agências de publicidade, as melhores assessorias jurídicas e econômicas, já que têm como fim bons negócios, ocultados em partidos políticos ou em mandato legislativo. A propósito, a ONG Transparência Internacional pesquisou, em 2007, 180 países e concluiu que os partidos políticos são as instituições mais corruptas, incluindo o Brasil entre os mais corruptos do mundo.

Sabemos da importância do medo. Eis o porquê, reiterando o que dissemos mais atrás, de os trampolineiros optarem pela ação coletiva. Se construirmos sólidas barreiras que espelhem quão negativo é ser corrupto, estaremos explorando com eficiência este mecanismo, o *calcanhar de Aquiles* da corrupção, em seus diversos aspectos, sob o ponto de vista psicológico inclusive, pois o medo é o maior adversário da corrupção.

Se bem que esses quadrilheiros, por roubarem bastante, são acobertados por forças terríveis, até pelo poder público, daí a história estar assentada num elenco de corrupção e violência.

Premia-se, condecora-se, elogia-se por uma série de feitos e méritos, porém a valorização do indivíduo que sobressai pela lisura de seus atos e pelas posições assumidas contra a corrupção deixa a desejar. Seria porque somos, numa análise ampla, todos corruptos e violentos e, em consequência, não desejaríamos compensar ações com as quais não nos identificamos, ainda que inconscientemente? Em tese sim.

Precisamos de uma reforma política que reestruture as bases do Estado, para que tenhamos condições adequadas à anticorrupção. Consequentemente, cortaríamos os principais tentáculos das práticas corruptas, que estão de tal maneira vinculadas a atividades públicas, privadas e religiosas, que suas bases dificilmente serão bloqueadas sem que criemos uma nova conceituação política que nos dê condições cívicas para melhor nos conscientizarmos do valor dignificante da anticorrupção. Simultaneamente, uma publicidade dirigida daria ênfase aos magníficos feitos e quão importantes eles são. Por sua vez, um Estado eficaz premiaria e condecoraria, na proporção qualitativa e quantitativa de seus atos, os elementos que se destacassem no combate à corrupção, até que a grande maioria dos cidadãos fosse impregnada deste espírito, quando tal conduta passaria a ser rotina. **Seria o radioso porvir de uma nova ordem social.**

A rigor, isto é utópico ou está mais circunscrito às estantes das bibliotecas ou à verbalização de políticos profissionais. Mas se no passado já tivemos o estoicismo[25], em obediência ao princípio dinâmico da natureza dos objetos, cremos estar a caminho de um outro bem mais aperfeiçoado, sob todos os aspectos.

---

25. Escola filosófica cuja doutrina designava, antes de tudo, uma arte de bem conduzir a vida. Seus representantes mais notáveis eram Zenão de Cicio, Epicteto e Marco Aurélio.

Pelo exposto, podemos concluir que combater a corrupção não é tarefa fácil. Os riscos são muitos. Mesmo assim, não devemos abandonar esta luta. Para esse mister, a união dos incorruptíveis é por demais importante, para que formemos uma legião de pessoas afins, imbuídas de princípios éticos e elevado conceito de cidadania. Para esta cruzada, sempre que soubermos da lisura dos atos de um cidadão, devemos procurar nos unir a ele ou fazer com que ele se una a nós, para que possamos, ainda que modestamente, contribuir em favor de uma sociedade melhor. Em muitos países, como Nova Zelândia, Filandia, Dinamara, Suécia, Canadá, China (em especial na província de Hong Kong), Cingapura e Dinamarca, a união de elementos deste jaez está impondo uma administração com magníficos reflexos em prol do bem comum. Caso o leitor esteja de acordo com o que postulamos, queira, com vistas a um bem maior, procurar unir-se a outros adeptos.[26]

A propósito de preço e caráter, transcrevemos um belo poema retratando a preciosidade do caráter de um homem probo:

> *Roteiro*
>
> Parar. Parar não paro.
> Esquecer. Esquecer não esqueço.
> Se caráter custa caro
> pago o preço.
>
> Pago, embora seja raro.
> Mas homem não tem avesso
> e o peso da pedra eu comparo
> à força do arremesso.
>
> Um rio, só se for claro.
> Correr, sim, mas sem tropeço.
> Mas se tropeçar não paro
> – não paro nem mereço.
>
> E que ninguém me dê amparo
> nem me pergunte se padeço.
> Não sou nem serei avaro
> – se caráter custa caro
> pago o preço.
>
> *Sidónio Muralha*

---

26. Vide Lei nº 9.840/1999 sobre corrupção eleitoral.

Capítulo 28
Solano Tempo

Figura do século I ou de todas as épocas? Indivíduo coletivo ou coletividade individualizada? Solano Tempo ou "só lá no tempo"?

Dotado de sensibilidade universal e invejável autoestima, Solano Tempo luta, ao longo de sua vida, em defesa de interesses coletivos e de uma sociedade melhor e menos corrupta. Tal princípio promana do que há de melhor no cerne da natureza humana: **o social e o bem comum**.

Deixou a casa dos pais aos nove anos de idade, não tem vícios, controla emoções, é autodidata, autor de diversos livros. Ainda novo, sofreu na carne e sentiu na alma a dor das injustiças e do desajuste social, mesmo assim, a pobreza não o abalou. Ao contrário, aumentou-lhe a firmeza de caráter. Agora, é um homem sofrido, mas corajoso, passou fome em várias fases de sua vida, mesmo depois de haver exercido importantes cargos públicos, dos quais fora demitido por influência de indivíduos corruptos e de grupos econômicos que se opunham à lisura de sua conduta funcional. Em cada processo a que respondeu, além de absolvido, foi bem referenciado, quer na área administrativa, quer na judicial. É agradável sabermos que, a serviço da justiça, ainda existem homens idôneos que decidem à luz da razão, apesar da distância observável entre a verdade real e a verdade judicial, considerando que a versão pode se sobrepor ao fato.

Nada há que o desabone, nenhuma repreensão funcional. Na fase primeira de sua luta contra a corrupção, foi forçado, em legítima defesa de sua vida e de seus princípios, a fazer justiça com as próprias mãos. Todos os casos de violência em que foi envolvido foram obras do acaso, dos quais não podia se afastar. E, ao enfrentá-los, saía sempre vitorioso, em virtude talvez do poder de sua força interior e da convicção de que defendia causas justas. É o que se depreende dos seguintes eventos a seguir rememorados.

No exercício de um importante cargo público, Solano Tempo passou a defender a importação de tecnologia moderna que tornasse produtiva uma região subdesenvolvida. Imediatamente, surgiu violenta reação por parte de produtores nacionais, que temiam que tais medidas lhes fizessem concorrência, reduzindo seus lucros e gozos oriundos da opulência de suas riquezas. Por causa disso, Solano Tempo foi sequestrado e forçado a escrever uma carta pedindo dinheiro, o que causou um entrevero com arma de fogo, durante o qual um empresário morreu.

Fez, durante o período em que esteve comissionado como sindicante federal, levantamento de vultoso débito numa poderosa empresa que sonegava tributos e rotulava, enganosamente, alguns produtos. Em seguida, foi procurado pelo presidente desta, que tentou suborná-lo. Em razão da recusa de Solano Tempo, houve um incidente entre ambos que culminou em tiroteio, pois tal presidente, além de ser corrupto, era por demais violento, acostumado a matar e a outras práticas ilícitas.

Solano Tempo foi nomeado superintendente de uma importante zona franca, com a incumbência de combater o crime organizado, particularmente o contrabando e a sonegação de tributos federais, lá prestando relevantes serviços ao Estado e causando fortes reações de grupos econômicos envolvidos, que pediram a sua demissão ao presidente da República, no que foram atendidos, apesar da ampla censura, noticiada pela mídia, contra o governo, por haver demitido um homem probo em prejuízo do Erário Público e da ética na política.

Ainda que absolvido em todos esses processos, chegou à conclusão de que as armas da inteligência e a força do Direito são as mais indicadas para prosseguir combatendo a corrupção, sentindo-se um tanto frustrado pelas demissões que sofreu uma delas a bem do serviço público, depois revogada e reintegrado ao cargo.

De fato, com esses e outros meios, num futuro não muito distante, a maior parte da nossa sociedade estará com a atenção voltada para o bem comum. Seria o radioso porvir de uma sociedade menos má e melhor, com a qual Solano Tempo tanto sonha.

Apesar da avançada idade, resolveu cursar ciências jurídicas e sociais, passando a ser advogado militante, em cujo exercício se defrontou com juízes despreparados que tentaram desmoralizá-lo em diversos julgados, inclusive no âmbito penal. Mas o Poder Judiciário, em segunda instância, os reformou, inocentando-o.

Não obstante esses bloqueios, inclusive sequestro à mão armada e demissões, Solano Tempo continua escrevendo contra tal estado de coisas, na esperança de uma sociedade menos corrupta e menos violenta.

Este capítulo traz, apesar de ser de ficção, em suas entrelinhas, mensagens de estímulos com as quais irá identificar-se mais o leitor jovem. Mas poderá também despertar modificações positivas em pessoas que já atingiram a plenitude do desenvolvimento psicofísico, uma vez que o mito do herói ou de superação, aqui colocado, por ser um componente da natureza humana, deve ser despertado para combater as sociedades más e o crime organizado.

Consideremos:

a) Os métodos violentos deveriam ceder lugar à diplomacia e à perseverança. Só quando esses meios estivessem inteiramente esgotados e outras circunstâncias o exigissem, é que o direito da força poderia entrar em ação.

b) É vital o incentivo, especialmente para os que, vivendo numa sociedade hostil, encontram uma série de dificuldades para subsistir.

c) Quão importante é a atividade de um homem de fibra e incorruptível!, que apesar de lutar em campo adverso, não cede, nem diante da iminência de ser morto.

d) Mística, eis outro fator relevante que não deve passar despercebido. Vivemos diante de tantos mistérios... Portanto, a despeito de ser, a mística, um assunto discutível à luz da ciência, sentimos sua presença, embora não entendamos bem a magia de sua linguagem. Todavia, a própria ciência, em muitos de seus aspectos, é uma transição do saber ou do conhecimento.

e) Quanta sabedoria possui aquele que sabe avaliar com serenidade a corrupção e sua influência em todos os setores da atividade humana, não se deixando envolver por argumentos utópicos que o distanciam da realidade.

f) Melhor conscientização da luta pela sobrevivência. A partir do instante em que somos fecundados ou expelidos do ventre materno, entramos em contínuas lutas das quais só nos desvencilhamos quando morremos.

Além desses considerandos, resta questionarmos a respeito das perguntas que iniciam este capítulo, **pois apesar de versarem sobre um personagem de ficção, os episódios aqui tratados foram inspirados em fatos reais.**

Poema ao herói

O verdadeiro heroísmo consiste em persistir
por mais um momento quando tudo parece perdido.
W. F. Grenfel

Eu sou um homem completamente isolado, e,
apesar de todo mundo me conhecer, há poucas pessoas que realmente me conhecem.
Albert Einstein

Solano Tempo, quando menino e longe da civilização, era descalço
De pé no chão, a natureza o envolvera em seu coração
Com ela cresceu e desabrochou.

Aprendeu a meditar, a pensar, a esperar, a observar e a criar
Filho da natureza, cresceu entre araucárias, campos e flores,
Vivendo entre animais, rios e cores.

Quando sozinho e ainda adolescente,
O mundo antissocial o enfrentou e o agrediu,
Mas ele não sucumbiu e nem desanimou,
Prosseguiu.

Nada nele se deturpou
Coisa alguma, neste mundo, o abalou,
Nem o triunfo o empolgou.
A vida, lá fora, continuou
Trabalhou, sofreu, estudou e, finalmente, se formou,
De autodidata passou a ser doutor,
Na escola da vida e no ensino superior.

O sofrimento, a singeleza, a persistência, o equilíbrio e a dor
O levaram à compreensão e ao amor
Sua índole pura se conservou, como as araucárias nativas do Brasil
A luta o inspirou
Seu "eu" se aprimorou.

O açoite do mundo socioeconômico hostil o estimulou
Hoje, homem que é, simples, responsável e leal,
Sente-se em paz pelo trabalho que realizou.

Paulatinamente está se exaurindo pela natureza que o gerou
Em sua heroica batalha, inimigos acumulou,
Que buscam emboscá-lo para pôr fim à vida que o celebrizou.

Enfim: Solano Tempo é um exemplo de superação e de resiliência.

CAPÍTULO 28 – SOLANO TEMPO

Hino Nacional Brasileiro

Letra: Joaquim Osório Duque Estrada
Música: Francisco Manuel da Silva

Parte I

Ouviram do Ipiranga as margens plácidas
De um povo heroico o brado retumbante,
E o sol da liberdade, em raios fúlgidos,
Brilhou no céu da pátria nesse instante.

Se o penhor dessa igualdade
Conseguimos conquistar com braço forte,
Em teu seio, ó liberdade,
Desafia o nosso peito a própria morte!

Ó Pátria amada,
Idolatrada,
Salve! Salve!

Brasil, um sonho intenso, um raio vívido
De amor e de esperança à terra desce,
Se em teu formoso céu, risonho e límpido,
A imagem do Cruzeiro resplandece.

Gigante pela própria natureza,
És belo, és forte, impávido colosso,
E o teu futuro espelha essa grandeza.

Terra adorada,
Entre outras mil,
És tu, Brasil,
Ó Pátria amada!

Dos filhos deste solo és mãe gentil,
Pátria amada,
Brasil!

Parte II

Deitado eternamente em berço esplêndido,
Ao som do mar e à luz do céu profundo,
Fulguras, ó Brasil, florão da América,
Iluminado ao sol do Novo Mundo!

Do que a terra, mais garrida,
Teus risonhos, lindos campos têm mais
  flores;
Nossos bosques têm mais vida,
Nossa vida no teu seio mais amores.

Ó Pátria amada,
Idolatrada,
Salve! Salve!

Brasil, de amor eterno seja símbolo
O lábaro que ostentas estrelado,
E diga o verde-louro desta flâmula
– Paz no futuro e glória no passado.

Mas, se ergues da justiça a clava forte,
Verás que um filho teu não foge à luta,
Nem teme, quem te adora, a própria morte.

Terra adorada,
Entre outras mil,
És tu, Brasil,
Ó Pátria amada!

Dos filhos deste solo és mãe gentil,
Pátria amada,
Brasil!

Capítulo 29
Filosofia e ciência

*A filosofia é uma ginástica intelectual terrível
que você faz para conseguir ver aquilo que desde sempre estava na cara.*
Edmund Husserl

Se pudéssemos andar pelos caminhos da filosofia e da ciência, ainda que minimamente, seria o ideal; dessa sabedoria dependemos para conhecer o porquê das coisas e, consequentemente, pôr-nos a salvo do mundo das crendices ou do sacolão do baixo esoterismo, bem como para termos uma noção de tudo, incluindo os mistérios que nos cercam, que são muitos, salvando-nos ainda dos vendilhões de Deus ou do Diabo e das práticas charlatanescas. Por outro lado, a ciência, a exemplo da internet, é usada para o bem e para o mal; Hiroshima e Nagasaki que o digam.

Filosofia e ciência são imensos tratados que não podem ser estudados de forma tão elementar. Nosso principal objetivo se cinge em despertar o interesse do leitor em prol desses vastíssimos campos do saber. A rigor, o contexto deste livro, ao versar sobre a conduta do homem e indagar a respeito dos reflexos psicossociológicos nas funções psíquicas dos indivíduos, reflete filosofia pura ou filosofia de vida – com toques científicos, principalmente no que se relaciona com as ciências sociais. As ciências exatas, aos poucos, estão ocupando os vastos espaços das ciências ocultas ou esotéricas. Por exemplo, o interesse pela astronomia ou astrofísica e seu estudo vem superando o interesse pela astrologia.

Nessa luta ou empenho em busca da verdade, os impostores e aventureiros que infestam e exploram o desconhecido estão sendo vencidos pelos avanços da filosofia e da ciência e da tecnologia, a ponto de as religiões estarem repensando os seus métodos e seus caminhos.

> *Sabemos que há políticos que mentem, advogados que trapaceiam,*
> *padres que quebram seus votos, médicos que são displicentes,*
> *professores que abusam de crianças,*
> *então não há porque esperar que cientistas sejam perfeitos.*
> Grant Steen

Efeitos da ação literária

> *Uma casa sem livros é um corpo sem alma.*
> Marco Túlio Cícero, estadista e jurisconsulto romano

> *Ler bons livros é conversar com as mentes superiores do passado.*
> René Descartes

> *Eu preciso ler mais livros.*
> Thomas Jefferson

Não devemos minimizar a influência e consequentes efeitos da ação literária nos movimentos sociais. Mesmo em se tratando de uma literatura variada e indefinida, é fator marcante em tais movimentos. A propósito, a história está recheada de exemplos positivos, com alguns efeitos negativos, já que o poder do dinheiro e da corrupção se infiltram em qualquer área, por mais honrada ou relevante que seja.

Aspirar a transformações com vistas a um mundo melhor, por mais vagas que sejam as considerações a respeito, sempre constitui contribuição objetiva, trazendo em seu bojo um alento de esperança por dias melhores.

Os intelectuais, sobretudo os mais sensíveis, são formadores de opinião e exercem grande influência na difusão de mensagens: despertam esperanças, provocam insatisfação e, por consequência, criam condições para realização de importantes reformas socioeconômicas e políticas. Jean-Jacques Rousseau, por exemplo, foi um dos principais inspiradores da Revolução Francesa, e do ventre fértil da obra de Marx nasceu a Revolução Russa de 1917, bem como a de Mao Tsé-Tung de 1949, com repercussões socioeconômicas e políticas mundiais. O poeta chileno Pablo Neruda também foi autor de poemas de inspiração social e revolucionária.

Os líderes intelectuais, na maioria dos casos, desempenham papel importante, não no sentido de exercer controle diretivo em movimentos sociais gerais ou específicos, mas no propósito de fornecer substâncias que lhes deem andamento. Esses líderes, segundo Herbert Blumer, são como vozes no deserto, pioneiros sem firmes seguidores. Ernst Junger, com argumentos semelhantes, na figura de Anarca (principal personagem do seu romance *Eumeswil*), sublima o escritor.

Quase todos os deslocamentos sociais, em seus diversos aspectos, quando estão nascendo, além de contarem com escassos adeptos, são combatidos e, em muitos casos, morrem no nascedouro ou caem no esquecimento.

É aconselhável externar os nossos pensamentos, por mais inaceitáveis que sejam. Geralmente, as ideias originais, em sua fase inicial, encontram muita resistência. O presente livro, por exemplo, apesar de bem referenciado, foi rejeitado por alguns nas primeiras edições. Contudo, os pensadores, em geral porque olham o mundo com ternura e convicção, não temem externá-las.

Primeiro, meditar, depois, ter coragem de assumir uma posição de onde se possa observar e participar de acontecimentos e lutar por transformações construtivas e, às vezes, demolidoras de valores ou de pensamentos superados no tempo e no espaço. Condutas desta ordem ajudam a desenvolver sensibilidades, despertam esperanças e solapam resistências.

As reformas sociais, de modo geral, nascem, crescem e se consolidam, quando não morrem ou caem no esquecimento, basicamente de modo informal. E, inicialmente, são subterrâneas, fase em que os seus meios de interação consistem principalmente em leituras, conversas, discussões e reflexões históricas.

Fazendo-se um levantamento de exemplos, conclui-se que estes mecanismos desenvolveram-se principalmente no campo de experiências isoladas, em vez de ações conjugadas de grupos. Portanto, particularmente em suas fases iniciais, as modificações de estruturas se desenrolam respaldadas em consciências individuais.

Como se vê, por trás das transformações socioeconômicas e científicas, de algum modo, está presente o escritor, o filósofo, o teólogo e o cientista, mas nem por isso elas estão livres das sujeiras da corrupção ou de ladrões criativos que se infiltram na história da literatura.

Em suma: a leitura e a alfabetização precisam ser incentivadas, considerando que dos 7 bilhões de habitantes do planeta, 775 milhões são analfabetos (cf. *O Estado de S. Paulo*).

Capítulo 30
Conflitos mentais

Quando o coração e a cabeça entram em conflito,
é sempre o coração que vence.
A pobre cabeça acaba sempre por ceder,
porque é a mais prudente.
Paul Heyse

Só um homem livre poderá defender com equilíbrio e justiça os interesses de um povo, se bem que ser livre é algo muito raro, em virtude de tantas travas e interferências. Mesmo assim, existem alguns que conseguem atingir esse plano nirvânico, saboreando os manjares da liberdade e da serenidade!

Podemos considerar a liberdade uma utopia, mais por causa de uma série de condicionamentos a que estamos sujeitos e, muitas vezes, pelas autoimagens, do que por razões naturais. Vejamos.

Uma mente que sofre influências de preconceitos e tem necessidade psíquica de se ajustar a estes jamais poderá ser livre. Ao contrário, a cada dia que passa, aumenta o seu envolvimento por estes lugares comuns ou de meias verdades. À medida que a pessoa depara-se com dificuldades ou demora a conseguir o que deseja, vai sendo vencida por frustração, ansiedade ou depressão, formas terríveis de aprisionamento, do intestino, inclusive. E, para agravar ainda mais esses males da alma, a mente começa a construir imagens a respeito dos bens que gostaria de possuir. Assim, num processo lento e contínuo, o indivíduo é arrastado para um abismo de descontentamentos, de cujos tentáculos dificilmente poderá se libertar.

Qual seria a melhor receita para sentir o sabor da liberdade, isto é, para libertarmos nossa mente deste emaranhado de travas?

01. Não invejar aqueles que têm algo que se almeja possuir;
02. Ser do presente, imaginando e construindo o futuro, sem ser escravo do passado;
03. Ser simples, espontâneo e raciocinar com inteligência;
04. Abandonar a opinião própria se estiver errado;
05. Aceitar a si mesmo sem depender do olhar de outrem;
06. Não ser excessivamente vaidoso;
07. Gostar da natureza e procurar entender sua linguagem;
08. Ser tranquilo, sem precisar ter para ser;
09. Não interpretar a luta pela vida como um processo hostil;
10. Tomar cuidado com a inversão de valores, para não chegar a resultados falsos;
11. Ser sensível à unidade da vida e à simplicidade dos movimentos;
12. Ser generoso;
13. Não ficar deprimido ou ansioso;
14. Ser corajoso e lutar pela vida sem temer a morte;
15. Não permitir que "vendilhões de Deus ou do Diabo" abusem de sua boa-fé;
16. Dominar ou dosar o ciúme e exageros sexuais;
17. Ser cooperativo, interativo ou ter ação recíproca, sempre que for necessário e possível;
18. Suportar a dor da rejeição e o ódio represado;
19. Ser resiliente e praticar meditação.
20. Ler a obra de Freud, denominada *Psicologia de Massas e Análise do Eu*.

Em suma: ser tudo isso, sem se preocupar em ser isso. Em que pese o lado positivo da força de vontade, expresso no ditado "querer é poder", entendemos que tais planos devem ser alcançados dentro de uma espontânea evolução mental ou espiritual, sem ânsias que possam se constituir em alienação. Geralmente, as buscas desta natureza são acionadas por conflitos oriundos de conclusões subjetivas que criam um clima de insatisfações.

O fato de não nos identificarmos com certas regras sociais não deve constituir-se em motivo para vivermos em conflitos com elas. Devemos pesquisar e analisar o problema sem nos deixar atingir, a fim de compreendê-lo livremente, ou melhor, à luz da razão. Os despreparados são as vítimas preferidas do susto, do fator surpresa, de sociedades más e de governos trapaceiros. Controlar vícios e emoções é um invejável suporte, benéfico à saúde, inclusive.

Em todas as áreas existem conflitos, pois tudo se movimenta, e o que se movimenta pode conflitar. Quem de nós não está sujeito a incidentes? A busca, em geral, é um atributo do inquieto, nem sempre tranquila, por estar sujeita a tropeços. O universo é essencialmente dinâmico, portanto, as partículas que o compõem estão sempre em ação, num contínuo movimento de transformação e grandeza. O leitor, sobretudo o menos avisado, deve meditar a esse respeito, a fim de melhor observar a operosidade do cosmo e sua influência, ainda que num processo indireto, em todas as coisas. No vaivém desse inteligente mecanismo operante, algumas de suas múltiplas reações poderão nos dar a impressão de estarem em conflito, quando, em geral, na maioria das vezes, estão simplesmente realizando movimentos naturais de interpenetração e ajustamento decorrentes desse ritmo dinâmico, belo e sábio.

Vejamos: vulcões, tornados, maremotos, terremotos, raios e outros fenômenos geológicos ou cósmicos, aparentemente paradoxais, ocorrem para melhor ajustar a empolgante engrenagem da Mestra Natureza. Das cinzas do destruir, nasce o construir. No cerne do imoralismo de Nietzsche, estão as sementes de uma sociedade ideal; no seu super-homem se expressa o esboço dessa sociedade.

Em tese, esses movimentos, de algum modo, se inter-relacionam. Se for verdade que todo o comportamento social – tanto humano como animal – tem uma base biológica, não vemos como negar o relacionamento destes princípios com as coisas em geral. Assim, a classificação de conflitos, num sentido elástico, não é tão simples como a grande maioria pensa. Por isso, à medida que o leitor for andando neste terreno, deve palpá-lo com todo o cuidado. As partes subjacentes têm muitas ramificações, que podem se agravar pela ação do homem.

O medo imaginário, a insegurança a respeito do futuro, a ânsia de buscar respostas para uma série de perguntas, inquietam-nos. Por que tanta preocupação? Seria, segundo Mira y Lópes, por que o que não existe oprime mais do que aquilo que existe? Seria por isso que os mortos assustam mais que os vivos? Que Deus e o demônio torturam e angustiam as mentes ingênuas?

> SIGMUND
> FREUD
> OBRAS COMPLETAS VOLUME 15
> PSICOLOGIA DAS MASSAS E ANÁLISE DO EU E OUTROS TEXTOS
> (1920-1923)
> TRADUÇÃO PAULO CÉSAR DE SOUZA

Esperança!

> *A esperança é o único bem comum a todos os homens; aqueles que nada mais têm ainda a possuem.*
> Tales de Mileto (623-546? a.C.)[27]

> *Prometei o que podeis, pois a esperança é mais viva do que o recebimento.*
> Abade de La Roche

> *Odeio a esperança.*
> Antonio Abujamra[28]

A esperança é o substancial alento do espírito e magia da criatividade, mais se expressando no campo da literatura, da filosofia, da ciência, da poesia, enfim, das artes em geral e do saber. Assim, a palavra esperança, escrita ou falada, deve ser empregada em sentido positivo, emblemático, inclusive, tal é a grandeza e encanto de seu significado, e da esperança em si ou em seu todo, a ponto de ter inspirado o papa Bento XVI a proclamar a Encíclica *Spe Salvi* (Salvo pela Esperança).

---

27. Um dos sete sábios da Grécia.
28. Antonio Abujamra, em que pese ser uma inteligência rara, não foi feliz.

É um mecanismo fascinante que se nutre principalmente nos impulsos do instinto de conservação e curiosidade intelectual. É, também, sustentáculo de crenças religiosas, de megalomanias, decepções, neuroses, crendices, delírio organizado ou fantasia etc.

A esperança pela imortalidade ou eternidade por meio da reencarnação é amplamente explorada, consciente ou inconscientemente, pelo despudor de trapaceiros, sacripantas, escroques ou charlatães profissionais, ressalvando a credulidade dos bem intencionados.

O mecanismo da esperança constitui importante ferramenta de trabalho. No entanto, tomemos cuidado com os exploradores dessa ferramenta, melhor dizendo, com os "vendilhões de esperança", que oferecem vantagens fantasiosas e miraculosas que quase sempre escondem em seu bojo mensagens comerciais, viciadas pela fraude ou simulação, extorquindo incautos ou de boa-fé, ao arrepio da magia e aura que envolve o significado e encanto da palavra esperança! Daí, em geral, ela estar associada ao desejo do bem, ao oposto do desejo do mal.

Lamentavelmente, a opinião pública tende a ver o que é aparente, deixando-se ludibriar com extrema facilidade. A receptividade de que gozam os trapaceiros e charlatães é uma evidência da acolhida desses despudorados nos lares de milhões de famílias, ressalvando o que é benéfico, necessário, lícito ou inofensivo. A esperança por um novo amanhecer ou um mundo melhor é o principal estímulo dos pensadores ou virtuosos.

Divergências religiosas, conflitos raciais, choques culturais ou econômicos, corrupção e tecnologia armamentista podem extinguir a espécie humana. A única esperança para que isso não aconteça é a filosofia, a ciência, a miscigenação das raças, a unificação das religiões, adoção de um único deus, extinção dos preconceitos e cultivo do saber.

Esperança positiva, sim, desesperança, não, apesar de a felicidade e desgraça, a exemplo do ódio e do amor, andarem juntas. Mesmo assim, sejamos otimistas, em que pese o pensador Marquês de Sade ter sintetizado: "Todo virtuoso é infeliz".

Em suma: *a esperança não se resume no ato de desejar. É algo bem mais importante.*

Capítulo 31
Internet

A segurança da internet está nas mãos dos provedores de acesso.
Steven Bellovin

A internet, que a partir do ano de 1990, lançou os pilares do mundo digital que vivemos nos dias de hoje, em que ela completa 28 anos, é o grandioso e terrível instrumento do momento e do futuro, por seu imenso poder de transmissão tecnológica a serviço da ciência e da globalização, do bem e do mal, dependendo das circunstâncias, em cujo seio opera livremente o crime organizado e o mundo das mentiras virtuais. Daí, lamentavelmente, estar sendo contaminada pela corrupção: roubo de senhas; criação de vírus destrutivos e de outros artifícios eletrônicos; pornografia; depravação infantil e de adolescentes; fabricação de explosivos e de outros artefatos para fins criminosos ou belicosos – com perspectiva de desestabilizar qualquer sistema de segurança, pois a infiltração de talentosos espiões internautas, capazes de acessar dispositivos diabólicos em reatores ou usinas atômicas, pode ameaçar a vida no planeta.

Mas esse terrível lado ruim seria da internet ou do usuário? Ou de ambos?

Uma rede de espionagem *on-line*, partindo da China, segundo informou um centro de pesquisas canadense, em menos de dois anos, invadiu 1.295 computadores em 103 países para roubar documentos e informações secretas de entidades públicas e privadas. A Agência de Segurança Nacional dos EUA (NSA) pagou milhões de dólares a empresas de internet, segundo informações de Edward Snowden.

A probabilidade de crianças, mal saídas da meninice, terem acesso total à internet coloca-nos, pois, diante de nova face da corrupção.

Por um lado, degradação moral, com acesso a sites pornográficos e seus bate-papos, entre os quais os riscos da pedofilia. De outro lado, acesso a fórmulas que permitem preparo de armas, venenos, assim como aos amaldiçoados locais em que mensagens racistas e outras são encontradas e retransmitidas, mais uma vez nos coloca diante da responsabilidade do Estado em face do mau uso da evolução tecnológica.

Suas possibilidades são tão imensas, a ponto de a Nasa, que pensa grande, estar planejando o lançamento de uma internet interplanetária que estabelecerá um complexo de comunicação no sistema solar. O projeto, que reproduziria a internet da Terra em outros locais do sistema solar, estaria sendo preparado por Adrian Hooke, diretor do Laboratório de Propulsão a Jato da Nasa. É a internet andando pelos caminhos da ciência e do ensino, de cujo progresso participam alunos, que em alguns casos ou temas, ensinam até seus professores.

Comprar pela internet é outro benefício que ela proporciona, que também pode ser usado para o mal, por exemplo, para o tráfico e compra de drogas e de outros negócios escusos, venda de cápsula suicida, entre outros. Daí a necessidade premente do poder de polícia do Estado coibir, com rigor, o uso de recursos virtuais criminosos, bem como divulgar, ao máximo, a aplicação dessa revolução tecnológica em prol do bem, a qual já conta com cerca de 4 bilhões de usuários. Em assim sendo, 3 bilhões de habitantes do planeta ainda não acessam a internet. Daí, a ONU estar recomendando a conexão à internet.

A situação está se agravando mundialmente, a ponto de o grupo dos oito países mais industrializados do mundo (G-8) estar discutindo medidas contra os crimes cibernéticos, entre as quais a pena de morte, nos casos mais graves.

No Brasil, apesar de alguns desses crimes estarem tipificados no Código Penal, medidas complementares estão em andamento em face do agravamento do problema, considerando que o país está classificado entre os países mais corruptos do mundo, o marco civil da internet, inclusive (Lei nº 12.965/2014).

A campanha eleitoral *on-line* no Brasil deixa a desejar por faltar alma sobre o que escrevem.

A seguir algumas denominações relacionadas à internet:

Sneaker: alguém contratado para atacar sistemas de segurança e testar sua eficácia.

Hacker: não é necessariamente um bandido. É apenas um usuário com conhecimentos profundos de *hardware* e *software*, em sistemas de telefonia inclusive. Um *hacker* chegou a acessar 3,2 milhões de cartões de crédito Visa e Mastercard, segundo a rede de televisão

CNN. Só nos EUA, *hackers* já teriam causado prejuízos de mais de US$ 60 bilhões.

Cracker: é especializado em quebrar sistemas de segurança. Pode ser um malfeitor que destrói trabalho alheio ou um bom profissional que alerta para falhas em redes.

Cyberpunk: é o invasor de computadores que destrói arquivos e picha as páginas por puro vandalismo.

Cyberterrorista: é quem cria sistemas que visam a causar pânico e destruição generalizada na rede, podendo causar prejuízos de bilhões de dólares, escurecer cidades e até provocar desastres em usinas nucleares.

Cyberposseiro: é quem usa indevidamente nomes famosos divulgando boatos e mentiras para extorquir dinheiro.

Bioterrorista: lida com agentes biológicos ou químicos.

Spammers profissionais: enviam mensagens eletrônicas indesejadas, infernizando milhares de pessoas que gastam precioso tempo deletando lixo eletrônico. Hoje, cerca de 75 países instituíram leis que criminalizam *internautas-spams* que enviarem *e-mails* não solicitados ou não desejados. Só a China responde por 84% dos *e-mails* indesejáveis.

Bugbear B: é uma variante do vírus *Bugbear*, que começou a ser propagado pela internet em setembro de 2002, com alto potencial de destruição e disseminação. Esse vírus é polimórfico, o que dificulta sua identificação.

Cyberbullying: colocar, na internet, cenas de relações sexuais, humilhando e agredindo adolescentes inclusive, sem nenhum pudor, numa deprimente invasão de privacidade.

Computador Zumbi: é uma máfia de *hackers* que invade computadores e aplica golpes virtuais sem que o dono desconfie.

Nerd: viciado em computador, intelectualizado, legal, humilde, exótico, tímido e indiferente às regras.

Geração F: relações sociais via internet.

Galaxy Gear: relógio inteligente que se conecta ao *smartphone* do usuário para fazer ligações, acessar *e-mails* e redes sociais, além de armazenar notificações e alarmes.

O Brasil já tem mais de 50 milhões de internautas e esse número continua crescendo rapidamente. Só não ultrapassa os Estados Unidos, com mais de 210 milhões (cf. *O Estado de S. Paulo*).

Na China, o país mais populoso e mais *plugado* do mundo, apenas 40% da população tem acesso à *web;* no país, a legislação prevê até pena de morte para determinados conteúdos divulgados na rede,[29] como os relacionados ao submundo das drogas, por exemplo. Lá, mais de 25% dos internautas têm *blogs*.

Em suma: o lado negativo da internet é que cada vez mais ela se torna uma via para a prática em série de diversos tipos de crimes, onde são realizados rituais macabros por meio de bate-papos, com incentivo ao canibalismo inclusive, tornando-se fonte de descaminhos, desgosto e caos. Quadrilhas mandam 2,3 bilhões de mensagens falsas por mês e sempre fisgam alguns ingênuos ou incautos. Mas providências coibitivas hão de pôr fim a esses terríveis abusos e aumentarão o espaço para o bem e efeitos excepcionais: computadores inteligentes, inteligência não biológica, singularidade etc. Exageros à parte, mas os avanços da biotecnologia e outras inovações tecnológicas podem aumentar a capacidade dessas máquinas e de nossos neurônios, chegando, talvez, à inteligência artificial.

Enquanto melhoras não ocorrerem, os pais devem procurar saber que tipo de dados seus filhos, especialmente as crianças, obtêm na internet.

Não obstante o seu lado ruim, a tecnologia continua avançando em prol do bem e do progresso, por exemplo, o surgimento do celular digital, da banda larga, das tecnologia *3G, 4G* etc. Já estão conectando a *web* em três dimensões. Por outro lado, basta um minuto para uma pessoa se transformar em um criminoso virtual. Os ilimitados meios estão disponíveis na internet.

É exagero retratar a internet como escura e sinistra. Ela é como tudo na sociedade, nela, há lugares seguros e não seguros. O importante é saber usar a inteligência para descobrir e interpretar conhecimentos.

Enfim, a internet mudou o mundo para melhor, apesar de seu uso para o crime. Seus recursos são muitos, entre os quais os *blogs*, o *Twitter*, *Uol*, o *Facebook*, com realce para o *Google*. E, mais: já se pensa em sexto sentido e em substituir o mouse e o teclado, o *tablet*, por exemplo.

E, ainda: já se pensa na inteligência artificial, que poderia significar o fim da raça humana, segundo o físico britânico Stephen Hawking.

A internet é um presente de Deus.
Papa Francisco

---

29. A *web* dá às pessoas informação gratuita. Portanto, no que ela transmite de bom, não deveria sofrer restrições, principalmente nos países socialistas ou comunistas.

Capítulo 32
A MAÇONARIA É A INSTITUIÇÃO MENOS CORRUPTA DO MUNDO

Examine a essência das coisas, quer sejam aspectos de doutrina, de prática ou de interpretação.
Marco Aurélio Mello, ministro do STF

Na maçonaria ou franco-maçonaria (Ordem dos Maçons Livres e Aceitos), a corrupção é menos comum e menos nociva. É que entre os princípios maçônicos inclui-se a defesa do bem comum, cultivo do saber, liberdade de pensamento e aprimoramento ético do ser humano. Daí concluirmos, ao longo de mais de 60 anos de nossas pesquisas, que a Ordem Maçônica Mundial é a menos vulnerável à corrupção.

A razão principal de a maçonaria ser menos sujeita à corrupção é também de natureza política, pois, discretamente e, às vezes, de forma marcante, lutou e continua lutando contra oligarquias arcaicas e contra governos tiranos e corruptos, inspirada em princípios Republicanos. Por outro lado, suas lendas, símbolos, tradições e o perfume de sua acácia refletem, de algum modo, os ensinamentos do rei Salomão, que teria sido o seu fundador e primeiro grão-mestre, cujos valores teriam contribuído para isolar o mau cheiro da corrupção, ou pelo menos, diminuí-lo.

A participação da maçonaria na Revolução Francesa e presença de intelectuais e estadistas ilustres em suas lojas são exemplos dignificantes que, de certa forma, coibiram e coíbem, como mostra a história, práticas corruptas, uma vez que um Estado bem-estruturado e forte é o principal óbice e inimigo da corrupção. Entre esses intelectuais e estadistas, relacionamos os seguintes:

Benjamin Franklin, Casanova, Danton, Diderot, D. Pedro I, George Washington, José Bonifácio de Andrada e Silva, Kipling, Luís XV, Montesquieu, Mozart, Napoleão Bonaparte, Ruy Barbosa, Simón Bolívar, Voltaire e Winston Churchill.

Além de fundador da maçonaria, o rei Salomão teria sido o criador de seus códigos e sinais secretos? Sim, segundo os diversos ritos da ordem, apesar de a literatura maçônica ser bastante dispersa a este respeito, o que não ocorre em relação ao Antigo Testamento, onde a participação daquele sábio profeta e emérito estadista é notável. Por outro lado, podemos indagar também se, ao contrário, a maçonaria teria sido fundada apenas inspirada no referido rei e em suas lendas. Talvez, já que a história e a Bíblia, em suas diversas versões, também são produto da imaginação de diversos autores. Eis por que a arqueologia moderna está demolindo alguns relatos bíblicos em relação ao mito do rei Davi e do rei Salomão. Ainda recentemente, geólogos israelenses anunciaram a descoberta de uma lasca de pedra com inscrições em fenício que descrevem o plano do rei Joás para reformar o Templo de Salomão.

Por analogia e pesquisa, chegamos ainda à conclusão de que o rei Salomão teria sido o fundador do primeiro serviço secreto de informações, no qual, ao que parece, teriam suas raízes remotas, ainda que por inspiração, a KGB, a CIA, a Gestapo, a ABIN, o MOSSAD, a Santa Aliança, o ex-SNI, a Scotland Yard e outras organizações de informação e contrainformação, a serviço dos respectivos governos ou de instituições privadas, as quais são recomendáveis, até mesmo indispensáveis, para a própria maçonaria.

Diante disso, pode-se concluir que o rei Salomão foi mais estadista, filósofo, poeta, teólogo e menos profeta. Ele teria criado sinais secretos para ser bem informado sobre os seus potentados, suas tribos ou estados, uma vez que, já naqueles remotos tempos, a governabilidade era um desafio, com notícias e práticas de corrupção em diversos setores dos respectivos governos, é o que se depreende dos capítulos 28 e 29 do *Livro dos Provérbios e da Sabedoria*.

Alguns dos sinais, símbolos e códigos vêm, ao longo dos tempos, sendo cultuados pela maçonaria, fazendo parte de seus ensinamentos e segredos, sobretudo como condição para integrar suas lojas e identificação entre seus membros. Portanto, em princípio, inacessíveis a estranhos ou corruptos. Daí concluirmos que a ordem maçônica mundial, efetivamente, é a instituição menos corrupta do mundo, o que é uma honra para os maçons ou pedreiros, denominação decorrente dos pedreiros livres, principalmente na Idade Média, por terem participado ativamente em construções de castelos, catedrais, templos etc.

CAPÍTULO 32 – A MAÇONARIA É A INSTITUIÇÃO MENOS CORRUPTA DO MUNDO

A atuação da maçonaria, ainda que discreta, é relevante no mundo profano, fora de seus rituais reservados ou de seus quadros administrativos e patrimoniais. No Brasil, ela é apoiada pela Escola Superior de Guerra e por outras instituições sérias.

Por fim, a maçonaria tem como base: liberdade de pensamento, simbolismo, sabedoria filosófica, princípios éticos e metafísicos. Portanto, não deve ser confundida com mercadores de esoterismo ou vendilhões de Deus e do Diabo. A grandeza maçônica é transmitida aos irmãos maçônicos, que devem corresponder, sob pena de serem excluídos. Com maçonaria não se brinca.

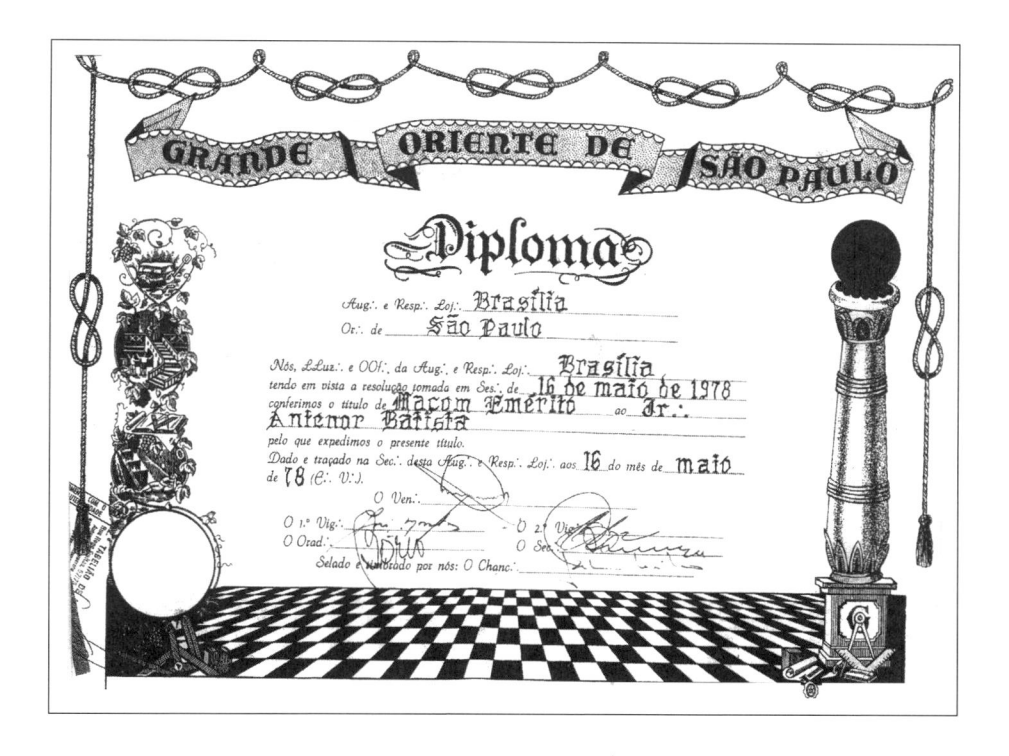

GRANDE LOJA DO PARANÁ
LOJA SIMBÓLICA LUZES DE SIÃO n°. 77
Lapa - PR

Or.'. da Lapa, PR, 24 de novembro de 2007.

Ao Ir.'. Antenor Batista

Ser Maçom é querer tudo puro e correto é ter limpo os pés e ter limpas as mãos, é querer habitar entre muitos IIr.'. e louvar o poder do Supremo Arquiteto.

Ser Maçom é ser forte e enfrentar a procela, é amar a existência e fazê-la mais bela, é buscar a justiça, a igualdade, o direito.

Afinal, ser Maçom é buscar a verdade, ser Maçom é lutar em prol da liberdade, ser Maçom é querer tudo justo e perfeito!

O G.'. A.'. D.'. U.'. permite a especial presença de milhares de IIr.'. anônimos, aqueles que honraram a condição de maçons, não apenas a serviço da Or.'. , mas também a serviço da Pátria.

As qualidades citadas por certo lhe são inerentes, verificadas ante as magnânimas atitudes de **respeito**, desprendimento e, principalmente de **amor à maçonaria e suas causas**, demonstradas quando de sua visita à nossa amada l.'..

Essas palavras são o mínimo para agradecermos seu gesto.

O Ir.'. pode estar certo que daremos a destinação adequada à sua contribuição, a qual servirá a impulsionar enormemente a sonhada conclusão de nosso templo.

Por ser um obreiro de quilate e respeito, aguardaremos com entusiasmo sua visita em nossa l.'..

As homenagens e eterna gratidão dos obreiros da L.'. S.'. **Luzes de Sião 77**.

ass. Ir.'. José Carlos Ohpis
V.'.M.'. da L.'. S.'. Luzes de Sião 77

A∴G∴D∴G∴A∴D∴U∴
A∴R∴L∴S∴

LUZES DE SIÃO Nº 77

FUNDADA EM 10/02/1989 -
OR∴ DA LAPA, PR - PARQUE DE SIÃO

O V∴M∴ Ir∴ MANOEL FRANCISCO VIDAL, DECIDE, PARA QUE CUMPRA E FAÇA CUMPRIR O DESEJO DOS OBREIROS DA A∴ R∴ L∴ S∴ LUZES DE SIÃO Nº 77, FILIADA À GRANDE LOJA DO PARANÁ, CONCEDER O

TÍTULO DE BENEMÉRITO

AO ESTIMADO Ir∴ ANTENOR BATISTA

POR SUAS AÇÕES EM PROL DESTA OFICINA, AS QUAIS MUITO HONRAM E DIGNIFICAM A MAÇONARIA, SERVINDO DE ESTÍMULO PARA TODOS.
QUE O G∴ A∴ D∴ U∴ O ILUMINE COM NOSSA ETERNA GRATIDÃO

ORIENTE DA LAPA, PR, MAIO DE 2013.

Ir∴ MANOEL FRANCISCO VIDAL
V∴M∴ DA A∴R∴L∴S∴ LUZES DE SIÃO Nº 77

Capítulo 33
Corrupção à luz da justiça

No dia em que a justiça criminal for exercida com eficácia,
os criminosos vão pensar duas vezes
antes de se apropriarem do dinheiro e da coisa pública.
Carlos Velloso, ministro do STF

Preliminarmente, é com orgulho que registramos dois julgamentos históricos do Supremo Tribunal Federal: o recebimento da denúncia sobre os 40 próceres políticos envolvidos no famigerado mensalão, Ação Penal nº 470 e a emblemática decisão sobre a fidelidade partidária, dentro da normalidade republicana e democrática, colocando-se acima de pressões, bem como a operação "Lava Jato", sob o corajoso julgamento do juiz Sérgio Fernando Moro, em Curitiba-PR.

A corrupção, inerente a todos os povos, não iria, como é óbvio, deixar de contaminar o Poder Judiciário, apesar de o ato de julgar ser sublime. Daí ser o poder menos vulnerável à corrupção. O suborno é mais comum nos bastidores do Judiciário, porém muito raro entre juízes. Em geral, os magistrados, quer seja na vida privada, quer seja no exercício da judicatura, têm brio, imunes, portanto, ao recebimento de propinas. **Mesmo assim, por mais íntegro que possa ser um juiz, não está livre do tráfico de influência, terrível meio de corrupção.** Aliás, Thomas Jefferson, que tanto contribuiu para o aprimoramento da justiça dos Estados Unidos da América, numa de suas históricas cartas, alertava sobre as tentações dos oferecimentos de propinas e do tráfico de influência em que juízes podem se envolver.

Desde as mais longínquas civilizações, a corrupção vem sendo objeto de comentários e, em alguns de seus muitos aspectos, de medidas repressivas. O Código de Hamurabi (Babilônia, com 282 artigos, e o Código de Manu, já naquelas remotas épocas, trataram desse tema, dando-nos preciosas lições a respeito). Moisés, na quietude das vastas areias e do céu do deserto, também proferiu dignificantes pregações moralistas. As novidades desta obra podem ser notadas na maneira simples, por vezes contundente, de enfocar o tema da corrupção e de seus malfeitos explorando e trazendo à tona partes não notadas ou insuficientemente avaliadas e demonstradas, **os efeitos progressistas da corrupção, por exemplo, ainda que sujos**, é um fator de progresso... Título original da presente obra.

O que existiu, existe e o que foi apurado em relação à corrupção do judiciário, em CPI inclusive, são casos isolados que não abalam o notável conceito desse emblemático poder, apesar da burocracia restritiva em alguns setores.

O juiz e a justiça

O clamor público não deve nortear o julgamento.
A voz da população levou Cristo ao calvário.

Marco Aurélio Mello,
ministro do STF

No Brasil e em outros países, ser juiz e exercer a magistratura é por demais dignificante. Diríamos mesmo que talvez seja a mais nobre de todas as missões. No entanto, é de extrema responsabilidade, e a grandeza de seu desempenho depende da honradez, talento e independência de quem a exerce.

Esta parte não vai se aprofundar no aspecto técnico, pois apenas desejamos, resumidamente, enfocar a ação de juízes no combate à praga da corrupção, já que o juiz, na constância de suas atividades, julga corruptos e atos ilícitos, o que ocorre em todas as instâncias judiciárias. Logo, aqui e no mundo, a justiça é o principal óbice à corrupção, em todas as suas formas e disfarces, daí a importância da vigilância e eficácia do Estado, particularmente e relação ao seu poder de polícia, já que o homem, por sua natureza egoísta, por interesse ou necessidade, tende a ser corrupto, até encontrar limites.

A justiça, em seu trinômio "Polícia, Ministério Público e Judiciário", aqui e lá fora, é a instância menos vulnerável à corrupção, mas ela não está de todo imune, pois ninguém escapa dos tentáculos ou da infiltração e disfarces da corrupção. Um talentoso trapaceiro, lançando mão de meios disfarçados, tráfico de influências, relações pessoais, favores etc., pode envolver um único juiz ou até mesmo a justiça em busca de interesses escusos. O escândalo da Previdência Social e outros que foram apurados pela ex-CPI e pelo Ministério Público servem de exemplo.

> *Quando um juiz sentencia, ouvindo somente uma das partes,*
> *a sentença poderá ser justa, mas o juiz não o é de maneira alguma.*
> Sêneca

Ao longo de todos os tempos, o juiz e a magistratura, como um todo, prestam relevantes serviços no combate à corrupção. Alguns foram aniquilados no desempenho de tão nobre missão. O juiz Rosário Lavatino, de 38 anos, que foi morto pela máfia, é um exemplo. Lavatino, em seu estilo individual e corajoso, combateu eficazmente a máfia. O mesmo se pode dizer do juiz Antonio Scopelliti, assassinado na Calábria, e do juiz Giovanni Falcone. Eles e outros integram o imenso elenco daqueles que tombaram heroicamente na guerra contra a corrupção e o crime organizado. Lembremos, ainda, o massacre de 42 juízes colombianos, entre 1979 e 1989, bem como dos assassinatos dos juízes Leopoldino Marques do Amaral, Antonio José Machado Dias, Alexandre Martins de Castro Filho e a juíza Patrícia Acioli, no Brasil.

Em célebre julgado, a Terceira Turma do Superior Tribunal de Justiça negou recurso apresentado pela viúva de Amador Aguiar, fundador do Bradesco, a qual pretendia excluir da herança as filhas do banqueiro, o que bem reflete a grandeza e independência do Poder Judiciário, ao dar a "CÉSAR O QUE É DE CÉSAR".

A justiça e seus limites diante do poder da corrupção e do tráfico de influências

> *Com o tempo, uma sociedade de carneiros acabará gerando um governo de lobos.*
> Bertrand de Jouvenel

> *Ao focalizar o cotidiano do trabalho jurídico e as deficiências morais*
> *de juízes e advogados, creio que de fato dei origem a um novo gênero literário.*
> Scott Turow, jurista americano

> *Estamos vivendo a civilização do conhecimento, mas não da sabedoria.*
> *A sabedoria é o conhecimento temperado pelo juízo.*
> André Malraux

Por mais paradoxal e absurdo que possa ser, o poder da corrupção é invencível, em virtude de ser alimentado em suas entranhas pelo egoísmo da natureza humana. Portanto, por mais que a justiça se simplifique, se desburocratize, se modernize, em todos os campos de seu mister, mesmo contando com eficiente estrutura de base (enxugamento dos códigos, sistema policial, informática, elevado espírito de cidadania etc.), sempre se defrontará com limites impostos pelo poder da corrupção, mundialmente institucionalizado ou enraizado em todos os segmentos sociais, ainda que disfarçado em suas formas operantes. Assim é hoje e assim foi em todos os tempos. O Estado sempre impôs terríveis golpes e derrotas ao poder da corrupção, porém, ao longo dos milênios, nunca conseguiu vencê-lo, nem mesmo os loucos o fizeram. Há quem diga que Nero, ao mandar atear fogo em Roma, o fez para acabar com a praga da corrupção. Se assim foi, teria lhe faltado sensibilidade, apesar dos ensinamentos filosóficos recebidos de Sêneca, porque estaria procurando eliminar efeitos sem atingir a causa.

O saber de não se deixar enganar, a experiência em lides jurídicas e o preparo psicológico são condições essenciais na nobre função. Um juiz sereno e sábio não coloca muita emoção em seus julgados. Ser corajoso e independente, decidindo com destemor e um toque de audácia, quando necessário, é também importante, já que a audácia, em tese, caracteriza liderança. Um bom juiz marca sua passagem no mundo do Direito, ao passo que outros são obscuros, passando pela magistratura mediocremente. Antes assim do que ocuparem espaço na imprensa como corruptos, em prejuízo da boa imagem da justiça.

É fundamental aumentar eficazmente a vigilância e atuação do Estado, em todos os segmentos sociais, no combate à corrupção. O poder desta e seus desdobramentos nocivos contra o bem comum proliferam, à medida que o Estado é estruturalmente ineficaz. Daí a importância também de cursos de reciclagem para magistrados, a exemplo do que vêm fazendo as escolas de magistratura, bem como contribuindo na elaboração de códigos e de leis complementares.

A rigor, o Poder Judiciário é um todo que tem como estrutura a Constituição Federal de 1988, principalmente em seus arts. 5º, 37, 39, 92 a 135, e outras decisões que se vinculam à espécie, em seu imenso universo jurídico.

Tais instituições jurídicas e políticas, auxiliadas por outras normas éticas e tomada de posição e de consciência das elites em seu todo, diminuiriam o mal da corrupção, sobretudo em relação aos crimes sofisticados, os já referenciados "crimes do colarinho branco", chamados de *white collar crimes* pelos criminalistas norte-americanos. Diminuiriam também a ação dos mercadores de Deus ou da fé, que se registram como instituições filantrópicas para sonegar ou não pagar impostos e explorar pessoas de boa-fé.

Um alerta: estaria em elaboração, na América do Sul, um projeto de luta armada de extrema esquerda, inspirado nas ideias de Ernesto Che Guevara e de Hugo Chávez, em fase de preparação no Brasil pelo MST, com apoio de ONGs nacionais, internacionais e do crime organizado, num movimento paramilitar sincronizado [vide *O Estado de S. Paulo*, (26.10.2003, p. A12 e A13), bem como o grave relato do promotor de justiça Gilberto Thums, publicado na revista *Veja* (22.4.2009), que, em tese, subsidiam o presente alerta].

Talvez por isso José Dirceu advertisse a oposição de estar namorando com o perigo.

O MST, apesar de ser um braço político do PT e infiltrado por mercenários, cresceu e se reestruturou no governo de Fernando Henrique Cardoso. Portanto, o presidente Lula não é o único responsável pelos seus crimes e desmandos. Não obstante reprovarmos os atos ilícitos do movimento e a tolerância do atual governo em relação a estes, não há como negar o sentido social de sua causa. O MST mantém bons estrategistas e boa assessoria jurídica, a aprovação do Estatuto do Desarmamento (Lei Federal nº 10.826, de 22 de dezembro de 2003) é um exemplo, uma vez que, para seus fins revolucionários e invasões criminosas, prefere lutar contra um povo desarmado. Porém, as Forças Armadas do Brasil estão alertas, consoante dispõem os arts. 142 da CF/1988 e 357 do Código Penal Militar.

Justiça, Maçonaria e Forças Armadas são coisas sérias. A Justiça não está em transe, os casos de corrupção são isolados, os fatores que de algum modo preocupam são o tráfico de influência e o corporativismo, mas isso ocorre em todas as classes. As escaramuças no Poder Judiciário, particularmente vindas de figuras de proa da República, produzem reações e providências benéficas. A que está ocorrendo entre o Conselho Nacional de Justiça (CNJ) e o Supremo Tribunal Federal (STF), é um exemplo. Apesar de algum excesso no calor dos debates sobre despesas. É que, numa colocação simplista, ninguém gosta que mexa no seu bolso. Daí, talvez, a investida contra o Conselho de Controle de Atividades Financeiras (COAF).

Enfim: o Poder Judiciário pode não ser ainda o ideal, mas é o menos corrupto dos três Poderes da República.

O sistema penal brasileiro pune – e muito...
principalmente os negros, os pobres, as minorias em geral.
Joaquim Barbosa, ministro do STF

Capítulo 34
Ministério Público

O Ministério Público não varre o lixo para debaixo do tapete.
Luiz Antonio Marrey,
procurador-geral de justiça-SP

O direito não é uma teoria, mas uma força social viva.
Ihering

*Leis são como redes que interceptam pequenas moscas,
mas permitem a passagem de vespas e marimbondos.*
Jonathan Swift,
escritor e poeta irlandês

O Ministério Público, ou denominação semelhante, teria nascido no Egito, há mais de quatro mil anos, quando o ofício era exercido por funcionários reais que tinham papel semelhante ao dos promotores públicos de hoje. Portanto, suas raízes são remotas. A rigor, foi criado na França por Felipe IV – no século XIII –, conforme Ordenação de 25 de março de 1302. Todavia, Felipe IV teria apenas incorporado, ao antigo direito francês, o que já existia de melhor a respeito dos procuradores ou agentes do rei.

No Brasil, pelos Decretos nº 848, de 23 de outubro de 1890, e nº 1.030, de 1830, foi juridicamente reestruturado e vem recebendo prestígio de leis fundamentais, principalmente da Constituição Federal de 1988 (arts. 127, 128, 129 e 130).

Nosso objetivo limita-se em evidenciar a ação corajosa e repressora do Ministério Público Federal e Estadual, coadjuvada pelas polícias federal e estadual, contra a corrupção em todas as suas formas e esferas sociais, de modo mais determinante no âmbito criminal, sendo essencial à judicatura, sempre em defesa da sociedade e do seu patrimônio.

Dentre as suas áreas de atuação, destacam-se as seguintes:
a) é um dos atores principais do processo político em âmbito federal, estadual, militar e municipal, procedendo como fiscal atento em relação à conduta dos administradores públicos, no seio de sua própria classe inclusive;
b) defesa e proteção do meio ambiente, mediante a aplicação da Lei nº 9.605, de 13 de fevereiro de 1998, e legislação complementar, com poder de policia do Estado inclusive;
c) registros públicos;
d) defesa das comunidades indígenas;
e) defesa da criança, do adolescente, da família e atuação nas sucessões, no que couber;
f) proteção ao idoso;
g) promotoria de justiça da cidadania e da lei da ação popular;
h) loteamentos clandestinos e instauração de inquérito civil ou ação civil pública em defesa dos lesados;
i) rigor na fiscalização e aplicação do Código de Proteção e Defesa do Consumidor (Lei nº 8.078, de 11 de setembro de 1990) e de legislação complementar;
j) atua, com seu poder de fogo, contra os "crimes do colarinho branco" (Lei nº 7.492/1986), contra a máfia das indenizações e, sobretudo, contra o crime organizado;
k) Defesa da União e atuação junto aos tribunais de justiça estadual, de justiça militar estadual, de justiça eleitoral, de contas etc. Daí a importância da avaliação psicológica para o exercício do Ministério Público.

O promotor de justiça não é o carrasco que alguns leigos pensam ser. Ele pode, por ausência de provas ou atipicidade do fato, pedir absolvição do imputado. Pode, inclusive, na qualidade de fiscal da lei, recorrer em favor do réu. E, ainda, defende a comunidade, particularmente nas comarcas do interior, numa função também política, agindo como um fiscal do povo e da cidadania. E, em tese, sabe interpretar o direito e perscrutar fatos delituosos, não se deixando enganar, por mais experiente e arguto que seja o seu opositor, investigando e analisando com precisão quase sherlockiana[30], não se sujeitando ao oferecimen-

---

30. Referente a Sherlock Holmes, personagem principal dos romances policiais do britânico Arthur Conan Doyle (1859-1930).

to de propinas, tampouco de favores ou relações pessoais. Mesmo assim, não está livre do tráfico de influências, terrível fator de corrupção.

O poder de polícia do Estado está estremecendo as bases da corrupção pela ação destemida e extremada do Ministério Público, atingindo elites do famigerado tráfico de influências que traficam vultosos negócios, sobretudo na baixa política, que é a vala comum da corrupção. O mais importante dessa ação é o fato de ser dirigida contra os poderosos, já que o "ladrão de galinha" é menos nocivo. Aliás, o suborno que mais lesa os bens públicos e privados é o que é praticado por pessoas influentes. Daí o grande mérito do Ministério Público, que, com bravura, vem atacando esses poderosos grupos, incluindo banqueiros e outros criminosos do "colarinho branco", via de regra, inatingíveis, porque dispõem de caríssimas assessorias econômicas e jurídicas. Tanto no âmbito federal como no estadual, vem se impondo, no combate à corrupção, por exemplo, no caso da investigação que envolveu empresários do setor de transporte na cidade de Santo André-SP, que teria causado o homicídio do prefeito Celso Daniel. Com realce na apuração da autoria de tal homicídio e de outras barbáries.

O Ministério Público, no Brasil e em outros países, com coragem e preceitos éticos, está desbancando terríveis *lobbies* da corrupção e do crime organizado, desengavetando casos escabrosos. Por isso as forças do mal e seus disfarces estarem fazendo apologia à chamada "Lei da Mordaça" e às tentativas para implantar a "Lei da Algema", a fim de fragilizar e limitar as atribuições do Ministério Público, impedindo-o de investigar os podres da corrupção e do crime organizado.

Por fim, temos o exemplo dignificante do ex-procurador-geral da República, o Dr. Antonio Fernando Barros e Silva de Souza, que denunciou 40 próceres políticos envolvidos com a corrupção e com o famigerado mensalão, denúncia acolhida pelo ministro relator Joaquim Barbosa.

Capítulo 35
O ADVOGADO E A ÉTICA PROFISSIONAL

Pallium face, ut splendeat.
(Mantém tua toga limpa, para que resplandeça.)

Esta parte, apesar de ser elementar, não se conflita com o formalismo dos códigos e preceitos éticos existentes no mundo, particularmente com o Estatuto da OAB e com o Código de Ética (Lei nº 8.906, de 4 de julho de 1994 e atos complementares), com raízes no art. 17 do Decreto nº 19.408, de 18 de novembro de 1930. Atualmente, está em vigor o novo Código de Ética e Disciplina, aprovado em novembro de 2015, em comemoração aos 85 anos da OAB.

A conduta ética do advogado, que aqui procuramos comentar resumidamente, relaciona-se mais com a praga da corrupção, também infiltrada na advocacia em âmbito mundial, geradora de muitas fortunas, algumas das quais desencadeando efeitos progressistas, sobretudo quando fazem bons negócios acontecerem, ainda que burlando leis e princípios éticos.

A profissão de advogado é por demais gratificante quando exercida com dedicação, capacidade jurídica e inteligência na interpretação de conhecimentos, honradez e idealismo. Felizes daqueles que atingem tão notáveis conceitos de exemplar profissionalismo e recato ético, sem se expor, desnecessariamente, a atos festivos, a exemplo do que ocorreu no dia 25.5.2017, na entrega do 13º pedido de *impeachment* contra o presidente Michel Temer. Considerando, ainda, que se trata de um colega de classe. Por outro lado, em uma atitude corajosa, o presidente do Conselho Federal da OAB, Dr.Cláudio Lamachia, criticou a condução coercitiva.

No Brasil, em épocas diversas, muitos advogados juristas se sobressaíram no exercício da advocacia e da magistratura, bem como na defesa do Estado de Direito, com notáveis efeitos na interpretação da hermenêutica jurídica.

Entre os luminares da beca ou da toga, mencionamos, entre muitos, os seguintes nomes: Adriano Marrey, Alberto Zacharias Toron, Altino Portugal Soares Pereira, Antônio Carlos de Campos Machado, Antônio Cláudio Mariz de Oliveira, Antônio José Ribas Paiva, Aparício Dias, Augusto Teixeira de Freitas, Barão de Ramalho, Bismael B. Moraes, Carlos Pedro Kaled, Célio José Lima, Cide Villar Mercadante, Cyro Kuzano, Dante Delmanto, David Wiedmer Neto, Donaldo Armelin, Edvaldo Pereira de Brito, Eliana Calmon, Elias Mattar Assad, Esther de Figueiredo Ferraz, Euro Bento Maciel, Evandro Lins e Silva, Evaristo de Moraes Filho, Flamarion Gallotti Moreira, Flávio Domingos Finamore, Flores da Cunha, Francisco Brito de Lacerda, Francisco Morato, Freddy Lourenço Ruiz Costa, Getúlio Vargas, Goffredo da Silva Telles Júnior, Guido Antônio Andrade, Gustavo Korte, Helly Lopes Meirelles, Hermínio Alberto Marques Porto, Heleno Fragoso, Ildefonso Marques, Ives Gandra da Silva Martins, Ivette Senise Ferreira, Jefferson Peres, João Gomes da Silva, João Mendes Júnior, João Romeiro Neto, Joaquim Barbosa, Josaphat Marinho, José Carlos Dias, José Carlos Ferreira Júnior, José Frederico Marques, José Horácio Halfeld Rezende Ribeiro, José Roberto Batochio, Josefina Maria de Santana Dias, Juarez de Oliveira, Kiyoshi Harada, Levy Carneiro, Luiz Flávio Borges D'Urso, Marcos da Costa, Marcelo Henrique Magalhães Batista, Márcio Thomaz Bastos, Maria Lucia Weinhardt, Maurimar Bosco Chiasso, Miguel Reale, Milton Campos, Nelson Carneiro, Nelson Hungria, Nelson Kojranski, Nilo Batista, Oswaldo Aranha, Paulo Roma, Paulo Sérgio Leite Fernandes, Paulo Vernini Freitas, Pedro Aleixo, Pedro Luiz do Amaral Marino, Percival de Souza, Pontes de Miranda, Prado Kelly, Raimundo Pascoal Barbosa, Raimundo Castelo Branco Filho, Raymundo Faoro, Renê Ariel Dotti, Reynaldo Porchat, Roberto Antonio Busato, Roberto Delmanto Júnior, Rubens Approbato Machado, Ruy Barbosa, Rui Celso Reali Fragoso, Ruy de Azevedo Sodré, San Tiago Dantas, Sobral Pinto, Tales Oscar Castelo Branco, Theotonio Negrão, Umberto Luiz Borges D'Urso, Valter Uzzo, Waldir Troncoso Peres e Wálter Maierovitch.

O advogado pode ser conivente com o bandido?

As regras não governam os homens, estes é que governam as regras.
Matias Aires, escritor português

O advogado não defende o crime, mas o cliente.
Vitória Nogueira

Em geral, não, considerando que qualquer criminoso tem direito de ser defendido por advogado. Todavia, se o advogado se associa ou se conluia com criminosos, recebendo parte do produto de furtos, de loteamentos fraudados, de assalto, de latrocínio, de roubo ou de contrabando etc., sob pretexto de honorários, a rigor seria um conivente, ou até mesmo um bandido ou quadrilheiro, e isso, lamentavelmente, ocorre, ainda que seja difícil sua comprovação –, mas, o seu mau cheiro é sentido por muitos, particularmente pelo trinômio Polícia, Ministério Público e Poder Judiciário, bem como pela classe dos advogados, rigorosa nesses casos.

O Crime Organizado, em alguns países, como medida preventiva, mantém advogados de plantão, em geral, pagos por receptadores, que são acionados para revogar eventual prisão ou intermediar liberação de mercadorias apreendidas, numa notória conivência com roubo de carga, pirataria em portos, contrabando, tráfico de drogas etc.

Esta lamentável espécie de advogados, sempre sob a espreita do respectivo tribunal de ética e disciplina, teria inspirado a seguinte frase de Dostoievski: **"A consciência do advogado é de aluguel"**.

No Brasil, em 1991, uma comissão parlamentar de inquérito denunciou e comprovou a existência de uma máfia de advogados envolvidos em fraudes no âmbito da previdência social, INPS na época, com a participação de juízes e procuradores. Mas a OAB, como sempre, em defesa da dignidade da classe e voltada para o bem comum, tomou rigorosas providências a respeito, excluindo os corruptos e corruptores. Ela é, também, um poder de polícia para coibir ou denunciar abusos, participando, na medida do possível, no âmbito de suas atribuições, do combate à decomposição da ética, infiltrada em todos os segmentos sociais.

O advogado pode ser partícipe de grilagens e de outras falcatruas?

O homem é um animal que faz barganhas.
Adam Smith

Sim, quando se associa com grileiros ou "máfia verde" para apossar-se de bens alheios, usando ou preparando documentos para esse fim, para contar com a ajuda até mesmo da Justiça. Isso é comum, quer em relação a bens imóveis, móveis, semoventes e a numerário. Os escândalos a esse respeito são frequentes em muitos países, contra o Estado e contra o povo, pois *O Estado somos todos nós.*

O advogado é parcial? Seria ele, então, antítese do juiz?

> *A maior parte de nossa vida passa enquanto estamos fazendo as coisas erradas.*
> Sêneca

Às vezes, sim, mas sua parcialidade decorre da lei e nela se ampara no que cabe à espécie que o habilita a assim proceder no exercício da advocacia. Portanto, em certas circunstâncias, [é] um direito à parcialidade, conduzindo-se em linha oposta ao juiz e/ou promotor, num proceder dialético e jurídico, no sábio desempenho da advocacia e da justiça.

O advogado de defesa, particularmente na esfera penal, objetiva inocentar seu cliente, libertá-lo de uma prisão, evitar um constrangimento ou quebrar um flagrante, para o que nem sempre encontra os melhores meios. Em busca de tal fim, poder-se-ia invocar até mesmo o pensamento filosófico de Maquiavel de que os meios podem justificar os fins, sem perder de vista que juízes, promotores de justiça e advogados são coadministradores da justiça, constituindo um todo a serviço do Estado, cada um devendo desempenhar dignamente a sua função, considerando também a reciprocidade ou relações inerentes ao sistema, abrindo a mente à filosofia do direito, em vez de se apegar ao arcabouço legal ou se limitar ao rigor da lei.

Os que são pagos pelo Estado

> *A maior injustiça consiste em considerar justo o que não é justo.*
> Platão

Os juízes, os membros do Ministério Público e os advogados ou procuradores que recebem proventos do Estado estão menos sujeitos às pragas da corrupção, ao passo que o advogado militante, que depende do recebimento de honorários para se manter, ao ajustá-los, pode incorrer em excesso ou em desvio ético, daí alguns estarem sendo processados pelo Tribunal de Ética e Disciplina da Ordem dos Advogados do Brasil – OAB. O mesmo vem ocorrendo em outros países, já que os princípios éticos se impõem mundialmente.

Espírito de corpo, de classe ou corporativo

Advogados: deveis marchar diante dos povos como a luz.
Victor Hugo

Eis uma prática por demais importante. O espírito de corpo é um princípio ou costume que constitui notável suporte de um órgão de classe ou de um sistema. Esta denominação bastante comum é empregada informalmente, apesar de trazer, em seu bojo, um profundo significado prático, de efeito penetrante e até mesmo contundente, em muitos casos, refletindo forte sentimento de solidariedade, o que é nobre e necessário, desde que num alinhamento ético.

O espírito de corpo do Poder Judiciário, por exemplo, é muito ativo, refletindo-se em todas as instâncias da magistratura, bem como em suas representações classistas. O mesmo se observa nos sistemas militares, muito coesos e atuantes. Mesmo assim, como é natural em todos os sistemas e órgãos de classe, tem, em seu âmago, um núcleo em estado latente que pode se incandescer, vindo à tona e causar rupturas e transformações, senão vejamos: no sindicalismo, nas diversas formas de governo, nas religiões, nas ideologias racistas, nas forças armadas, na maçonaria, nos partidos políticos, nos parlamentos e até mesmo em organizações criminosas: terrorismo, contrabandistas, assaltantes, cartéis, narcotráfico, a máfia etc. Isso é da natureza das pessoas.

Na classe dos advogados, o espírito de corpo não é tão coeso como se observa na magistratura brasileira. É que o interesse do advogado no Brasil e no mundo, na maioria dos casos, não se confunde com o interesse do juiz e/ou promotor. Tais peculiaridades ou funções diversas, apesar de todos prestarem serviços ao Estado, se refletem, mais ou menos, no espírito de corpo das respectivas classes.

Ainda assim, em defesa da ordem jurídica em seu todo, os advogados são unidos em suas corporações e, de certa forma, ao povo em geral, pois o seu compromisso é, sobretudo, com o Estado de Direito, não se cingindo à causa do cliente.

O Código de Responsabilidade Profissional da *American Bar Association* impõe rígidos padrões éticos e espírito de corpo aos advogados dos Estados Unidos, combatendo a chamada *Appearance of evil doctrine* ("Advocacia do diabo e da corrupção").

A Ordem dos Advogados de Portugal, criada pelo Decreto nº 11.715 de 12 de junho de 1926, goza de tradição e respeito, contribuindo relevantemente para a ordem jurídica e ética.

No Brasil, o terceiro país do mundo em número de advogados, tem o exemplo da "Oração aos Moços" de Ruy Barbosa, lida aos bacharelandos de 1920, no largo de São Francisco, pelo professor Reynaldo Porchat, catedrático de direito romano, bem como a histórica e corajosa atuação da OAB, tendo como principal suporte cívico e legal a Lei nº 8.906, de 4 de julho de 1994, e o Código de Ética e Disciplina, contribuindo sobremaneira para manter e dignificar uma das mais nobres profissões do mundo, a de advogado, ao que se somam outras entidades representativas de nossa gloriosa classe: o Instituto dos Advogados Brasileiros (IAB), o Instituto dos Advogados de São Paulo (IASP), a Associação dos Advogados de São Paulo (AASP), os Sindicatos dos Advogados etc.

Outras considerações inerentes à Advocacia, à Justiça e ao Ministério Público

Decretar uma lei e não fazer cumprir
é o mesmo que autorizar a coisa que se quer proibir.
Richelieu

O advogado exerce uma atividade parcial.
Ele não é juiz, que precisa ser imparcial.
Tales Castelo Branco,
advogado e jurista

Reiterando, a advocacia, a Justiça e o Ministério Público constituem um todo, uma espécie de *pool*, num mecanismo de interdependência, já que estão umbilicalmente entrelaçados.

Assim, os debates, até mesmo as escaramuças jurídicas que se travam, fortificam a hermenêutica e engrandecem o Direito, não obstante o entrechoque de interesses conflitantes (tráfico de influência e outros), que podem ser exercidos por escritórios de advocacia, de advogados pareceristas inclusive. Portanto, é impossível desvincular estas nobres classes, considerando que uma implementa a outra.

Quando do acerto de honorários, lembremos dos princípios éticos que embasam sua origem, nos tempos de Cícero, em que a retribuição maior do advogado (honorário ou honoras) significava honra, honrarias, *honores*. Assim, apesar dos tempos terem mudado, a cobrança de honorários deve ser justa.

Guia do advogado

Associações de vítimas: podem ajudar, mas cheque se são sérias. Há as que são fachadas para vender serviços.

Autocontrole ou domínio das emoções: melhor que falar muito é falar apenas o necessário. Sentir-se seguro e sereno impressiona bem o juiz e a parte contrária.

Bate-papo aberto: na audiência, ou um pouco antes dela, o advogado de uma das partes deve estar livre para conversar com o advogado da outra. É possível acompanhar a conversa, mas não se deve interferir.

Briguento: se o advogado é agressivo, a chance de negociação é pequena.

Empatia: a justiça anda devagar; a convivência será longa. É melhor encontrar alguém com quem simpatize e se sinta à vontade.

Experiência: jovens advogados aprendem muito com seus erros, como qualquer outro profissional.

Nervos de aço: é importante não cair no jogo de provocações da outra parte envolvida no processo. O depoimento sereno será sempre mais bem recebido pelo juiz. Recomenda-se conhecer o processo, responder de forma clara e não mostrar ansiedade nem agressividade.

Perfil: cada caso requer um tipo de advogado. O que entende de inventários nem sempre cuidará bem de impostos ou de crimes.

Pontualidade: chegar atrasado à audiência revela desleixo pela causa.

Preço: o profissional ético valoriza o seu dinheiro e informa, por escrito, quanto a causa vai custar. Também será claro na hora de prestar contas sobre a indenização que a parte ganhou.

Realismo: quem garante vitória, em qualquer hipótese, não está sendo honesto.

Saber ceder: a maioria dos juízes gosta de conciliar e conceder benefícios a cada um dos lados.

Sem brigas: não se deve discutir com o advogado, nem tecer críticas a seu respeito, na frente da parte adversária ou do juiz.

Vestuário: ninguém espera encontrar um "modelo", mas se o advogado se apresenta mal-vestido é possível que ele também cuide de maneira relaxada das causas.

Os dez mandamentos do advogado
(Eduardo Couture)

1) ESTUDA – O Direito se transforma constantemente. Se não seguires seus passos, serás cada dia um pouco menos advogado;
2) PENSA – O Direito se aprende estudando, mas exerce-se pensando;
3) TRABALHA – A advocacia é uma luta árdua, posta a serviço da Justiça;
4) LUTA – Teu dever é lutar pelo Direito, mas no dia em que encontrares o Direito em conflito com a justiça, luta pela justiça;
5) SÊ LEAL – Leal com teu cliente, a quem não deves abandonar senão quando o julgares indigno de ti. Leal com o adversário, ainda que ele seja desleal contigo. Leal com o juiz, que ignora os fatos e deve confiar no que dizes;
6) TOLERA – Tolera a verdade alheia na mesma medida em que queres que seja tolerada a tua;
7) TEM PACIÊNCIA – O tempo se vinga das coisas que se fazem sem a sua colaboração;
8) TEM FÉ – Tem fé no Direito como o melhor instrumento para convivência humana; na justiça, como destino normal do Direito; na paz, como substituto bondoso da justiça; e, sobretudo, tem fé na liberdade, sem a qual não há Direito, nem justiça, nem paz;
9) ESQUECE – A advocacia é uma luta de paixões. Se a cada batalha fores carregando a tua alma de rancor, dia chegará em que a vida será impossível para ti. Terminando o combate, esquece tanto a vitória como a derrota; e
10) AMA A TUA PROFISSÃO – Trata de considerar a advocacia de tal maneira que, no dia em que teu filho te peça conselhos sobre o destino, consideres uma honra para ti propor-lhe que se faça advogado.

Apreciações
sobre as obras do autor

APRECIAÇÕES SOBRE AS OBRAS DO AUTOR

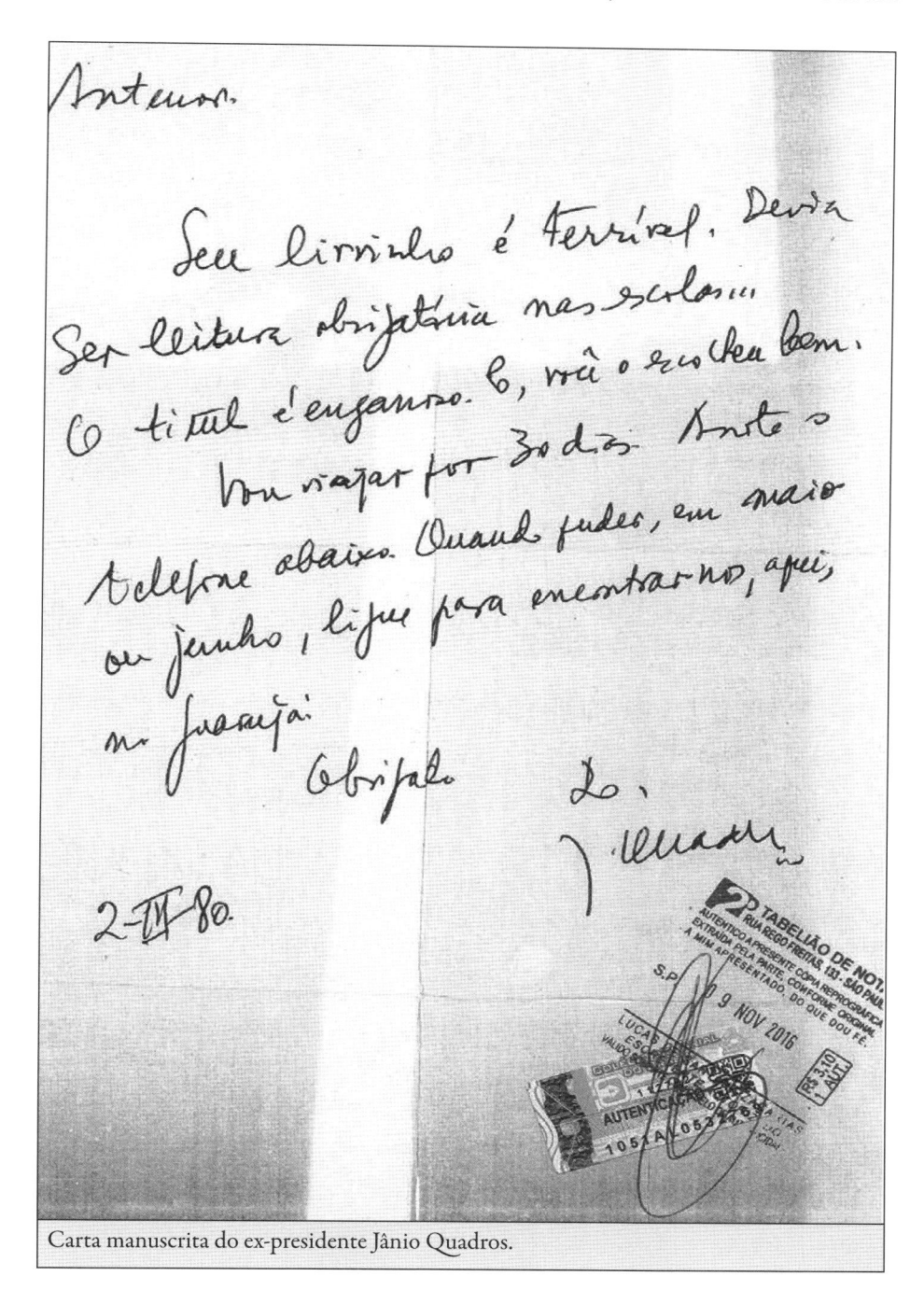

Anteuor.

Seu livrinho é terrível. Devia ser leitura obrigatória nas escolas... O título é enganoso. E, você o escolheu bem. Vou viajar por 30 dias. Anote o telefone abaixo. Quando puder, em maio ou junho, ligue para encontrar-nos, aqui, no Guarujá.

Obrigado

Jo.

J. Quadros

2-IV-80.

Carta manuscrita do ex-presidente Jânio Quadros.

215

J. QUADROS
JARDIM ACAPULCO
GUARUJÁ, 11.400

Meu caro dr. Antenor.

Seu trabalho "Corrupção e Fatos de Progresso", é inestimável. Deveria ser lido por todos, particularmente, pela juventude.
Gostaria de prefaciá-lo. Se isto servir como recomendação, use a carta...
Gostaria de participar, ainda que modestamente, na divulgação da obra.

Do colega e patrício,

Jânio Quadros

29-7-82.

Carta manuscrita do ex-presidente Jânio Quadros.

Dr. Antenor Batista,

Agradeço a remessa de seu Corrupção: Fator de Progresso?, *que leio com especial interesse. A corrupção é o verme que corrói as entranhas do regime democrático. O seu livro deixa isto claro e por isso merece ser lido.*

Cordialmente, Carlos Velloso

Ministro-Presidente do STF

Telegrama do presidente do Supremo Tribunal Federal Carlos Velloso. (*transcrição*) (29 de outubro de 1999).

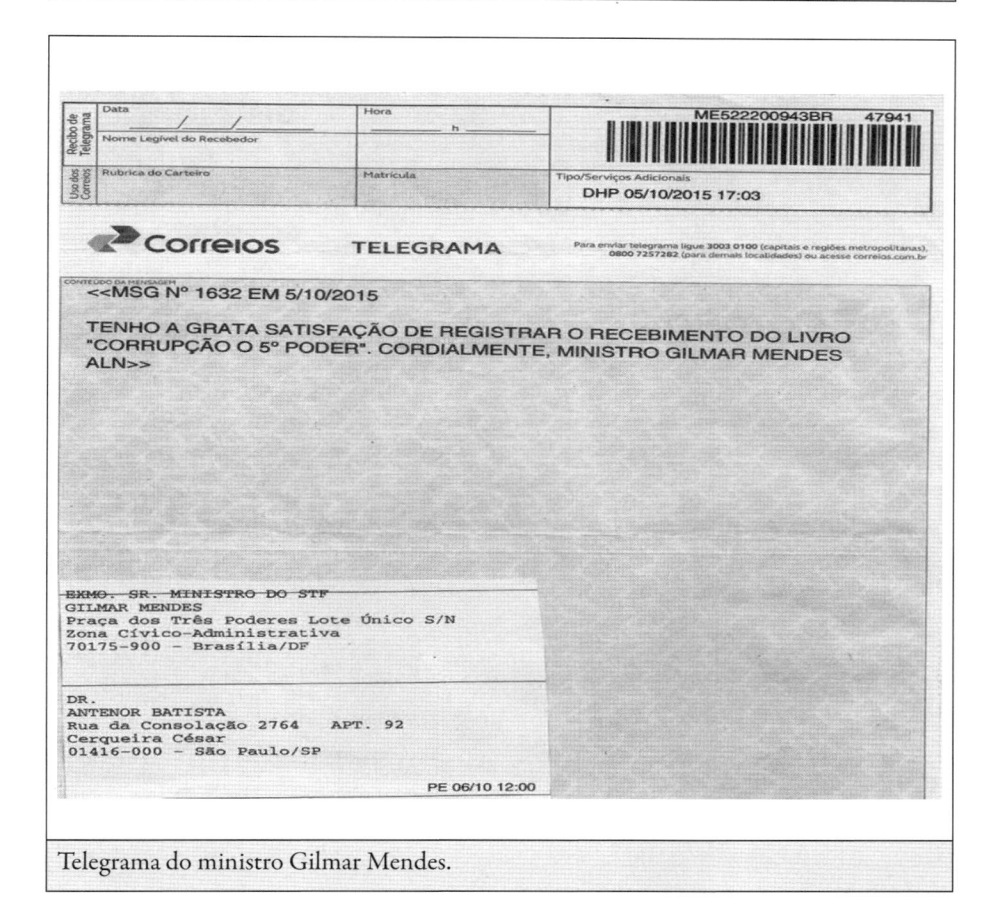

<<MSG Nº 1632 EM 5/10/2015

TENHO A GRATA SATISFAÇÃO DE REGISTRAR O RECEBIMENTO DO LIVRO "CORRUPÇÃO O 5º PODER". CORDIALMENTE, MINISTRO GILMAR MENDES ALN>>

EXMO. SR. MINISTRO DO STF
GILMAR MENDES
Praça dos Três Poderes Lote Único S/N
Zona Cívico-Administrativa
70175-900 – Brasília/DF

DR.
ANTENOR BATISTA
Rua da Consolação 2764 APT. 92
Cerqueira César
01416-000 – São Paulo/SP

Telegrama do ministro Gilmar Mendes.

A Câmara Municipal de São Paulo, por iniciativa do vereador Celso Jatene, aprova voto de júbilo e congratulações com o escritor Antenor Batista, pelo lançamento da 12ª edição da obra *Corrupção: o 5º Poder*.

APRECIAÇÕES SOBRE AS OBRAS DO AUTOR

CÂMARA MUNICIPAL DE SÃO PAULO

REQUERIMENTO Nº 0219 /2011, DO(A) VEREADOR(A) CELSO JATENE

Voto de júbilo e congratulações com o Dr. Antenor Batista, pelo lançamento da 12ª edição da obra "Corrupção o 5º Poder - Repensando a Ética"

ABOU ANNI	ADILSON AMADEU	AGNALDO TIMOTEO	ALFREDINHO	ANIBAL DE FREITAS FILHO
ANTONIO CARLOS RODRIGUES	ARSELINO TATTO	ATÍLIO FRANCISCO	ATTILA RUSSOMANNO	AURÉLIO MIGUEL
AURÉLIO NOMURA	CARLOS APOLINÁRIO	CARLOS NEDER	CELSO JATENE (AUTOR)	CHICO MACENA
CLAUDINHO DE SOUZA	CLAUDIO FONSECA	CLAUDIO PRADO	DALTON SILVANO	DAVID SOARES
DOMINGOS DISSEI	DONATO	EDIR SALES	ELISEU GABRIEL	FLORIANO PESARO
FRANCISCO CHAGAS	GILSON BARRETO	GOULART	ITALO CARDOSO	JAMIL MURAD
JOSÉ AMÉRICO	JOSÉ FERREIRA (ZELÃO)	JOSÉ POLICE NETO	JOSÉ ROLIM	JULIANA CARDOSO
JUSCELINO GADELHA	MARCO AURÉLIO CUNHA	MARTA COSTA	MILTON FERREIRA	MILTON LEITE
NATALINI	NETINHO DE PAULA	NOEMI NONATO	PAULO FRANGE	QUITO FORMIGA
RICARDO TEIXEIRA	ROBERTO TRIPOLI	SALOMÃO PEREIRA DA SILVA	SANDRA TADEU	SENIVAL MOURA
SOUZA SANTOS	TIÃO FARIAS	TONINHO PAIVA	USHITARO KAMIA	AMADEU MUTRAN

| 18/08/2015 | FENAPEF - Federação Nacional dos Policiais Federais |

Leitura e Lazer
Corrupçao - O 5º Poder - Repensando A Etica »
22/04/2011
Autor: BATISTA, ANTENOR

A obra versa sobre as diversas espécies de corrupção e seus efeitos na sociedade, analisando, ainda, o comportamento das pessoas nela envolvidas. Trata-se de um convite à reflexão, servindo à melhor formação do ser humano, que poderá contribuir exigindo uma atuação honesta dos administradores públicos.

Como adquirir

Matéria na seção "Leitura e lazer", em publicação da Federação Nacional dos Policiais Federais-FENAPEF.

São Paulo, 4 de dezembro de 1991

Prezado Antenor Batista:

Somente agora tive vagar para fazer a leitura da importante obra, intitulada Corrupção: Fator de Progresso?, que o douto colega teve a nímia gentileza de enviar-me, com generoso oferecimento.

Muito obrigado pela sua atenção, lembrando deste velho lidador da nossa profissão, enviando-lhe seu trabalho, que mostra, de maneira objetiva e, mesmo, crua, a dolorosa época que vivemos.

O seu livro confirma o que escreveu o notável e saudoso penalista italiano, Prof. Giuseppe Bettiol, o qual afirmava que a vida era mais rica que a Filosofia. E é verdade.

Raimundo Pascoal Barbosa

Carta do jurista e ex-presidente da OAB/SP Raimundo Pascoal Barbosa. (*transcrição*)

Diploma de Amigo da Marinha do Brasil subscrito pelo almirante Luiz Guilherme Sá de Gusmão.

APRECIAÇÕES SOBRE AS OBRAS DO AUTOR

Antenor Batista e o almirante Gusmão, por ocasião de sua condecoração como Amigo da Marinha do Brasil.

> *Neste livro, as mil faces da corrupção.*
>
> *O meu amigo Antenor Batista continua o mesmo lutador de sempre, desde que o conheci há alguns anos, às vésperas do lançamento de seu primeiro livro. É um homem pertinaz, pesquisador consciente, competente, que quando encasqueta com um assunto vai até o fundo, sem jamais se deixar enredar por meias-verdades, mas procurando a verdade por inteiro, doa a quem doer.*
>
> *É o que ele faz, agora, com este seu novo livro* Corrupção: Fator de Progresso?*, editado pela Editora Simples, uma nova sigla que surge no cenário das letras, para estímulo de muitos escritores. O tema, em si, é bastante polêmico, como o próprio autor adverte, porque a corrupção é um monstro que assume mil faces, com a faculdade especial de modificá-las de acordo com as circunstâncias. Há tipos de corrupção que dificilmente são detectadas, porque são muito sutis, até quase inseridas num contexto legal. Há outras que contribuem para deformação moral e cultural de toda uma geração.*
>
> *O tema é bom, foi tratado com muito vigor e bastante consciência crítica pelo Antenor Batista, que assim vai somando pontos em sua carreira de escritor.*
>
> *Recomendo a leitura de seu trabalho e, mais ainda, a meditação sobre as verdades que ele diz e que deixa entrever.*
>
> *Torrieri Guimarães*

Torrieri Guimarães para o jornal *Folha da Tarde* (*transcrição*) (São Paulo, 12 de setembro de 1979).

> *Antenor Batista é um homem inteligente, dotado de uma força de vontade inquebrantável, que se fez por si, como as araucárias nativas do Paraná; que em razão de seu próprio crescimento faz crescer o patrimônio nacional.*
>
> *Lapa-PR, em 18 de outubro de 1959*
>
> *Fénelon W. Moreira*

Carta de Fénelon W. Moreira. (*transcrição*)

Todo homem tem seu preço?
Em princípio, sim. As exceções são muito raras.
O ditado popular de que cada homem tem seu preço é, também, produto de uma descrença generalizada, oriunda do baixo conceito de nossas elites. Por outro lado, sendo o homem, por natureza, ganancioso, geralmente se deixa atrair por interesses escusos, às vezes, aparentemente lícitos ou admissíveis segundo os costumes de cada país.
(Do livro Corrupção: Fator de Progresso?*)*

Tribuna da Justiça (*transcrição*) (São Paulo, 31 de outubro de 1979).

Gabinete do Governador
Curitiba, 4 de novembro de 1991
Prezado Dr. Antenor Batista,
Cumprimento-o pelo excelente e oportuno livro Corrupção: Fator de Progresso?
Envio-lhe, em anexo, o texto do poema Roteiro, *na certeza de que o senhor, assim como eu, saberá apreciá-lo devidamente.*
Atenciosas saudações,
Roberto Requião, Governador

Carta do ex-governador do Paraná Roberto Requião. (*transcrição*)

Senado Federal
Brasília, 8 de novembro de 1999
Prezado Antenor Batista,
Agradeço a gentileza da remessa da publicação "Corrupção: Fator de Progresso?", cumprimentando-lhe pela clareza e objetividade de suas colocações.
Cordialmente,
Pedro Simon, Senador

Carta do senador Pedro Simon. (*transcrição*)

Ordem dos Advogados do Brasil – Secção do Paraná
Curitiba, 22 de outubro de 1991
Prezado Antenor Batista,
Acuso e agradeço o recebimento do exemplar do seu livro Corrupção: Fator de Progresso?, *o qual tenho certeza, que fará parte do acervo dos muitos brasileiros que se interessam pela sociologia do direito, e por que não dizer pelo nosso País.*
Cordialmente,
Mansur Theóphilo Mansur
Presidente da OAB/PR

Carta do ex-presidente da OAB/PR Mansur Theóphilo Mansur. (*transcrição*)

Assembleia Legislativa do Estado de São Paulo
São Paulo, 7 de novembro de 1979
Prezado Sr. Antenor Batista,

Tenho a honra de levar ao seu conhecimento que o nobre Deputado Silveira Sampaio apresentou o Requerimento nº 1.515, de 1979, em virtude do qual se consignou na Ata dos nossos trabalhos um voto de congratulações com V. S. pelo lançamento do livro de sua autoria, intitulado Corrupção: Fator de Progresso?

Consubstanciando o pensamento desta Casa, a referida propositura mereceu inserção, nos termos dos inclusos avulsos, no Diário da Assembleia de 1º do corrente.

Valho-me do ensejo para apresentar a Vossa Senhoria os protestos de minha elevada consideração.

Luiz Carlos Santos
Deputado – 1º Secretário da Assembleia Legislativa

Carta da Assembleia Legislativa do Estado de São Paulo. (*transcrição*)

São Paulo, dezembro de 1999.
Caríssimo Antenor,

Parabéns pelo seu livro e pelos cumprimentos enviados pelo Presidente do Supremo Tribunal Federal, o que, aliás, somente faz justiça à sua obra.

Sebastião Luiz Amorim

Carta do jurista e desembargador do Tribunal de Justiça do Estado de São Paulo Sebastião Luiz Amorim. (*transcrição*)

Ordem dos Advogados do Brasil – Secção Rio Grande do Norte
Natal, 23 de outubro de 1991
Senhor Advogado Antenor Batista

Com satisfação, informo o recebimento do livro de sua autoria – Corrupção: Fator de Progresso? *–, recentemente publicado pela Editora Letras & Letras.*

A par da simpatia da leitura, procurarei divulgar ao máximo o seu trabalho.
Cordiais Saudações,
Odúlio Botelho Medeiros – Presidente da OAB/RN

Carta de Odúlio Botelho Medeiros, ex-presidente da OAB/RN. (*transcrição*)

Livro de Antenor Batista para a juventude

Antenor Batista, que viveu aqui em Santos, que foi Agente da Pesca, lança agora o seu sexto livro. Ele descobriu uma maneira certa para atrair a atenção de todos, colocando como título Corrupção: Fator de Progresso?

Foi muito inteligente e feliz em colocar esse título, pois de posse do mesmo, o leitor observará que o autor não ficou apenas na pretensão de chamar a atenção para um tema que deve ser combatido, depois de encarado de frente. Antenor Batista mergulhou fundo nos problemas sociais e, sem pretender ser analista, ele analisa a sociedade e suas manifestações.

Corrupção: Fator de Progresso? *deve ser lido, principalmente para os que estão começando a vida, os jovens.*

A Tribuna de Santos (*transcrição*) (Santos-SP, 30 de maio de 1983).

Corrupção: Fator de Progresso?

Corrupção: Fator de Progresso?, *de Antenor Batista. Editora Letras & Letras. A obra está na quarta edição, revisada e atualizada. O livro faz um paradoxo mostrando que a corrupção desencadeia um efeito paralelo. O autor aborda a fraude consciente e a fraude inconsciente em relação a Deus e à religião. De acordo com ele, "a sociedade é constituída de vários fatos sociais que devem ser analisados como efeitos". Antenor afirma que o Brasil já foi o quinto país mais corrupto do mundo. Hoje, melhorou. Está em 16º lugar na lista.*

Jornal do Advogado (transcrição) (OAB/SP, novembro de 1999).

Livro de advogado analisa corrupção

Uma minuciosa e profunda análise do problema da corrupção é apresentada no livro Corrupção: Fator de Progresso?, *escrito pelo advogado Antenor Batista, cuja quarta edição revista e atualizada foi publicada recentemente pela editora Letras & Letras. Entre outros tópicos, a obra discorre sobre tráfico de influência, crise de caráter, propaganda enganosa e a corrupção no Brasil e em outros países.*

Na apresentação do livro, o autor esclarece que seu trabalho é fruto de bservações pessoais e pesquisas, ao longo de 40 anos, realçando os tópicos polêmicos, sociais e éticos. Ele pede a atenção do leitor no sentido de acompanhar seu raciocínio e análise "a respeito do mecanismo, espécie e natureza da corrupção, bem como de seus reflexos e presença em todos os segmentos sociais, a fim de chegar a uma conclusão que corresponda à narração histórica, sociológica e filosófica" da obra. A última parte, dedicada aos advogados, trata da ética profissional e do corporativismo, entre outros assunto.

Tribuna do Direito (transcrição) (abril de 1999).

Corrupção: Fator de Progresso?

A Editora Simples acaba de editar Corrupção: Fator de Progresso?, *de Antenor Batista. O autor estuda, de diversos ângulos, as causas da corrupção e apresenta, em estilo claro e acessível, aspectos em que esse mal poderia ser usado. No início desse estudo, adverte o autor: "Ao apresentarmos este resumido trabalho, pedimos a atenção do leitor no sentido de procurar acompanhar o desenvolvimento de nosso raciocínio a respeito do mecanismo da corrupção, bem como de seus reflexos nos diversos setores em que exercemos atividades. E isto sempre num sentido global, a fim de que, ao término da leitura, o leitor chegue a uma conclusão unitária que efetivamente corresponda ao espírito do livro, convencendo-se de que não nos devemos acostumar a conviver com a corrupção.".*

L. G. Horta Lisboa

L. G. Horta Lisboa em artigo do jornal *Correio Popular* (*transcrição*) (Campinas-SP, 27 de setembro de 1979).

LIVROS: "Tempo Comunicação Liberdade"

Autor de Alimentação – Ioga – Psicanálise, *Antenor Batista aborda, neste outro volume de sua série de estudos, alguns temas de atualidade, apresentando, ao leitor, conclusões de grande valia para o equilíbrio emocional. Procurando preservar a individualidade em face do assombroso avanço da tecnologia, muitos pensadores contemporâneos têm formulado diagnósticos precisos dos males que assolam a nossa civilização. É na nota aberta por esses pesquisadores, um Carrel, um A. S. Neill, um Steiner, um Marshall McLuhan que o autor, em linguagem despida de obscuridade tece suas considerações em busca do aperfeiçoamento do homem. (Civilização Brasileira).*

Nogueira Moutinho

Nogueira Moutinho – *Folha de S. Paulo* (*transcrição*) (9 de julho de 1971).

Livros sobre gestão, corrupção & cia.

Antenor Batista é autor do livro Corrupção: Fator de Progresso?, *editado pela Letras & Letras. A obra foi escrita em 1978 e agora está sendo lançada a quarta edição, revisada e atualizada. O livro faz um paradoxo, mostrando que a corrupção desencadeia um efeito paralelo e progressista. De acordo com Antenor Batista, "a corrupção, seiva principal da subversão, é combatida com menor rigor no País". Mas, segundo ele, as coisas estão melhorando, já que o Brasil já ocupou o posto de quinto país mais corrupto do mundo e hoje está em 16º lugar nessa lista.*

"Na época do lançamento, o livro provocou um susto por causa do seu título, mas hoje ele é consagrado e elogiado", afirma Antenor Batista.

Jornal *Administrador Profissional* (*transcrição*) (junho de 1999 – Órgão informativo dos administradores profissionais de São Paulo).

"Alimentação, Ioga, Psicanálise", de Antenor Batista, Editora Civilização Brasileira, Rio de Janeiro, 1971, 204 p. – Pouco mais de um ano após o lançamento original, surge a segunda edição, revista e aumentada, desta bem-recebida obra. Em linguagem clara, explícita, de bom jornalista, o autor proporciona úteis lições sobre maneiras de, através do conhecimento de princípios básicos do ioga, da alimentação racional e da psicanálise, alcançar mais feliz estágio de vida. A questão da escolha dos alimentos, o regime macrobiótico Zen, os benefícios dos jejuns periódicos etc. integram a primeira parte. Explanações e conselhos práticos sobre as características e o alcance do ioga preenchem a segunda; a problemática dos resultados obtidos pela psicanálise no tratamento de complexos e angústias é colocada e discutida na parte final. Pela aplicação prática, pela soma de conhecimentos que divulga, pelo excelente método expositivo e, sobretudo, pela sua mensagem de otimismo, esta obra merece, realmente, o subtítulo de "Roteiro de Bem Viver".

O Estado de S. Paulo – Suplemento Literário, Didáticos (*transcrição*) (16 de janeiro de 1972).

> *Goiânia, 22 de abril de 2001*
>
> *Doutor Antenor,*
>
> *No ano pretérito participei do 4º Concurso Nacional de Monografia, promovido pelo Tribunal Regional Federal – 1ª Região, cuja temática era corrupção nas empresas e nos órgãos públicos, sendo assim, adquiri algumas obras e o livro do Senhor* (Corrupção: Fator de Progresso?) *serviu de base para o meu trabalho. Fui o 5º colocado, com o título* "Filosofia da Corrupção: Crítica aos Corruptos", *que pretendo publicar no final deste ano.*
>
> *O livro do Senhor foi o único que atendeu meus objetivos, pois discute as causas e os efeitos da corrupção pelo prisma político, social, teológico, filosófico e econômico, noto que foi escrito por um homem nobre, incorruptível e conhecedor da causa. Solano Tempo encantou-me* (ecce homo). *Parabéns!*
>
> *Cordialmente,*
>
> *Weudes Sizervincio*

Carta de Weudes Sizervincio (5º colocado no 4º Concurso Nacional de Monografia – TRF 1ª Região). (*transcrição*)

> Alimentação, Ioga, Psicanálise – *de Antenor Batista.*
>
> *Se o vermelho é a sua cor preferida, você é um passional que se apega aos bens materiais; cuidado com o LSD, que levou Hitler à loucura; sabendo escolher as cores, os alimentos e teorias, de Freud a Buda, você integra a sabedoria do Oriente e do Ocidente numa vida harmônica como a dos gurus da Índia. Editora Civilização Brasileira, 176 p.*
>
> *Léo Gilson Ribeiro*

Léo Gilson Ribeiro – Revista *Veja* (*transcrição*) (1º de outubro de 1969).

São Paulo, em 18 de agosto de 1975

Corrupção: Fator de Progresso?

Deve ser lido com especial cuidado, para assimilar e avaliar seu conteúdo. Trata-se de uma excelente obra, indicada, sobretudo, para a juventude, ávida por trabalhos desta categoria.

Não obstante o autor ver esses assuntos de forma um tanto resumida, é o melhor trabalho que já lemos a respeito da corrupção. Agradabilíssimo, em alguns aspectos, divertido, e nos desafia constantemente. A nosso ver, poderá ser adotado no setor escolar, com vistas à formação de novas lideranças, em virtude de preencher um espaço em aberto no exame das estruturas socioeconômicas e políticas.

Os valores intelectuais contemporâneos, especialmente no que diz respeito à juventude, talvez em face da saturação pelo racionalismo, preferem a verdade, ainda que seja cruel. "Corrupção: Fator de Progresso?" terá em cada leitor um veículo de divulgação.

Que os exemplos de Antenor Batista sirvam de estímulo à geração presente e futura!

Miguel Jansen Filho

Artigo de Miguel Jansen Filho, escritor e poeta repentista. (*transcrição*)

São Paulo, 17 de dezembro de 1991.

Caro Dr. Antenor Batista,

Agradeço a gentileza de sua lembrança, ressaltando a oportunidade do lançamento de sua obra Corrupção: Fator de Progresso?, *tão adequada aos nossos tempos.*

Um grande abraço do

Donaldo Armelin

Carta do jurista Donaldo Armelin. (*transcrição*)

Corrupção: Fator de Progresso?

Eis um livro necessário. É digno de manuseio. Todos os universitários, numa profilaxia do futuro, deveriam lê-lo.

O autor evitou que o volume tomasse a feição assustadora de um paralelepípedo. Isentou-se, mestriamente, da prolixidade, pois não ignora que a pressa é a maior inimiga das horas longas de meditação. Macio no dizer, Antenor Batista discorre, desprovido de ácido, sobre o intrincado assunto. Não condena e sequer apoia. Esclarece apenas. Usa carapuças de sutil elástico. E, ironicamente, acentua consigo mesmo, nas entrelinhas: "Se servirem a qualquer cabeça, paciência...".

A obra contém, em respeito à concisão quase unânime, somente duzentas páginas. Infelizmente, não pôde apanhar acontecimento de há pouco, quando um ministro francês, envolvido em escândalo, fugiu da vida através do suicídio, talvez apressado em prestar contas a Deus... E foi pena que ocorrência assim não encontrasse, em tempo, os comentários anestésicos de Antenor Batista.

Sintomático é o número de aquisições verificado na Livraria Teixeira desse Corrupção: Fator de Progresso?, *que figura em primeiro lugar. Todos adquirem o livro de Antenor Batista.*

Everardo Tibiriçá

Everardo Tibiriçá – *Jornal de Jundiaí* (transcrição) (13 de dezembro de 1979).

O autor, Antenor Batista, faz uma análise dos efeitos da corrupção, enriquecida com a opinião de alguns juristas. Corrupção: Fator de Progresso? *(Letras & Letras, São Paulo, tel. (011) 5589-5746).*

Jornal *O Estado de S. Paulo* (transcrição) (3 de junho de 2001) sobre o livro *Corrupção: Fator de Progresso?*

Rio de Janeiro, 28 de abril de 1977
Meu caro Antenor Batista,
Você tem sido, desde o tempo em que se iniciaram nossos contatos, um amigo dedicado, um autor solidário, mas, acima de tudo, um editando paciente.

De fato, quantas e quantas vezes fomos obrigados a adiar o lançamento de seu livro Corrupção: Fator de Progresso?*, seja porque os originais necessitavam retoques, seja porque nossa programação sofrera atrasos, seja por este ou por aquele motivo outro.*

Agora, porém, conseguimos equacionar todos os problemas, inclusive alguns que comprometiam a própria vida da empresa, e posso assegurar-lhe que seu livro sairá entre 15 de agosto e 10 de setembro.

Se tiver, ainda, qualquer alteração a fazer no texto, providencie-a até o dia 15 próximo. Desta vez, como dizia Adhemar (notório fator de corrupção), vamos!

Seu, afetuosamente,
Enio Silveira

Enio Silveira – Editora Civilização Brasileira S.A. (*transcrição*)

São Paulo, 13 de agosto de 1978

Corrupção: Fator de Progresso? é uma obra de vulto, indispensável àqueles que formam as elites em todos os mecanismos institucionais, e também precisa ser lida pelos responsáveis pela formação das futuras gerações, professores, mães e pais.

Diz ainda, o Autor ANTENOR BATISTA: "Num processo indireto, estaríamos desfechando o mais certeiro golpe às práticas subversivas e terroristas". Realmente, ao combatermos a corrupção, estamos cortando a raiz da subversão, do terrorismo e de todos os processos de inversão da ordem.

Combater a corrupção, entendendo suas conotações, objetivando restabelecer a credibilidade do Poder Político, é uma árdua batalha que deverá ser completada quando seguirmos o sábio conselho que estava gravado à entrada do templo de Delfos: "Homem, conhece-te a ti mesmo".

Diz o inteligente Autor: "A corrupção, seiva principal da subversão do terror e do rebaixamento cívico, é combatida com menos rigor." Lembro-me então do antigo historiador Sallustius Crispus que entendia por corrupção o envenenamento das fontes, a infecção das origens, e, portanto, geradora da perversão.

Antônio Austregésilo Neto

Antônio Austregésilo Neto. (*transcrição*)

Antenor Batista: Viva melhor

Qual a alimentação que mais convém à saúde do corpo? Pode a Psicanálise ajudar alguém a vencer os sofrimentos do espírito? Que é a liberdade e como desfrutá-la? Que é a antimatéria e que relação tem com a vida humana? A ioga pode ajudar o homem?

Quem vive nos grandes aglomerados humanos é levado a pensar, com frequência cada vez maior, em problemas desse tipo. Ele descobriu aos poucos que tudo o que acontece no mundo e no universo tem relação com sua própria vida. Mas, esses assuntos todos não têm uma ligação aparente entre si e relacioná-los exige tempo e um bom acervo de conhecimentos gerais. Os temas relacionados com o tempo, a liberdade, a parapsicologia, a alimentação, a psicologia e a ioga nem sempre estão associados, o que dificulta a aquisição de noções gerais a respeito.

Viva melhor, de Antenor Batista – Editora Formar – 4 volumes, resume e estabelece pontes entre esses temas tão vastos quanto complexos, colocando-os ao alcance do interessado. O autor é homem de imensa comunicabilidade, sabendo discorrer de modo simples e atraente sobre os temas atualíssimos da obra. As ilustrações deixam muito a desejar, são pálidas e inexpressivas, o que não chega a prejudicar o conjunto da obra, bem-encadernada, expositiva, de texto visual.

Antenor Batista expõe os dados essenciais sobre os principais assuntos da atualidade. Quando trata da macrobiótica, por exemplo, coloca, na mesa, seu lado positivo e as restrições que são feitas a ela. Se escreve sobre a magia sexual, desmistifica o que há de irreal e fantasioso a respeito, restabelecendo a verdade – mesmo que essa verdade seja menos sensacional e não favoreça o escândalo.

O que se pode dizer de "Viva Melhor", num sentido restritivo, é que os assuntos são vistos um tanto superficialmente. Mas as próprias características da obra são a simplicidade e a síntese.

Não foi intenção do autor realizar estudos completos, elaborar tratados sobre os temas em pauta. Ele quis proporcionar uma visão geral e estabelecer pontos de contato entre os vários aspectos examinados. Isso ele conseguiu plenamente.

Os 4 volumes da obra vêm acompanhados de um disco de "relax-iogue", para servir de ajuda numa época em que as tensões são excessivas.

Luiz Carlos Lisboa

Luiz Carlos Lisboa – *O Estado de S. Paulo* (*transcrição*) (31 de março de 1973).

> *Senhor Presidente:*
> *Formulamos requerimento de um voto de estímulo e congratulações ao escritor didático paranaense Antenor Batista, um filho da zona rural da cidade da Lapa-PR que, graças aos seus livros, goza hoje de reputação internacional no campo por ele eleito, qual seja, o do bem-estar físico, mental e intelectual do ser humano.*
> *São quatro as obras conhecidas de Antenor Batista, todas elas com várias edições rodadas:* Alimentação, ioga e psicanálise, Tempo, comunicação e liberdade, Parapsicologia, *e mais recente* Relax, ioga e musicoterapia, *título este já traduzido e editado na França. A manifestação de apoio e congratulações desta Casa terá por efeito, certamente, estimular este autor paranaense a novas empreitadas, nesse esforço altruístico que faz para legar aos seus semelhantes métodos e experiências de vivência espiritualizada e sadia.*
> *Palácio "Dezenove de Dezembro", em 3 de agosto de 1977.*
> *Erondy Silvério – Deputado Estadual*
> *Quiélse Crisóstomo da Silva – 1º Secretário*

Assembleia Legislativa do Estado do Paraná. (*transcrição*)

> *Prezado Sr. Antenor Batista*
> *Com muito orgulho aponto o recebimento, nesta data, de sua prestimosa obra:* Vendilhões de Deus e do Diabo, *Editora Juarez de Oliveira. Tenho certeza que a valiosa obra contribuirá de forma marcante para a reflexão e aprimoramento da humanidade, eternizando seu autor entre os merecedores de destaque. Por oportuno, agradecendo sensibilizado a lembrança e a distinção da dedicatória, cumprimento Vossa Senhoria pela iniciativa.*
> *Mogi das Cruzes-SP, 6 de dezembro de 2002*
> *Freddy Lourenço Ruiz Costa*

Carta do juiz Freddy Lourenço Ruiz Costa. (*transcrição*)

APRECIAÇÕES SOBRE AS OBRAS DO AUTOR

Viver ou vivenciar um problema, bem como conhecer a verdade ou o porquê das coisas, nem sempre é confortável; porém, é o ideal para quem se posicionar no vasto campo do saber. Eis o espírito e objetivo desta obra.

Ela aborda diversas espécies de corrupção e relaciona alguns dos seus efeitos progressistas, numa crítica construtiva aos seus prós e contras, abrangendo todas as áreas e interdependência dos temas estudados e pesquisados, em que atua o ser humano, mas objetiva desestimular a prática do que é ruim ou do mal e incentivar o exercício do bem. É um livro que, nas entrelinhas, alerta o leitor sobre quão nocivas são as práticas ilícitas, imorais, antinaturais etc., ainda que tais conceitos possam ser interpretados de acordo com a cultura e costume de cada povo ou de cada País.

Jornal da União Brasileira de Escritores (*transcrição*) (outubro de 2003) sobre o livro *Vendilhões de Deus ou do Diabo*, de autoria de Antenor Batista.

Governo do Estado de São Paulo
Gabinete do Governador

São Paulo, outubro de 2005.

Antenor Batista

Parabéns pela reedição atualizada do seu livro, que alerta para os grandes desafios éticos atuais. Agradeço a generosa dedicatória e a sua cruzada pela dignidade humana.

Geraldo Alckmin

Carta do governador Geraldo Alckmin.

239

Governador, e candidato à presidência da República em 2018, Geraldo Alckmin e Dr. Antenor Batista.

Governo do Estado de São Paulo
Gabinete do Governador

São Paulo, setembro de 2015.

Antenor Batista

Já conhecia sua dedicação ao estudo dos efeitos nocivos da corrupção, mas sua mais recente obra revelou as inesgotáveis oportunidades de aprofundar o debate sobre esse tema. O livro "Corrupção: o 5º Poder" – Repensando a ética, atualizado com novos fatos nesta 14ª edição, torna público, mais uma vez, a sua incansável luta em defesa da probidade no exercício de funções públicas.

Parabéns pela coragem de dissecar um tema tão importante, alertando e esclarecendo o leitor sobre as causas e consequências da corrupção, conduta tão danosa à administração pública e à sociedade. Agradeço a generosa dedicatória e a foto que me fez recordar da agradável conversa que tivemos em um desses oportunos encontros que a vida proporciona.

Geraldo Alckmin

Carta do governador Geraldo Alckmin.

Supremo Tribunal Federal
Gabinete do Ministro Joaquim Barbosa

Brasília, 19 de junho de 2008.

Dr. Antenor Batista,

Agradeço-lhe a gentileza do envio do livro "Corrupção: Fator de Progresso?", que certamente me será de grande utilidade.

Com meus cordiais cumprimentos

Joaquim Barbosa

Carta do ministro do Supremo Tribunal Federal Joaquim Barbosa.

Ex-Presidente da República Dr. João Goulart e o Dr. Antenor Batista.

O Dr. Antenor Batista foi o convidado na ocasião, em nome da entidade foi saudado pelo advogado João Paulino, que historiou a sua vida exemplar, destacando-se, hoje, pela 14ª edição de sua obra *Corrupção: o 5º poder*, com repercussão internacional.

O delegado da ADESG no Estado de São Paulo, Ney de Araripe Sucupira, distinguiu o convidado com uma placa em homenagem à sua obra literária, que poderá ser objeto de reconhecimento do "Guiness Book". Dr. Antenor Batista agradeceu as honras e ofereceu um inspiracional quadro a óleo para a sede da ADESG, que retrata o amor cívico de um menino pela nossa Pátria.

Antenor Batista recebe homenagem da ADESG/SP.

ASSOCIAÇÃO DOS DIPLOMADOS DA ESCOLA SUPERIOR DE GUERRA
Delegacia no Estado de São Paulo

CERTIFICADO DE APRECIAÇÃO

O Delegado da Associação dos Diplomados da Escola Superior de Guerra no Estado de São Paulo (ADESG/SP) confere o presente certificado ao

Doutor ANTENOR BATISTA,

em reconhecimento à sua elevada moral, desempenho em favor da democracia e da civilização espiritualista, vitorioso causídico do direito fundiário, escritor consagrado nos temas da higidez do homem, da terra e da moral pública, defensor dos profissionais da pesca e da previdência social, exemplar auditor fiscal do erário da Nação, patrimônio de relevantes serviços prestados nos campos político e psicossocial, objetos de constantes estudos do sistema ESG-ADESG.

São Paulo, 26 de agosto de 2.009

ADAUTO ROCCHETTO
Delegado da ADESG no Estado de São Paulo

Certificado de Apreciação da Associação dos Diplomados da Escola Superior de Guerra.

> **Láurea de Reconhecimento**
>
> O Departamento de Cultura e Eventos da Ordem dos Advogados do Brasil, Secção São Paulo, presta justa homenagem ao eminente professor
>
> **Antenor Batista**
>
> pelos relevantes serviços prestados no ano de 2005, proferindo conferências aos advogados do Estado de São Paulo.
>
> São Paulo, agosto de 2006
>
> **OABSP**
>
> Umberto Luiz Borges D'Urso
> Diretor do Departamento de Cultura e Eventos da OAB SP
>
> Luiz Flávio Borges D'Urso
> Presidente da OAB SP

Láurea de Reconhecimento da OAB de São Paulo.

> **OAB SÃO PAULO**
>
> **CERTIFICADO**
>
> A Ordem dos Advogados do Brasil, Seção de São Paulo, por seu Departamento de Cultura e Eventos,
>
> certifica que o
>
> **DR. ANTENOR BATISTA**
>
> proferiu palestra sobre o tema
>
> **CORRUPÇÃO – O 5º PODER REPENSANDO A ÉTICA**
>
> realizada nesta data, no Plenário dos Conselheiros desta entidade.
>
> São Paulo, 14 de dezembro de 2012.
>
> Dr. Umberto Luiz Borges D'Urso
> Diretor do Departamento de Cultura e Eventos da OAB SP
>
> Dr. Luiz Flávio Borges D'Urso
> Presidente da OAB SP

Certificado de Palestrante na OAB de São Paulo.

APRECIAÇÕES SOBRE AS OBRAS DO AUTOR

Dr. Antenor Batista e o ex-Presidente da República Dr. Juscelino Kubitschek.

CORRUPÇÃO: O 5º PODER? – REPENSANDO O BRASIL

O ex-Presidente da República Juscelino Kubitschek na inauguração do Entreposto Federal de Pesca de Santos-SP, com o diretor do entreposto, Dr. Antenor Batista.

Apreciações do exterior

APRECIAÇÕES DO EXTERIOR

Bundeskanzleramt

G7 GERMANY
2015 | Schloss Elmau

Bundeskanzleramt, 11012 Berlin

Herrn
Antenor Batista
Rua da Consolação, 2764 – Apt. 92
Jardins
01416-000 São Paulo - SP
BRASILIEN

HAUSANSCHRIFT Willy-Brandt-Straße 1, 10557 Berlin
POSTANSCHRIFT 11012 Berlin
TEL +49 30 18 400-0
FAX +49 30 18 400-2357
E-MAIL poststelle@bk.bund.de

012-K-302 160/15/0001   Berlin, 21. Oktober 2015

Sehr geehrter Her Batista,

Bundeskanzlerin Dr. Angela Merkel hat mich gebeten, Ihnen für Ihr Schreiben vom 9. September 2015 und Ihr Buch herzlich zu danken.

Ihre Ausführungen und Bewertungen wurden hier aufmerksam aufgenommen.

Die Bundeskanzlerin hat sich über Ihre freundlichen Worte sehr gefreut. Sie nimmt diese Korrespondenz gerne zum Anlass, Ihnen für die Zukunft alles Gute zu wünschen.

Mit freundlichen Grüßen nach São Paulo

Thomas Rücker

ALEMANHA,
Angela Merkel acusou recebimento da obra *Corrupção: o 5º Poder.*

*Le Chef de Cabinet
du Président de la République*

Monsieur Antenor BATISTA
Rua da Consolação, 2764 AP 92
SÃO PAULO, SP
BRESIL

Paris, le 2 2 MAI 2008

Cher Monsieur,

Vous avez eu l'amabilité d'adresser au Président de la République française votre livre dédicacé.

Monsieur Nicolas SARKOZY m'a chargé de vous remercier de votre envoi dont il a été pris connaissance.

Je vous prie d'agréer, Cher Monsieur, l'expression de mes sentiments les meilleurs.

Cédric GOUBET

Référence à rappeler
SCP/CdO/B066018

FRANÇA,
Presidente Nicolas Sarkozy

APRECIAÇÕES DO EXTERIOR

"2008 – Año de la Enseñanza de las Ciencias"

Presidencia de la Nación
Secretaría Privada

BUENOS AIRES, abril de 2008

Señor
Antenor BATISTA
Presente

        Me complace dirigirme a usted por indicación de la señora Presidenta de la Nación, para agradecerle especialmente el ejemplar del libro "Corrupçao: Fator de Progresso?" que tuvo la gentileza de hacerle llegar.

        Desea además, felicitarlo por su labor de reflexión e investigación sobre un tema tan controversial, y por brindar herramientas que permitan al lector ahondar sobre sus propias conductas.

        Reciba un cordial saludo de la Dra. Cristina Fernández de Kirchner, al que me uno con el mayor de los respetos.

Elizabeth Miriam Quiroga
DIRECTORA DE DOCUMENTACION PRESIDENCIAL
PRESIDENCIA DE LA NACION

ARGENTINA,
Presidente Cristina Fernández de Kirchner

Álvaro Uribe Vélez
Presidente de la República de Colombia

Bogotá D.C., agosto 5 de 2008

Doctor
ANTENOR BATISTA
São Paulo, Brazil

Estimado doctor Batista:

Reciba mis agradecimientos por el libro "CORRUPÇÃO: FATOR DE PROGRESSO?", de su autoría, que tuvo la amabilidad de hacerme llegar a la Casa de Nariño.

Le pido aceptar las más efusivas manifestaciones de mi reconocimiento y aprecio.

Cordial saludo,

COLÔMBIA,
Presidente Álvaro Uribe Vélez

```
                                                    Of. N.: 3121
                                                    Data: 31-03-2008

            PRESIDÊNCIA DO CONSELHO DE MINISTROS
                  Gabinete do Primeiro-Ministro


                          Exmo. Senhor
                          Antenor Batista
                          Rua da Consolação, 2764 APT.92
                          São Paulo-SP.
                          09416-060  Brasil
```

Exmo. Senhor

Encarrega-me o Senhor Primeiro Ministro de acusar a recepção e agradecer o livro "*Corrupção: Fator de Progresso?*", que amavelmente lhe fez chegar e que lhe mereceu a melhor atenção.

Com os melhores cumprimentos

                                              O Chefe de Gabinete

                                              Pedro Lourtie

                                              FERNANDO SOTO ALMEIDA
                                              Assessor Administrativo

ams/pl

PORTUGAL,
Primeiro-Ministro José Sócrates Carvalho Pinto de Sousa

JEFA DE LA SECRETARÍA
DEL PRESIDENTE DEL GOBIERNO

Gertrudis Alcázar Giménez

Madrid, 30 de julio de 2008

Sr. Antenor Batista
Rua da Consolaçao, 2764 AP 92
SÃO PAULO SP 01416-000
(BRASIL)

Estimado Sr. Batista:

Siguiendo las indicaciones del Presidente del Gobierno, tengo mucho gusto en darle las gracias por el ejemplar del libro de su autoría que ha tenido la amabilidad de obsequiarle y dedicarle.

Reciba en su nombre y en el mío propio, un cordial saludo.

ESPANHA,
Presidente de Governo José Luis Rodriguez Zapatero

APRECIAÇÕES DO EXTERIOR

Santiago, 07 de mayo de 2010
INPR2010- 23602

Señor
Antenor Batista
<u>BRASIL</u>

Estimado señor Batista:

Por especial encargo del Presidente de la República, Señor Sebastián Piñera Echenique, me dirijo a usted para informarle que se ha recibido un ejemplar del libro "Corrupcao: Fator de Progresso".

El Señor Presidente valora especialmente el gesto que ha tenido y lo felicita por su aporte al conocimiento universal. Junto con agradecer la publicación que le ha hecho llegar, le envia sus cordiales saludos y lo invita a continuar fomentando el interés por la lectura y la escritura.

Saluda atentamente,

ANDREA OJEDA MIRANDA
Asesora Presidencial

AOM/PHJ/msb
c.c.: Archivo

CHILE,
Presidente Sebastián Piñera Echenique

Prot. N° 56151

Roma, - 6 MAG. 2010

Egregio Signor Batista,

l'On.le Silvio Berlusconi ha ricevuto il libro che ha voluto fargli pervenire con gentile dedica e La ringrazia per l'attenzione riservatagli.

L'occasione mi è gradita per inviarLe i saluti più cordiali del Presidente, ai quali unisco i miei personali.

On. Valentino Valentini

Sig. Batista Antenor
Rua da Consolacao, 2764 - Ap. 92
01416 SAO PAULO - BRASILE

ITÁLIA,
Primeiro-ministro Silvio Berlusconi

SECRETARIA DE ESTADO

N. 146.100

Vaticano, 26 de maio de 2010

Prezado Senhor,

A atenciosa expressão de solidariedade, que dirigiu a Sua Santidade o Papa Bento XVI neste momento doloroso para a Igreja inteira, acompanhado com uma publicação de sua autoria, mereceu-Lhe o melhor apreço.

Venho por meio desta exprimir-lhe o vivo reconhecimento do Santo Padre por essa delicadeza, à qual Ele corresponde almejando ao senhor Antenor e seus familiares as melhores felicidades, com as bênçãos de Deus.

Aproveito a oportunidade para lhe afirmar protestos de elevada consideração.

Mons. Peter B. Wells
Assessor

Exmo Sr.
Antenor **Batista**

SÃO PAULO (SP)

VATICANO,
Papa Bento XVI

SECRETARIA DE ESTADO

PRIMEIRA SECÇÃO - ASSUNTOS GERAIS

Vaticano, 12 de dezembro de 2013

Prezado Senhor,

Chegou ao destino desejado a publicação que teve a amabilidade de oferecer ao Santo Padre, em sinal de devoção à Sua pessoa e de adesão ao Seu Magistério.

Ao agradecer – por incumbência de Sua Santidade o Papa Francisco – este gesto de devoção, mais posso acrescentar: Em retribuição, o Santo Padre recomenda as intenções do senhor e das pessoas que lhe são caras. O Papa lhes exorta também a procurarem viver sempre mais como discípulos missionários, reconhecendo que cada batizado é um Campo da Fé – um *Campus Fidei* – de Deus, que deve estar pronto a responder ao chamado de Cristo: «Ide e fazei discípulos entre todas as nações» (cf. *Mt* 28,19). E, como penhor de conforto, contínua assistência e graças divinas, concede-lhe, extensiva à sua família, uma particular Bênção Apostólica.

Aproveito o ensejo para lhe afirmar protestos da melhor consideração em Cristo Senhor.

Mons. Peter B. Wells
Assessor

Ilmo. Sr.
Antenor **Batista**

SÃO PAULO (SP)

VATICANO,
Carta do papa Francisco acusando o recebimento da presente obra

APRECIAÇÕES DO EXTERIOR

> **United Nations — Nations Unies**
> HEADQUARTERS · SIÈGE   NEW YORK, NY 10017
> TEL.: 1 (212) 963-4475 · FAX: 1 (212) 963-0071
>
> 17 February 2011
>
> Greetings from the Public Inquiries Team:
>
> On behalf of the Secretary-General, thank you for your letter, with enclosed copy of the book titled, *CORRUPÇÃO: o 5º Poder*, which has been referred to this office for reply. The Secretary-General regrets that due to the heavy volume of correspondence he receives, he is unable to respond personally to you.
>
> We wish continued success with your writing, and thank you for sharing your book with to the United Nations.
>
> Best regards,
>
> Public Inquiries Team
> Department of Public Information
>
> ---
>
> United Nations — Nations Unies
> NEW YORK 10017
>
> Public Inquiries Unit
>
> UNITED for PEACE
>
> UN POSTAGE $ 000.98
>
> Mr. Antenor Batista
> CPF 207.045.508-49
> Rua da Consolacao, 2764 AP 92
> Sao Paolo, 01416, BRAZIL

ONU,
Carta acusando o recebimento da presente obra.

A ONU, apesar de sua emblemática organização, também é vítima da corrupção e do tráfico de influência.

259

Sobre o autor

Antenor Batista nasceu na zona rural do município de Lapa, Estado do Paraná, em 23 de abril de 1925. É advogado militante em São Paulo (OAB – SP nº 74.214) e no Paraná (OAB – PR nº 9.273).

Endereço de seu escritório: Rua Santa Isabel, nº 310, cj. 74, CEP 01221-010

Telefone para contato: (11) 3221-0728

E-mail: abtempo@uol.com.br

Livros publicados

1. *Alimentação, Ioga e Psicanálise* (Editora Civilização Brasileira, 1970), versando sobre Saúde Psicofísica e Meditação, reeditado em 1992 pela Editora Letras & Letras.
2. *De onde viemos? O que somos? Aonde vamos?* (Editora Formar, 1972), indaga sobre as origens (da humanidade).
3. *Tratado de "Posse, Possessória e Usucapião"* (Editora Letras & Letras, 1993).
4. *Parapsicologia* (Editora Formar, 1972), obra em que discorre sobre fenômenos parapsicológicos.
5. *Tempo, Comunicação e Liberdade* (Editora Formar, 1972), discute comunicação e liberdade.
6. *Corrupção: Fator de Progresso?* (Editora Simples, 1979), reeditado em 1991, 1999 e 2001 pela Editora Letras & Letras, analisa efeitos progressistas da corrupção, da violência, da avareza, do bem e do mal, numa análise da bipolaridade dos seres, particularmente do ser humano, ao longo da História, repensando a ética. Interessante por versar sobre temas polêmicos. Reeditado em 2008, em 10. ed., pela Editora Juarez de Oliveira, por ser de interesse geral e jurídico.
7. *Vendilhões de Deus ou do Diabo* (Editora Juarez de Oliveira, 2005, 2. ed.), analisa a supervalorização do Diabo ou do charlatanismo, numa negociação suja e diabólica.
8. *Usucapião e Ação Rescisória* (Editora Juarez de Oliveira, 2008, 4. ed.).
9. *Ioga-músico-terapêutica* (CD), traz técnica de relaxamento físico, emocional e espiritual.
10. *Coleção viva melhor* (SFM) (Editora Formar, 1972).
11. *Posse, Possessória, Usucapião e Ação Rescisória* (Editora Edipro, 2015, 6. ed.).

Livros que estão sendo escritos

1. *Os Baixinhos que Mudaram o Mundo!*
2. *Família é Mão Dupla – Ande com Cuidado.*

Associado às seguintes entidades

- Ordem dos Advogados do Brasil (Seção de São Paulo e do Paraná);
- Instituto dos Advogados de São Paulo – IASP;
- Associação dos Advogados Criminais do Estado de São Paulo – ACRIMESP;
- Associação dos Advogados de São Paulo – AASP;
- Sindicato dos Advogados de São Paulo – SASP;
- União Brasileira de Escritores – UBE;
- Conselho Federal de Administração – CRA/SP;
- Associação Nacional dos Auditores Fiscais da Receita Federal do Brasil (ANFIP e APAFISP);
- Sociedade Amigos do Exército Brasileiro – SASDE, Segunda Região;
- Sindicato Nacional dos Auditores Fiscais da Receita Federal do Brasil – SINDIFISCO.

Condecorações ou honrarias

- Diploma de Maçom Emérito conferido pelo Grande Oriente do Estado de São Paulo;
- Medalha Euclides da Cunha;
- Medalha Marechal Cândido Mariano da Silva Rondon;
- Láurea da União dos Escoteiros do Brasil;
- Medalha de Amigo da Marinha;
- Láurea da Escola Superior de Guerra;
- Grã-Cruz da Sociedade Heráldica e Cultural;
- Diploma de colaborador emérito do Exército Brasileiro.

Cargos públicos
- Diretor do Entreposto Federal de Pesca em Santos-SP;
- Superintendente da Caixa de Crédito da Pesca (Ministério da Agricultura);
- Secretário de Finanças do INPS no Estado de São Paulo, atual INSS;
- Representante do Governo na 2ª Junta de Recursos da Previdência Social no Estado de São Paulo;
- Delegado Regional do IAPM em Santos-SP;
- Membro do Tribunal do Júri da Comarca de Santos-SP;
- Assessor Especial da Comissão Parlamentar de Inquérito (CPI) que investigou permuta de hospitais por terrenos da Previdência Social;
- Auditor Fiscal da Receita Federal do Brasil, aposentado.

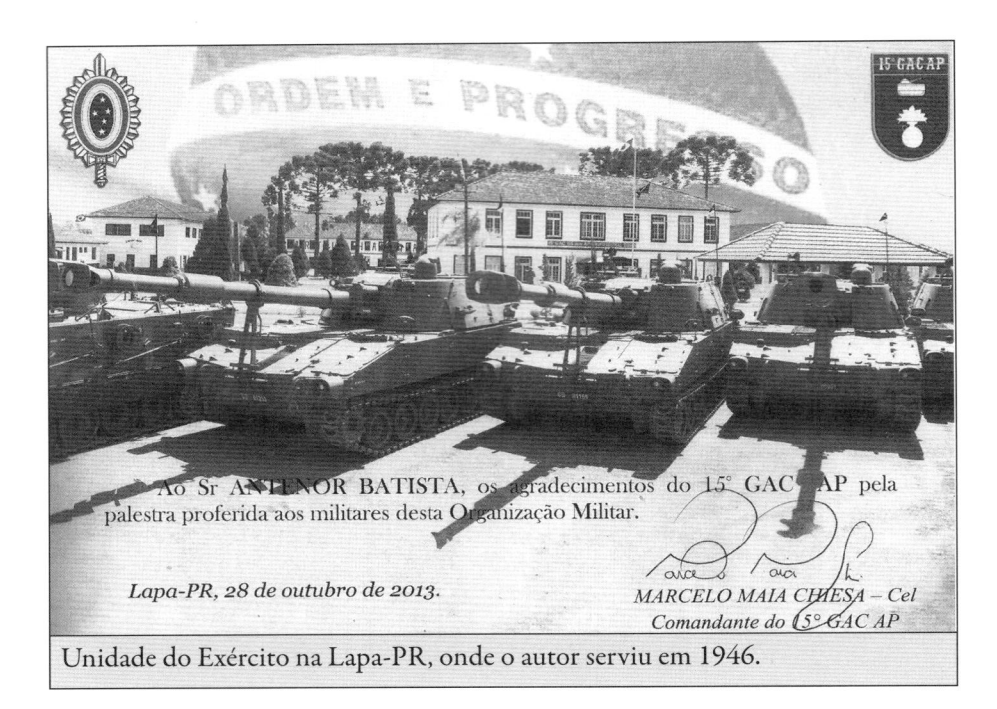

Unidade do Exército na Lapa-PR, onde o autor serviu em 1946.

Foto do Autor com o general de Exército Mauro Cesar Lourena CID.

Diploma de colaborador do Exército Brasileiro.

Para uma vida longa e feliz
– 100 anos ou mais –
recomendamos o seguinte

1. Não atribuir a outrem um descuido próprio.
2. Não ser avarento e crer em Deus ou Supremo Arquiteto do Universo.
3. Dosar a vaidade, planejar o melhor e preparar-se para o que vier.
4. Administrar e limitar as ambições.
5. Não ser vingativo. O ódio e o desamor encurtam a vida.
6. Estudar e ler, sobre a Natureza, inclusive.
7. Ser corajoso, com moderação, avaliando as circunstâncias.
8. Não ser fanático.
9. Ser leal, particularmente com os íntimos.
10. Não invejar e procurar viver em paz consigo e com o Mundo!
11. Não se descuidar e não se isolar.
12. Confiar desconfiando. Cuidado! Cuidado! Cuidado! Com a saúde, inclusive!
13. Administrar as adversidades.
14. Praticar exercícios moderados, espreguiçar-se inclusive.
15. Não ser ingrato e não subestimar.
16. Almejar sabedoria.
17. Assumir erro quando cometer e fazer autocrítica.
18. Ser comedido e preparado para viver, bem como para morrer...
19. Dominar vícios e conversar com o corpo, particularmente, com o cérebro.
20. Sempre se considerar pequeno, para um dia ser grande!
21. Ser humilde e praticar meditação.
22. Autoestima e um toque de empatia ou de generosidade.

23. Evitar discussões desagradáveis nas principais refeições.
24. Cuidado com a insônia, a depressão e a ansiedade.
25. Um toque de empatia ou de generosidade.
26. Enfim: procurar ser resiliente.

Frases do autor

"Precisamos saber lidar com a vida e com a perspectiva da morte, assim como conviver com as diferenças: sociais, culturais, religiosas, inclusive."

"Busquemos esquecer o mal que nos fizeram, nunca o bem que recebemos!"

"O sofrimento tonifica o espírito e abre espaço para voos mais altos e mais seguros."

"Corrupção e violência, por mais paradoxal que sejam, são terríveis geradoras de progresso e de transformações."

"O tráfico de influência e seus disfarces são terríveis meios de corrupção, nas religiões e seitas, inclusive."

"O corpo humano é laboratório de sabedoria e hospedeiro de vidas. Mas, também, saco de carne ambulante, com muita coisa ruim."[1]

"Procure dar coisas úteis. Se não tiver nada para dar, dê um sorriso."

"Nós não somos tão bons como aparentamos. Daí, ser prudente gerenciar a nós mesmos e olhar para dentro de si."

"O homem é por natureza predador. Daí, estar sempre de olho na presa..."

"Ética é a cicatriz da alma do homem!"

---

1. A segunda parte é um lembrete à humildade.

Este livro foi impresso pela Paym
em fonte Garamond Premier Pro sobre papel Offset 75 g/m^2
para a Edipro no verão de 2018.